Wode Jiaoshi Meng

我的教师梦 · 教育梦 · 中国梦

本丛书为全国教育科学“十一五”规划教育部重点课题《农村艺术教师成长⊥型模式研究》课题研究和推广成果。
（课题编号：GLA102042）

我的教师梦
数学教师成长叙事

丛书主编　罗　炜

SHUXUE JIAOSHI
CHENGZHANG XUSHI

本册主编　盛建武　凌　亮

北京师范大学出版集团
BEIJING NORMAL UNIVERSITY PUBLISHING GROUP
北京师范大学出版社

图书在版编目(CIP)数据

我的教师梦：数学教师成长叙事 / 罗炜主编；盛建武，凌亮本册主编. —北京：北京师范大学出版社，2014. 8（2016.10重印）

ISBN 978-7-303-17347-1

Ⅰ. ①我… Ⅱ. ①罗… ②盛… ③凌… Ⅲ. ①数学课—教学研究—中小学 Ⅳ. ①G633

中国版本图书馆 CIP 数据核字(2013)第 288036 号

营销中心电话 010-58802181 58805532
北师大出版社高等教育分社网 http://gaojiao. bnup. com
电子信箱 gaojiao@bnupg. com

出版发行：北京师范大学出版社 www. bnup. com
北京新街口外大街 19 号
邮政编码：100875

印　　刷：三河市兴达印务有限公司
经　　销：全国新华书店
开　　本：787 mm×1092 mm 1/16
印　　张：12. 75
字　　数：230 千字
版　　次：2014 年 8 月第 1 版
印　　次：2016 年10月第 2 次印刷
定　　价：25. 00 元

策划编辑：倪　花　　　责任编辑：陶　虹　谢飞飞
美术编辑：焦　丽　　　装帧设计：焦　丽
责任校对：李　菡　　　责任印制：陈　涛

《我的教师梦》丛书

编 委 会

数学教师成长叙事

编 委 会

序言

教师梦：心灵的突围

实现中国梦，教育是基础，教育梦也是中国梦。教育梦实现的关键在于加强教师队伍建设，教师更需要梦想！《我的教师梦》丛书依据教师专业化发展理论、认知弹性理论、现实主义教师教育、学科教育的价值理论等采取调查访谈、行动研究、叙事研究、个案研究等质的研究方法，通过各学科教师立足课堂和自身实际发现问题、积极探索、不断改进的"以研代训"行动研修模式，提高教师教学反思和行为改进的能力，促进教师的专业发展和师生的整体成长。书中选取了全国一线教师的典型成长个案，以叙事方式展现教师成长的内心自白，描述教师研究的行动过程，记录教师日常的心灵故事，体现了厚重的教育思想和新课程理念，以点带面，促进教师队伍整体的提升，实现教师梦、教育梦、中国梦。

每个教育者、曾经接受过教育的人，相信都会有一个教育梦，这个梦干净得让人笃定、纯净得让人向往。我的学生罗炜，就是这样一个喜欢做梦、带领大家一起寻梦的人。她从事教学和教研工作各十余年，一直致力于教师成长研究，其专著《艺术教师的成长与研究》就曾获得湖南省第三届基础教育教学成果奖和长沙市第十三届社科成果二等奖，最近几年，她又在2010年度全国教育科学"十一五"规划教育部重点课题《农村艺术教师成长⊥型模式研究》(课题编号：GLA102042)实践研究中探索农村艺术教师成长的精神密码，并推广至其他学科教师的成长，这套《我的教师梦》丛书的付梓，就是她走在梦想路上的初步成果。她要我为这套教师成长的丛书写点什么。

教师的专业化、教育的科学化，首先应该确定其终极目标是什么？也就是要回答教育的本质追求是什么的问题。教育的本质追求是什么？这是困扰千千万万个教育工作者的学术难题。在我看来，教育永远有一个最根本的目的，这就是为人最大程度谋幸福。但这谈何容易啊，正如钱理群教授所说："理想的彼岸无法企及，我们只能走在趋向理想的路上。"

现在一些教师越来越多地沉溺于琐碎而庸常的日常教育生活之中，很多教师越来越容不下平静的书桌，讲台如同刑场。如果我们发现自己的教育生活状态有些疲劳而单调乏味时，那么我们作为教师个体的生命状态是低迷的，低质量的。怎样重新唤醒教师的灵魂，彰显教师的精神，追寻教师的梦想，这实际上已经构成对当下教育的严峻挑战。

一般说来，一个教师的成长会经历这样几个过程：适应或者说顺应教育教学常规——对常规性教育行为的抗争与个人教育意识觉醒的萌芽——教育艺术的成熟与个人教育意识的觉醒——个人教育意识的不断完善与个体教育实践中的自觉创造。教师成长不仅是一个教师教育教学技术不断娴熟的"累积"过程，也不仅是把教育教学技术逐渐变成教育教学艺术的过程。教师成长的核心与关键，乃在于个体教育意识的全面觉醒，即个体是否开始拥有了自己独到的对于教育教学实践的理解与觉悟，并把这种觉悟渗透到自己新的教育教学实践之中，从而使得教师个体的日常教育教学实践的思想资源逐渐摆脱外在的常规或者权威性认识，而转向个体自身，来自个体对教育的真实悟知，形成个人独到的教育思想资源，实现教师"跨越式"发展。

每一个寻梦的教师每天都在经历着一个一个的教育事件，教师的教育生活就是由一个一个的教育事件累积而成的。正是那些活生生的教育生活故事，有意无意地影响着学生，也影响着教师自身在教育生活中的生存状态。教师教育生活的问题和解决问题的钥匙本身并不在远处，而是蕴涵在教师的日常教育生活之中。教育叙事作为一种研究的方式，它正是要提示每个教师要改善自身教育生活，要关注、思考教育问题，就可以直接从我们自己身边的教育生活开始，让我们在面对自己的教育生活经验或经历的同时，把我们自己的教育生活作为一个反思、观照、评价、提高的文本，或者说作为一个解读的文本，从而让我们亲历的教育生活自己说话。在与我们自己的教育生活文本对话的过程中，我们就有可能产生基于我们自身教育生活的、带有我们自身的生命体温和色彩的教育理念、教育思考和教育梦想。

带有研究性的教育叙事的关键在于，选择适当的主题，切入教师的日常教育生活，对教师亲历的教育生活加以梳理、选择、整合、贯通，从而在一种基于教师亲历的现场感的叙述之中，能"把真实的教育生活淋漓尽致地展现出来"，又能"在众多具体的偶然多变的现场中去透析种种关系，解析现象背后所隐蔽的真实，从而使教育生活故事焕发出理性的光辉和智慧的魅力"。

当我们以探究的姿态切入个人日常教育生活"故事"之中，把那些司空见惯的材料、发黄的日记、照片等体现当时当地的教育生活情境，浓缩到研究材料中来时，不仅是记录教师个人教育生活的历史，也是见证一位教师教育追梦过程的历史，发掘教师作为人、作为职业人的心灵、精神、人格、教育理念及个体人生成长的历史。这就意味着叙事成了教师改变自身日常教育生存状态的契机，成为教师不断走向美好教育生活的可能的方式。

这套《丛书》有两个突出的特点：一是从教师成长的基本理念出发探索教师职业性与生命性的统一，以增进教师对职业的理解为基本路径，以促进教师职业人生的完善为基本目标，抓住当前教师成长的现实意义、操作模式、观念内涵、内容方式、主要途径等核心问题，最终落实在教师职业人生的幸福与卓越。二是从教师成长的个案出发，注重对教师个体生存状态的真实而切近的关注，探寻教师个体教学行为的内在灵魂，追问教师职业人生幸福的心灵根基。

在《丛书》的教育叙事中我们发现，其实每一个人都会有一种“逃离现实的冲动”，或者说是“日常生活的突围”，教师在超越日常教学生活之上的每一次寻找、逃离和突围本身就是成长，突围不是一次完成的，是一个过程。从这个意义上来说，这套《丛书》不仅可以当作老师们的教学指导书，而且更是一本教师精神成长的档案夹。书中大量一线教师成长的真实个体叙事给你的启示是，不是要你逃离你所习惯的生活世界，而是要更好地接受这个世界，爱这个世界，通过阅读他人的平凡故事，让人更好地回到生活和生活的世界，回到人自身，找到自我。《百年孤独》中说得好：“普通人的生活最伟大。”这是一个寻找意义的过程，所谓“日常生活的出逃”，就是思索什么是生活和什么是值得过的生活，追求有意义的生活。

老师们在阅读中要能够从日常生活中去思考和发现，用心感受周遭的一切，拓展生命活动的空间，凭借自己内在的主体性去理解和把握环境与自我，从现实出发，“看山是山，看水是水”，这是基础和前提。在此前提下，要做到“看山不是山，看水不是水”，要自己去寻找和赋予意义，回到自己，回到世界，在现实中保持精神的突围，向往和追求美好的事物，这是一种精神的自足，自我的敞开。只有敞开自我，才能真正接纳他人，接受世界，从不完美的世界发现生活的意义，找到教育的“味道”。如果每个人都自觉到自我人性的优点，真正明确内心到底需要什么，自己的梦想和追求是什么，那么他将很坦然，很富足，也很快乐地工作和生活着。我理解一个有梦的教师所蕴含的正能量——内心的宁静，生活的朴实，职业的坚守，这就是一个寻梦教师的精神密码，他能学会用心灵的眼睛看教育。

这套《我的教师梦》丛书中的教育追梦者就是这样一群富有正能量的人，

在这里文字已经变得苍白，描述不完他们的人格、精神、梦想和所创造的奇迹，只能以点带面唤醒对教育的理想和信念，促进教师个人成长和专业化发展，追寻教师个人教育生活的幸福梦，最终实现中华民族伟大复兴的中国梦。

是为序。

刘铁芳

2013 年 11 月

（刘铁芳：湖南师范大学教育科学学院副院长、教授、博士生导师，湖南师范大学“两课”重点学科研究员，北京师范大学“985”团队研究员）

目录 CONTENTS

下　篇　数学教师成长的个案叙事

上篇

数学教师成长的基本理念

第一章　数学教师成长的观念内涵

一、教育理念——教师成长之基

教育理念就是理想化的信念、观念，基本的核心是对教育的认识。那么教育是什么？这是一名教师，或者有志于成为好教师的人必须首先要认识的问题。著名教育家吕型伟先生说过：教育是事业，事业的意义在于献身；教育是科学，科学的价值在于求真；教育是艺术，艺术的生命在于创新；教育是未来，未来的前景在于奋进。精辟的论述、简明地阐述了教师不仅仅是一门职业，而且是一门科学，一门艺术。伟大的人民教育家陶行知说："教育是什么？教人变！教人变好的是好教育，教人变坏的是坏教育，活教育教人变活，死教育教人变死。不教人变、教人不变的不是教育。"简单直白的一个"变"字，提出了培养"真善美的活人"这一主张。陶先生倡导的教育根本任务是追求真理，学做真人，就是要让受教育者在德、智、体、美、劳几方面和谐发展，培养具有"健康的体魄、农夫的身手、科学的头脑、艺术的兴趣和改造社会的精神"，具有主体意识、独立个性、开拓精神和创造才能的"活人"。教育认识是我们对于教育根本问题的看法，它决定着我们关于教育的理想和信念。有了对教育的正确认识，就会有愿望，有责任心，有使命感，有追求的目标，有长远的理想；对教师是蜡烛、是园丁、是人类灵魂的工程师等美誉的理解会更深、更透；就会去追崇"爱满天下"的博爱精神，追崇"捧着一颗心来，不带半根草去"的奉献精神。有了对教育的正确认识，就不会刻意去追求理想的办学条件、优美的教学环境、优越的教师待遇，甚至逃避现实。一位合格的教师只有具备正确的教育观、人生观、价值观，才能真正把教育当成一项崇高的事业而不是一种聊以谋生的手段，才能成为冬天里的一把火，热力四射，温暖学生；才能在教育事业上孜孜不倦地有所追求；才能达到一种对事业的挚爱，对工作的热爱，对学生的关爱。

开福区沅丰坝中学蒋艳霞老师就是基于对教育的崇高认识，对农村教育的热爱之心，长期执守农村学校。热爱教育，尤其是热爱农村教育是她长期从事农村教育的力量源泉。

教育观念、教育理念、教育理想根植于对教育的基本认识，形成于教育实践之中。如"我即数学"是32中周霞老师把自己的信仰、信念融入教育实践之中，所形成的教育观念。"我从来就没有想过要成为一个了不起的人，我只想使自己成为一个有价值的普通人，一个称职的教师。"做一名普通的教师，就是杨玲老师的理想。无论工作角色如何改变，她的心，一直钟情着那神圣的三尺讲台。她的“学习、工作、尽责、助人是享受”的苦乐观，引起人们的广泛共鸣；成为诸多教育工作者的航标灯。其超乎寻常的人格魅力，更是感染着教育界的同行们。

无论是在农村，还是在繁华城市，正是有一大批如谢志坚、蒋艳霞、周霞、胡伟红、彭越、李秋菊等老师一样的教育工作者，追崇着“为了中华民族的复兴，为了每位学生的发展”“千教万教教人求真，千学万学学做真人”“捧着一颗心来，不带半根草去”等教育理念，支撑着我们的基础教育，特别是农村教育。先进的教育理念，执着的敬业精神，是教师专业成长的基石。

二、专业知识——教师成长之本

演员靠演技征服观众，球员靠球技留住球迷，教师靠什么去引导学生？扎实的(专业)功底，广博的知识是教师专业成长的根本。

(1)扎实的(专业)功底。包括学科专业知识、专业技能和教育学科知识。为了顺利地完成自己的任务，每位教师都应该掌握所教学科的基本知识和专业技能，它是影响有效教学的重要因素。教师的劳动是一种复杂的、创造性的劳动，要成功地完成教学任务，就要精通所教学科的知识，对自己所教学科的全部内容有深入透彻的了解。只有这样才能够独立钻研、分析学科课程标准、教材，领会编写意图，挖掘教材精髓内涵，驾驭课堂教学。

教学是一种培养人的专业工作，仅通晓一门学科并不一定能成为该学科的好教师。一个教师要成功地扮演好自己的角色，在具备所教学科知识的基础上，还要具有教育科学方面的知识，即心理学知识、教育学知识、教学知识。如教学的原理和原则、教学的方法与策略、教学的技巧、教学实施、教学设计、教学评价、教材教法知识等，以保证实施高效的教学。

(2)广博的知识。一位合格的教师不仅具有所任学科的专业知识、教育科学知识，而且必须具有广博的知识、宽广的视野。“要给学生一碗水，老师必须有一桶水”是传统的教育格言。在传统的教育方式下，学生学到多少知识都取决于教师，“教师要给学生一碗水，自己就要有一桶水”那是毫无争议的。随着社会的发展，科学技术的日新月异，面对知识的快速更新，就要求教师要用“自己的一碗水，引出学生的一桶水，甚至是源源不断的活水”。

沙坪中学胡伟红老师大专毕业以后，为了给学生一碗水，曾到湖北咸宁自费进修数学本科学历；曾北上到北师大、校长大厦参加教育部组织的数学高级研修班的学习，也曾南下珠海、广州进行学习与培训。为了节约培训经费在火车上坐过硬座、睡过地铺，最终把自己培养成一位合格的数学教师，并在数学教学中有突出的表现。

专业知识和专业技能的达标是对每位合格教师最基本的要求。现代合格的教师只有专业知识是不够的，非专业知识的不断拓展对于教师的成长也是重要的。就目前在岗的教师而言，专业知识都已经基本达标，优秀教师、骨干教师与一般教师的差别，很大程度上取决于教师是否具有广博的学识素养。因此，中小学教师要增强教学的魅力，提升可持续发展的实力就需要"学富五车""满腹经纶"，需要不断地拓宽知识视野，"腹有诗书气自华"。学会学习、终身学习是扎实专业知识，拓展非专业知识的最佳途径。

三、教育智慧——教师成长之魂

教育智慧是教师在长期的教育实践、感悟、反思的过程中，在理论学习和教学工作的不断融合中逐步形成的对教育教学工作的规律性把握、创造性驾驭、深刻洞悉、敏锐反应和灵活应对的综合能力。教育智慧是教师教学工作达到圆润贯通、自由和谐状态和境界的基本标志，是一个教师一生中应该不断追求的目标。教育智慧表现为具有系统感受和准确判断教育教学过程中可能出现的新情况、新问题的能力；具有把握教育时机、转化教育矛盾和冲突的能力；具有引导学生学会认知、学会做事、学会生活、学会生存的能力；具有有效地教育培养创新精神、促进个性发展的能力；具有科学决策、有效调整教育行为的能力。教师专业素养提高的过程，是教师教育智慧不断丰富的过程。教育智慧应该是教师终生追求的一种专业境界，这是一种将教育上升为艺术的境界。

著名教育家陶行知先生的四块糖果的故事是教育智慧的典范。陶先生没有对犯错误的学生使用一个带有批评的字眼，只是连续地表扬他错误中的闪光点，还奖予糖果，学生也由疑惑进而惭愧到痛哭流涕。这个故事充分显示了陶行知的育人智慧、教育艺术。这就是教育家的博爱、宽容与魅力。

厦门教育研究院章立早老师说：站上讲台的教师，是合格教师；站稳讲台的教师，是骨干教师；站好讲台的教师，是专家型教师。执着追求站稳讲台、站好讲台的教师必定是教师未来和未来教师的准确定位。

第二章 数学教师成长的内容方式

一、矢志不渝的教育信念与职业理想

每个人的成功都有一段漫长的奋斗过程，演绎出的成功也需要经历刻骨铭心的平凡。有人教了一辈子书，循规蹈矩，四平八稳，要想脱胎换骨还是离不开一个“匠”字。而杨玲老师则常教常新，无论是做中学教师还是小学数学教师，都是如此，不断地有教学思想产生，她的分层教学日臻完美。其原因主要是她的全身心投入，对成功人生的无止境追求。

美国著名心理学家 R.J. 斯腾伯格就认为：“具有成功智力的人寻求表现自己的方式，不但显示出自己有能力完成某件事，而且力图另辟蹊径、与众不同。”杨玲老师确实是与众不同的，她不人云亦云，坚持走自己的路。当她实施学生日记的时候，很多人怀疑她能否成功，因为学生，特别是小学生，各方面能力有限，他们能有什么“建言”；在中学开展分层教学也是在做冒险之事，特别是在追求升学率的今天，稍有不慎就有可能被别人抓住把柄，叫你“永世不得翻身”。但她坚持下来了，并取得了比较好的成果，学生爱听她的课，成绩不但没有下降，反而得到很大的提高，受到学生、教师、社会的广泛好评。

翻开教育史，凡是为人类教育事业做出了巨大贡献的教育家，诸如我国的陶行知、梁漱溟、陈鹤琴等，国外的布鲁纳、苏霍姆林斯基、洛扎诺夫等，他们都是通过实验和尝试推动了教育事业的发展。尝试，是一种永恒的教育精神。杨玲正是用这样一种精神，用自己对教育事业的无比热爱和执着，用脚踏实地的实干精神，走出了一条教育研究的成功之路。

“名师之所以成为名师，是因为他立志要成为名师。”周霞老师曾经说过：“我相信，一个人只要有志气，是能干一番事业的。重要的是要不断在自己面前树立新的目标，时时自勉，不断奋进。”她的成功人生当然也可以用人的行为规律来解释。人的行为产生，是外界客观刺激引起了人的需要动机指向某种目标的结果。但是，最准确的解释还是胡伟红老师所说的“职业理想”：没有实践中的尝试、摸索，就只能当理论家，我搞教育研究，就是要立志做一个中国的优秀教师，而不是空头理论家。

二、挑战自我、锻造非凡、追求卓越的成功智力

除了信念与理想之外，成功教师的智能因素也是其专业结构中的重要组

成部分。就胡伟红老师的成功个案而言，其挑战自我、锻造非凡、追求卓越的成功智力是其成就事业的重要智能基础。

刚当上教师的胡伟红老师，深知自己的基础知识薄弱，为了充实自己，更新知识结构，每次到长沙市都要到书店买几本与教学有关的书籍，晚上在煤油灯下如饥似渴地学习。为了能够提高自己的教学能力，他在窗外听老教师上课，一站就是几个小时，把一招一式记在心里，反复地揣摩。

在课程改革之初，胡伟红老师为了解决农村学校孩子学习两极分化的现象，他大胆尝试进行合作学习，提出合作学习的条件保障，即合作学习必须在独立学习的基础上来开展；否则，合作学习就是一句空话。他的观点得到了很多专家的支持，在教研部门和各级专家的支持下，他的合作学习获得成功，成功经验刊登在湖南教育出版社出版的《体验新课程——数学》一书中。但他并未感到满足，一心扑在自己心爱的数学教学上，坚持搞数学教研。

胡伟红老师是相当聪明的，他的思维极具创造性，他想出的点子总是独特的、新颖的。在进行合作学习尝试成功后，他又进行改进单元复习课的教学尝试，在以往的教学中，教学单元复习课一般是先复习本单元的知识，然后教师讲解例题，最后学生练习，这样的教学模式，学生一点主动性都没有，教学效果大打折扣，不仅使学生难以掌握知识，更要命的是挫伤了学生学习的积极性，让学生看到数学就想“吐”。因此，他大胆的尝试先让学生自己总结，然后，上课时让学生汇报自己学习的成果，再师生共同研讨，共同设计练习和讲评练习，在这个学习的过程中，学生是主动的，不仅令学生能系统地掌握知识，更重要的是培养了学生积极的学习态度。他的教育智慧正是他对自己所钟爱的中学数学教学进行反复而深刻的思考，借助他自己独到的创造性思维和想象所获得的。通过这些事，我们感受最深的是他对数学教学研究的情有独钟、矢志不渝，这也许是其成功智力中的“非智力因素”吧。

三、勇于实践的科学精神、永不放弃的尝试个性与教师人格

优秀教师之所以优秀，除了其成长与发展受到有利环境因素影响之外，关键还在于他们具有一般教师所不具有的人格特点，正是这些个性特质，才使他们从一般教师中脱颖而出，逐渐成长为优秀教师，我们越是走进他的世界，揣摩他的思想，领悟他的人生，我们也就越清晰地感受到这样一个优秀教师身上表现出来的与众不同的个性特质。

首先是勇于实践的科学精神。蒋艳霞老师的教育科研能力是非常突出的。她曾获得全国中学数学课堂教学竞赛一等奖，她的课被制作成光碟向全国公开发行，这也是她被很多教师模仿的原因之一；她撰写的论文被湖南教

育出版社、山西教育出版社、新华出版社、开明出版社、中央民族大学出版社、天津教育出版社等多家出版社收录，令人惊诧，但更令人钦佩的是她实事求是的科学态度和脚踏实地、勇于实践的科学精神。

从走上中学数学讲台的第一天开始，蒋艳霞老师就隐隐地感觉到传统教学的某种不合理性，课堂上教师讲解为主，学生总是被动地接受。教师讲授的方式单一、评价的方式单一，并且评价标准一致，"满堂灌""注入式"教学对学生的束缚使学生缺乏自主学习的机会，积极性、主动性难以得到真正发挥，这样的教学不关注学生，根本不可能培养出具有创造精神和能力的开拓型人才。

能不能根据学生的具体情况，让学生先尝试自己学，然后老师再教？这样一个大胆的设想就出现了：数学教学中该如何关注学生的个体差异。2003年，在开福区教育科研培训中心的支持下，她撰写了课题实验方案。要知道在一所农村中学开展这样一个课题研究，这还是破天荒第一回，但她不怕苦，带领一批人，请专家讲座、听课、评课，硬是打开了一片新天地。在2006年的课题评优活动中获得省一等奖的好成绩。

其次是永不放弃的尝试个性和稳定而持久的职业动力。

一个教师的职业动力系统包括其职业价值观、职业成就需要和职业成就动机等成分，这些成分内在地决定了教师从事教学行为的动力和方向，是其工作积极性的源泉。这一点，在优秀教师身上表现尤为突出。当然，大多数教师不能成为名师，我们认为有一个重要原因是教师成长中的职业倦怠。但是经历了人生历程中风风雨雨的廖月红却从来没产生过这样的消极心理和行为。她总是保持着一种非常执着的精神，从不轻易放弃。对待种种不顺心的事和别人的讽刺打击、受的冤枉气她自有一套"养身之道"："你说你的，我干我的，要学会心理平衡。"蒋艳霞老师是幸运的，即便有过磨难，但没有迷失自己，没有荒废自己。更重要的是，我们从中看到了一个研究者所拥有的勇气，还有她那似乎源源不绝的创造才情。

最后是教师独有的人格特质。人格是一个人在对待他人的态度和行为方式上所表现出来的习惯系统。教师的事业成功在很大程度上取决于他的教师人格的职业品质，这已成为近年来越来越多学者的共识。教师人格对其专业水平的发展有着重要影响，它会影响其教育教学的效能；影响其教学方法的选择和风格；影响其教育理念的确立；更影响着其专业成熟的水平和进程。分析周霞老师人格的职业品质，我们认为她能充分地理解学生、热爱学生，有积极的自我意识，自信、乐观，并且对自己和自己的教学有着较高的期望，对自己所从事的教育研究具有强烈的事业心、责任感，特别是在其职业人格中表现出来的较强社会成就感，全身心投入的工作精神，不断地储备和积极探究的研究意识，关注教育理论发展的敏锐性以及在一次次讲学中获得成功后的自豪感等，是其他教师身上难得一觅的职业美德。

第三章　数学教师成长的基本策略

一、实行课题运作与行动研究相结合

基础教育课程改革是一项伟大的世纪工程，牵涉很多方面，为了使中学数学教师在新课程中快速成长，必须让教师在课改实验中提高自己，发展自己。因此，新课程实验一开始，我们就成立了区基础教育课程改革数学课题组，确立了“建立新型学习方式与发展评价体系”的实验研究课题，撰写实验研究方案和实施计划，将全区学科总课题分解成二级子课题，要求每位实验教师选择一个方面进行研究，即开展行动研究。我们将课题具体分解如下：第一级子课题：(1)中学数学新型学习方式研究；(2)促进中学学生发展的评价体系研究；(3)发展性数学课堂教学策略研究；(4)中学新教材研究。第二级子课题：(1)中学数学合作学习策略研究；(2)中学数学研究性学习策略研究；(3)中学数学探究性学习策略研究；(4)中学新型学习方式与接受式学习方式有机结合的研究；(5)促进学生发展的有效评价方式研究；(6)新型学习方式与新教材关系研究；(7)多媒体与数学教学整合研究；(8)评价手段多元化研究；(9)数学考试内容与评分方法研究；(10)促进教师发展的数学课堂教学评价研究；(11)中学数学案例研究。

课题组成员分工协作，任务到人，我们的具体分工是：教研室数学教研员负责《数学课程标准》及新型学习方式与评价体系策略研究；清水塘二小张灵云老师负责探究性学习策略研究；沅丰坝中学蒋艳霞老师负责我与新课程同成长研究；沙坪中学胡伟红老师负责合作学习策略研究；七中学谢志坚老师负责中学数学案例研究；清水塘小学彭越老师负责新型学习方式研究；沙坪中学胡伟红、32 中周霞负责课程资源的开发与应用研究；沅丰坝中学蒋艳霞负责中学数学发展性评价研究。

正是通过实行课题运作与行动研究相结合，使教师在研究中成长，在研究中发展，真正促进了教师的成长，才有了廖月红、周霞、胡伟红等一大批教师成长为全国、省、市级骨干教师，才有了一大批研究成果的问世。

二、应用分片研究与集中研究相结合

为了促进教师发展，在实施数学新课程开始之时，我们将全区 9 所中学按地域分成 3 个研究小组，每组设组长、副组长各一人。建立区、片、校三结合教研网络，坚持每半月召开一次课题组工作会，每月进行一次全区性集中研究，每学期召开一次全区性观摩研讨会。每学期开学初集中进行一次新课程理念及新教材培训，培训结束后，将教材按单元分到各研究小组，各研究小组集中1～2天时间完成本单元的备课和学生评价卷的设计，然后集中由课题组成员进行审核后印发给每一个实验教师。这样可以减少教师抄写教案的时间，将主要精力投入到课堂教学研究和准备之中。我们始终认为，一节课成功与否，并不取决于这位教师的教案写得多长，也不在于教师的教案写得多工整清楚，而在于教师的准备，准备充分则课成功，准备不充分则课多半失败。为了凸显每位教师的个性，我们特别地在每个教案的旁边和最后留出空白，旁边的空白是让每位教师根据自己和学校及所教学生的特点对教案做出调整，后面的空白给教师写课后记，记录自己的成功与失败，记录自己的反思与对策。

我们要求每个研究小组每半月至少进行一次集中研究。在片组研究的基础上，每月确立一个主题进行一次全区性教学研讨活动。活动内容主要包括：(1)教师做课一节；(2)全体实验教师评课；(3)全体实验教师提出自己在实验中遇到的困难和问题；(4)教研员现场评课并答辩。对于当场不能及时回答的问题，采取以下策略：(1)存疑，让老师们带着问题回去进行研究。(2)询问，及时询问有关专家，求得比较可信的答案，再反馈给教师。(3)查找，要求各实验教师查找有关资料，以求得问题的圆满解决。很多问题是用第一种方法解决的。

一期结束之时，召开一次全区性数学新课程观摩研讨交流活动，主要内容有：(1)课堂教学展示与交流；(2)论文(包括教案设计、札记、案例)评优；(3)评价卷设计评优；(4)典型案例评优。通过这样的研究活动，很多教师主动地参与新课程教学研究，不断思考教学及评价中的各种问题，并通过集体研讨求得问题的圆满解决，教师在这样的学习与研究中，不断反思，不断成长。

三、加强全员参与与全程培训相结合

教师成长需要全体教师的共同参与，也需要发挥全体教师的集体智慧。一方面，我们让每位教师了解和把握新课程理念，以利于教师积极参与到新课程的实验与建设中来，而不存在观望者、徘徊者，从而促进教师发展；另一方面，让每一位实验教师感到集体的温暖，信心百倍地投入到课程改革实验中来，使课程改革稳步、和谐、健康地发展，并且不让一位教师感到“高处不胜寒”，在精神上鼓励教师发展。因此，每一次大型教研活动都要求全区数学教师都参加，每一位教师都要将新课程理念贯穿到自己的教学实践中，做到课堂教学常教常新。

教师成长不是一蹴而就的，教师观念的转变需要一个过程，我们应允许一部分教师经过自己的努力逐步达到新课程的要求，允许教师选择自己的成长模式。因此，我们把每一次活动都当作一次教师培训来做，要求每位教师全身心投入，每次召开研讨会时，我们都先确立一个主题，每位教师都是参与式培训的一员，畅所欲言，各抒己见，逐步形成共识。

全员参与与全程培训有机结合起来，充分发挥每位教师的聪明才智，充分发挥集体的智慧，使每位实验教师以饱满的热情投入到实验之中。在这样的培训中，教师的智慧、教师的激情、教师的潜能都能得到发挥，教师成长就不是一句空话。

第四章　数学教师成长的主要途径

一、教师论坛

教师论坛就是指教师对共同关心的教学问题进行探讨，由部分教师做主要发言，提出对问题的看法与感想，供其他教师讨论的一种形式。我区每学期每月开展一次教学论坛，内容有：如何提高课堂教学的有效性、幸福文化教育论坛、我工作我幸福、课程改革与教学质量等。学科教师全部参与，人人根据自己的教学实际发言研讨，借鉴成功经验，找出自身问题。通过教师论坛，教师教育思想、教学实践探索的感悟、经验在一起汇集、交流、切磋、共鸣，给了教师更多思考问题的空间，更能激活大家的思想。沙坪中学胡伟红老师的论坛发言《构建数学课的基本框架》发表在由湖南教育出版社出版的《体验新课程·数学卷》一书。

二、走近专家

教育部教材发展中心刘坚主任、福建师范大学余文森教授、南京师范大学马复教授、首都师范大学刘晓梅教授、东北师范大学孔凡哲教授、北京师范大学张丹博士等来我区进行实地听课，开展专题讲座。北京师范大学心理学教师王禹森教授为教师做心理指导。区科培中心组织教师观看了当代教育名家魏书生、李希贵、李镇西的教育思想专题讲座以及任小艾班主任讲座，进一步更新了教师的教育教学观念，拓展了教师的视野，使教师对教学中的一些问题产生深刻的认识，并且促使教师以此为契机，全面反思自己的教学。在与名家教授面对面的交流中，大家共同探讨问题，交流思想，让教师感觉到名师离我们并不遥远，名家并不神秘，坚定了教师追求专业成长、立志成为名师的信心。在这样的氛围中我区先后有沙坪中学胡伟红、32 中周霞、沅丰坝中学蒋艳霞等教师逐步成长，并与专家教授一起到全国各地讲学、交流。

三、课题研究

开展课题研究，能够促使教师对自己的教育实践和周围发生的教育现象进行反思，并且善于从中发现问题，不断改进自己的教学并形成理性的认识。我们抓住微型课题“小切口、低起点、短周期、深研究”的特点，引导教师真正从教学实践中反思问题、发现问题，并进行研究论证。我区还要求各校建立了微型课题研究的相关制度，规定每个教研组每学期至少完成一个微型课题，并且微型课题必须来源于课堂教学，服务于教学，并强调微型课题的研究必须在日常教学中有所体现，与日常教学紧密联系。例如，如何提高合作学习的效率，如何提高小测实效性，如何开展探究性学习，如何提高课堂提问的有效性，近体效应与数学教学，信息技术与数学教学等。

通过开展课题研究，增强了教师深入探索问题的积极性、主动性，提高了教师科学素养和理论水平，更实现了教师从教育者身份向教育和研究者双重身份的转变。通过课题研究，一批教师得到发展，如沅丰坝中学蒋艳霞老师，在农村条件比较差的情况下主动承担湖南省教科研的课题并获二等奖。

四、聚焦课堂

以课堂实践为基点，着力解决课堂教学中的某些问题。我们加大了课堂教学研究力度，开展了“七课”活动：第一种推门课，提高常态课的质量；第二种示范课，主要是让名师、骨干教师和学科带头人进行授课，从而发挥骨干教师的示范作用，达到以点带线，以线带面，点亮一盏灯，映红一大片的目的；第三种评优课，我区开展两年一届的“新蕾杯”和“星城杯”教学竞赛活动，对优胜者进行表彰奖励；第四种优质录像课，教师个人申报，区科培中心组织观摩录像，评出优质课，纳入全区学校精品课资源库，从 2001 年开始到现在，我们已经录课几十节，并有十多节由湖南教育音像出版社出版发行，还录制了《案例解说新课程》光碟 5 张；第五种交流课，要求全体教师都上交流课，人人参与互动；第六种开放课，各学校邀请省、区教研员和其他学校教师进行课堂教学开放日研讨活动，这种活动，我区学校每学期至少开展一次，让更多的人走进我们的课堂，请他们对我们的教学工作进行评论，以促进教师教学水平的提高；第七种复习课，每学期期末，我们都特别重视对复习课的研究，指派有经验的老师上复习课，大家进行观摩，从而探索有效的复习指导方法。

五、名师工程

名师工程是指在全区选聘首席名师，由首席名师、选聘名师组成名师工作室。各学校组织本校的骨干教师组成名师工作室，由一名骨干教师和一名年轻的教师结成师徒，以师傅带徒弟的形式，将带教教师的经验传递给年轻教师。带教教师以经验为“中介”，每两周听一节指导课，徒弟听完师傅课再上课，每周上一节汇报课，促进了教师将教育理论与教育实践紧密结合起来，既让“徒弟”提高了教育教学技能，又促进了“师傅”再学习、再思考、再发展。带教教师针对徒弟的实际情况，制订出分阶段培养计划，在教学实践中予以精心指导，帮助徒弟迅速实现从模仿向创造的转化。

六、读书交流

校长读书先下水，师生读书早入轨。我区各学校领导率先垂范，每周班子例会，第一项任务是交流学习收获，校长要带头把最先进的理论与大家共享。现在，读书交流是学校班子会的一道精美大餐。为了鼓励教师读书，各学校为教师做了两件事：一是提供帮助，我区每年开展读书节活动，开展书香滋养工程，各学校开展书香校园建设，确定每周五第三、第四节课为读书时间，每周学校还要组织“群体性”阅读，将最前沿的信息、有价值的经验、能促进思考的教育理念大密度地传递给教师，以期使他们得到日久天长的滋养和提升；二是给予奖励，我区每年评选书香教师，各学校定期组织教师读书交流，为优秀读书教师奖励好书，奖励外出学习，把优秀读书随笔放在校园网上共享。读书逐渐成为自发行为，以多读书为乐事，以读好书为荣耀，读书逐渐走进教师的生活，成为教师丰富的精神食粮。

随着市场经济发展和社会转型期社会的浮躁，一些教师出现了因个人价值观与社会评价体系的矛盾而抉择不定，困惑不已，一些教师的理想在现实“煎熬”下逐渐发生了变化，呈现出了不同形态。我们及时组织全体教师学习肖川教授的“教师幸福人生与专业成长”、林崇德教授的“职业幸福感”“幸福文化教育内涵”“实施素质教育创新”等，使教师从内心认同教师职业，使教师不再把教师的工作理解为养家糊口的谋生手段，而是自觉地把它看成是教书育人的终生奋斗目标。

随着课改的深入，老师们深切地感受到自身的差距，渴望提高自己的学识水平，我们根据老师们的需求及时开展大规模的读书活动，全区大多数老师都沉浸在“读一本好书、推荐一本好书、交流一本好书”的氛围中。读书活动分为几个部分：好书美文推荐、汇编发布、经典导读、学以致用、相互交流、网上评选、建立文库。我们为老师提供了实验教师必读书目，日本佐藤学教授的著作《静悄悄的革命》因此在长沙脱销。我们将老师们推荐的美文汇编成书，由市教育局领导提名为《给你一生的幸福》，免费发给全区每一个中小学教师，给全区老师们提供了一份丰富的精神食粮。在读书活动中，我们还提倡各学科教师根据学科特点读专业书籍，以弥补学科知识的缺陷，适应新课程的需要。比如中学数学老师，由于新教材中新增了很多统计与概率的内容，所以我们提倡老师读高中数学课本、读《概率论》；教材中新增了密铺等知识，我们又提倡老师们读数学文化史，了解有关数学文化的背景，以便更好地驾驭新课程……

第五章　数学教师成长的基本条件

一、阅读经典

教育的本质是文化传承，教师每天都和书本打交道，更需要阅读经典。教师阅读经典不仅是寻求教育思想的营养、教育智慧的源头，也是情感与意志的冲击与交流。

经典阅读要读大家著作。名师大家的著作，是经得住实践与历史的考验的。数学老师要读一读笛卡尔、莱布尼茨、罗素的著作，如罗素的《数学原则》是对概念意义的理解，即使从哲学角度来看这本书，也会大有收获。

随着时代的要求，教师在专业发展上要有一定的学术宽度。知识面太窄，发展有限，也会影响深度。语文教师要涉猎一下数理逻辑、科学史、技术发展方面的知识；数学教师更不能有人文缺失，要提高文字能力、提高阅读能力，这些都直接影响教学效果。

教师自身应具有优秀的传统文化，如学会做人、学会感恩、自立自强、人际和谐等，那么，《学记》《论语》《孟子》等典籍不可不读。手捧一卷古籍，凝神静气，神交古人，心飘万里，那是何等的怡然自得，何等的心胸俱醉，金钱、权力、名利、冤屈等全部抛之脑后，真可谓“眼前直下三千字，胸次全无一点尘”。每读一本，自己的知识库里又补充了新的血液，对古今中外、天南地北又多了一分了解，少了一分无知。

朱永新教授认为，一个人的精神发育史实质上就是一个人的阅读史，而一个民族的精神境界，在很大程度上取决于全民族的阅读水平。他说，在学校他最看重的就是教师与图书。学校就是提供一个读书的空间，一个学生在老师的指导下读书的空间，而学生读书的兴趣与水平又直接受老师的读书兴趣与水平的影响。因此，教师的读书不仅是学生读书的前提，而且是整个教育的前提。教师读书当然不仅是为了学生。有人说，教师是辛勤的园丁，培育美丽的花朵。但朱永新教授认为，教师不仅仅是园丁，他自己本身应该是一朵美丽的花。花是无法去影响园丁的，它只能给园丁带来感官的愉悦，带来工作的成就感。而在现实生活中，学生对于教师的影响是巨大的，教育的过程是教师与学生互相作用的过程。那么，园丁自己是如何发展的呢？过去的教育理论强调教师的价值必须通过学生的价值体现出来，而忽视了教师自身价值的直接呈现方式。那么，教师究竟是什么？其实，教师就是教师。教师与学生是一对互相依赖的生命体，是一对共同成长的伙伴。教师每一天在神圣与平凡中行走，为了未来和现在的工作。教师首先是一个人，他有自己的喜怒哀乐，有自己的生活，他必须做好一个人，争取做一个大气的人，一个能够引导学生健康发展的人，一个永远让学生记住并学习的人。朱永新教授认为，教师是一个冒险甚至危险的职业，伟人和罪人都可能在他的手中形成。因此，教师必须如履薄冰，尽最大努力让自己和自己的学生走向崇高。他说，教师的幸福也不仅仅是因为学生的成功，同时应该是因为自己的充实与成功。教师可以利用的时间与空间决定了教师是一个幸福的人。他完全可以进行自我设计与武装，让自己多才多艺，让自己的精神世界更加丰富，让自己脱离庸俗。他认为，教师要达到上述境界，最重要的途径就是读书。人类几千年的教育历史中，创造和积累了许多宝贵的教育思想财富，这些财富保存的主要载体就是教育经典著作。阅读经典，与过去的教育家对话，是教师成长的基本条件，也是教师教育思想形成与发展的基础。教育智慧的形成，在一定意义上说，就是跨越由这些经典构成的桥梁的过程。这是一个不可忽视的过程。人类的教育虽然不断变迁与发展，但是教育的根本不会变化，教育培养人的功能不会变化，教育过程的内在规律不会变化。朱永新教授认为，教师读书不仅是寻求教育思想的营养、教育智慧的源头，也是情感与意志的冲击与交流。从过去的教育家的著作中，教师可以学习的东西有很多。有心的教师会认真阅读教育的重要文献，认真学习不同时代教育家的人生理想与人格力量。

教师要崇尚经典并阅读经典，阅读经典会让我们的教师更加善于思考，更加远离浮躁，从而让我们的教师更加具有教育智慧与人格力量，让教育发展保持旺盛的朝气与活力。

二、心中有梦

当我们心怀梦想、心态积极并把自己看作成功者时，我们就开始走向成功了。

举个例子，两位老师从同一师范大学毕业在同一所普通中学任教，在大学期间，他们都比较优秀，到学校以后他们都遇到了一些问题。一位老师性格开朗，豁达大度，懂得珍惜，庆幸自己到了一所好的中学，对一些复杂的人际关系特别是一些看似不公平的待遇，能以平常心去对待，努力做到一门心思教好书，自然得到了学生的爱戴和领导、同事的肯定，进步很快。另一位老师的态度却有些消极，总觉得自己不得志，遇到一点挫折就自怨自艾，或抱怨学生的基础差、同事不好相处，也不认真努力，结果，他越来越不受学生欢迎，给学校留下了很不好的印象，成长遇到了阻碍。两个年轻教师起点相同，却走出了两条截然不同的成长道路，这值得我们深思。

任何事物，都有两面性，关键在于人们怎么去对待。上面提到的后一位老师只看到眼前不利的因素，不能以积极的态度去分析事物；而前一位老师的态度则是积极的，他更多地从自身查找原因，并努力改进自己，最终取得成功。

美国成功学大师拿破仑·希尔曾说："人与人之间只有很小的差异，但是这种很小的差异却造成了巨大的差异！很小的差异就是所具备的心态是积极的还有消极的，巨大的差异就是成功和失败。"

心理学家巴甫洛夫认为，暗示是人类最简单、最典型的条件反射。从心理机制上讲，它是一种被主观意愿肯定的假设，不一定有根据，但由于主观上已肯定了它的存在，心理上便竭力趋向这项内容。

提高耐受挫折的能力，使人们保持积极向上的精神状态。心态决定一切。

成功的好教师有以下几个标准：

(1)学生喜欢你的课；

(2)不仅喜欢你的课，还喜欢你这个人；

(3)如果学生敬佩你、崇敬你，那你就是不可多得的好教师了。

三、弘扬个性

一名品质优良、学养深厚、个性突出的教师，一定会得到学生的尊敬，并对学生的成长产生深刻的影响。

德国伟大的数学家、哲学家莱布尼茨说过，世界上没有两片相同的树叶。个性，是一个人的立身之本。人的才华通常是由人的个性表现出来的。从某种意义上说，人无个性必平庸。

教师的个性是教师知识、技能、素养的综合表现，是情感、意趣、人格的集中展示，是对现实的强烈追问，是对保守的透彻批判。其核心价值表现为一种崇高的精神追求，其终极目标表现为一种破中有立的建设。教师的个性应该是符合教育规律，有利于促进学生发展，建立在教师良好的品德、人文素养的基础上的。有个性的教师不过分计较个人得失，不畏惧强权，保持独立人格和尊严，捍卫和发展真理。

个性化的教师，一定温暖如阳光；个性化的教师，一定灵动如甘露。有个性的教师更能吸引学生，他们的课堂教学更能折射出人性的光辉。学生的创造热情需要个性化的教师来激发。苏霍姆林斯基曾说过："一个无任何特色的教师，他教育的学生不会有任何特色。"当今的教育呼唤有个性的教师，教师的个性会强有力地影响学生的智慧、情感和意志的发展。

教师的个性不是哗众取宠，更不是特立独行，而是在共性的基础上凸显自己的特长和优势。对于一名新教师而言，学习他人是成长的第一步，你可以向不同的人学习，但是，我们一定要明白：无论怎么学，你终究还是你，你永远成不了别人。正如一位名人所说："你能也是唯一能做好的只是你自己！"

每一个教师都是普普通通有血有肉的人，而不是神。学生的喜好多种多样，喜欢老师爱开玩笑，喜欢看老师自己犯了错抓头皮的样子，喜欢老师讲义气够朋友，喜欢老师突发奇想带他们一起去玩游戏，喜欢看老师在操场上拔河摔倒在地时的窘态，喜欢听老师在台上唱歌但是音很不准，这时你会发现老师与学生心贴得最近。

其实这样的老师很有魅力，因为吸引学生的是你的个性，是人的个性，你带有一切人性的弱点与优点。首先是真实的，而且是善意的，因而也是最美的。

到将来，学生们长大成人了，他们彻底忘记了所有学过的知识，却不会忘记你，还到你家看望你，是因为可以一起回忆在小小的课堂上发生过的一幕幕触手可及的故事。

其实名师并不是方方面面都好，而是有一两个方面突出罢了。所以，教师在主动学习的基础上要善于发掘自己的优势，凸显自己的特点，形成自己的个性。

提示：

- 不怕起点低，就怕境界低。
- 按照自己的方式教书。
- 把简单的事做好，就是不简单。
- 因为相信真理，所以不怕挑战权威。
- 别人的评价是重要的，可不是最重要的。
- 知道今天该做什么，明天一定会成功。

四、丰富学识

三尺讲台，十分学问。教师要想得到学生的信任、喜爱和尊重，要想有对学生的吸引力、亲和力，必须有学识魅力。渊博的学识是教师完成自己工作任务的基础，它包括扎实的基础知识、精深的专业知识、广博的文化知识，并且要不断获取新知识。

有人说："好教师是在课堂上显得比平时更漂亮的人。"显然，这漂亮的源泉就是教师的学识。一名优秀教师应该努力让自己的学生向往知识，向往真理，能够激发学生强烈的求知欲望，能够让学生学会用自己的眼睛看世界，以主人的身份立足于这个世界。一名知识贫乏、在课堂上捉襟见肘、在学生的问题前支支吾吾的老师，即使无限付出，即使是学生真诚的朋友，也不能算得上是一名优秀的教师，更不能算得上是一名师德高尚的教师。

学识魅力是一名教师成为优秀教师乃至师德高尚的教师的又一个重要元素。在今天，一名教师的认可度和教师个人的文化素养、教学能力更为密切相关。也就是说，从某种意义上讲，文化素养的高低决定一名教师人格魅力的大小。

对教师而言，提升学识魅力的唯一途径就是不断学习、不断积累。教师要让学习成为习惯，成为生命的一部分，像生活中的阳光、空气、水一样不可缺少。教师只有"好好学习"，学生才能"天天向上"。

一位教授曾这样阐述"怎样做一个有品位的教师"：在步入中年之时还保持着极其年轻的教育生命。一名有品位的教师，一定是一个具有理性精神、善解人意，具有良好生活习惯和修养，在生活细节各方面都表现出良好教养的人，是一个气质优雅、兴趣高雅、心胸豁达、幽默风趣的人。

五、学会研究

教学其实就是科学，其价值在于求真。教学的最高境界是教学研究，教师只有在教学中不断地提高自己的研究能力，才能适应教学的要求，实现自我的持续发展。

有一些教师上课很认真，教学效果也不错，但他们就是不喜欢反思，不喜欢对自己的教学进行深入的研究、创新。他们通常认为，该做的做了，该说的说了，上完课就万事大吉了。这样的教师一直没有大的进步。优秀教师会从以下四点做起：

(1)从最近发展区寻找生长点

分析自身的研究现状和研究能力，明确自己现在的位置、状态，感到困惑和明确需要研究的问题，以及要达到的目标，从自身的最近发展区寻找研究课题的生长点，是教师开展研究的最佳发展方向。

(2)从教学实践中找到突破点

很多年轻教师抱怨找不到研究的方向，感到茫然。

教师的研究课题应该从哪儿来？最简单的方法就是从教学实践中找到突破点。

教师每天应该有六问：

一问：今天的课堂上，我的教学组织情况怎么样？

二问：课堂上我充分调动学生主动参与的积极性了吗？

三问：课堂上我尊重、激发、引导学生的学习了吗？

四问：今天我上课时有激情吗？

五问：我的教学设计今天在课堂上落实得怎么样？

六问：这节课的教学得失在哪里？

(3)从教学需求中抓住着力点

应该敏锐地、充分地、深刻地理解教学需求的本质，改进教学行为，并付诸行动。在这个反思过程中，自然会发现有许多问题需要去研究解决。而作为一名教师，应该从有效教学的需求中抓住主要的内容，有计划地选择适合自身研究条件的课题来开展研究。

(4)从整体规划中开发空白点

如果已经开始有规划地提升自己的专业水平，通常会十分关注自己已开展的研究过程和内容，并随时准备进一步修订原有的教学研究，增加研究深度，时刻思考如何完善原有的教学研究规划。

第六章　数学教师成长的评价标准

教师成长的评价标准从不同的角度出发会有不同的标准，纵观我区数学教师的成长，我认为无论社会对教师的要求怎样变化，一个成熟的教师要具备应有的素质。

一、在教学理念上有正确的学生观

知道学生是在不同教育、社会和文化背景中成长起来的，能运用学生如何学习和发展的知识来了解学生，尊重和承认每个学生的个性和价值，相信每一个学生都能够在数学上得到不同的发展，给所有学生提供公平和完整的学习数学的机会。

(1)尊重所有学生，承认学生的知识能力和发展水平不同，能根据学生的不同经历、特长和需要进行相应教育。

(2)承认每个学生都能学会数学，给所有学生提供学习知识和技能的平等机会，并能为每个学生寻找学习数学的最有效途径，不断向每个学生提出更高目标。

(3)了解每个学生的特长，知道学生在学习中会运用不同的方法。在设计教学时，考虑学生能力、兴趣、思维等多方面的不同特点，据此进行有针对性的指导，注重分层次教学和因材施教。努力防止学生掉队，保证每个学生都能进步。

(4)知道如何改变教学，以适应学生已有的技能和经验；知道如何树立学生信心，鼓励学生学会应用数学知识解决实际问题；让学生明白数学有助于智力发展，数学在未来生活中将起重要作用。

(5)善于通过观察、谈话、家访等形式及时了解学生的心理特点和思想变化，及时调整课程和教学策略，提高教学质量。

(6)充分认识学生的主体地位，引导学生自己多尝试着去观察对比、实验操作、分析思考，亲身经历数学知识的形成过程，掌握数学知识的基本框架体系与发展变化规律。

二、在专业发展上有广博的数学知识

明确数学观念与这一观念在数学、其他学科和现实世界中应用之间的重要联系，在数学概念、原理和技能等方面具有广博的知识，能及时对课程目标和教学体系进行反思。

(1)掌握的数学知识要远远超过授课所需，要非常了解学生的实际水平并引导学生掌握重点知识，了解数学方面的新进展。

(2)明白数学的中心概念和原理(数与代数、图形与几何、统计学和数据分析等)，知道数学思维的基本步骤——审题、假设、建模、推理、结论、解释、分析，注重培养学生使他们具备系统的数学知识。

(3)对基本数学观念要有很深的了解，明白计算、规则、步骤、方法，这些不仅是规则，而且是学生理解问题、解决问题的途径。能灵活运用多种多样的数学解题技能与技巧方法。

(4)熟练把握各知识点之间的内在联系，清楚各部分的重点和难点，能在教育教学中抓住知识的关键，注重各种数学思想方法和应用技能的教学，以探索的形式揭露知识的形成过程和内在规律。

(5)掌握相关的教育心理学知识来指导自己的教学实践，注意数学与其他学科的联系，能灵活地把实际问题抽象建模，能帮助学生发现题目中隐含的概念和规律以及它们之间的重要关系，并把各种观念和方法应用到问题解决的过程中。

(6)了解丰富的数学史知识，利用对数学的感情，使学生在探索过程中充满好奇和热情，并从中得到乐趣，巩固学习的信心。

三、在教学实践中有丰富的教学实践经验

在扎实的教学实践中积累丰富的教学实践经验，勤于自我反思，不断积累提升教学经验，筛选教学策略，完善教学计划，规范教学评价。

(1)注重教材的分析和教学内容的优化整合。遵循学生认知的客观规律，选用最恰当最有效的教学方法，高质量地完成教学任务。

(2)善于了解学情，能够预见学生在学习中会遇到的困难，并知道何时提供何种帮助。

(3)懂得如何与学生群体一起学习以及如何为学生选择适当的学习任务。知道如何组建有利于学生自学和相互学习的集体，有效组织兴趣小组的探索活动。

(4)能提供多种多样的解决问题的机会，让学生进行各种技能实践，及时帮助学生摆脱学习上的困惑并减少失误。

(5)能把数学与科学、社会研究等其他领域联系起来。通过丰富的跨学科教学，把各种学习线索串联起来，培养学生的综合能力。

(6)把实践经验应用于数学教学。注重在各种非正式的推理中使用数学模型，强调各种数学测算、运算、作图工具的灵活使用，增强学生应用数学

的意识，突出应用的重要性。

(7)有较强的反馈矫正能力。优秀教师必须能根据教材和课标，结合学生实际，及时检测学生的学习情况，反馈矫正教学和学生学习中的问题，促进师生共同发展。

四、在教学风格上有成熟的教学艺术

教师要创造有效的和艺术的方法以完成教学任务，面对教学挑战。教学艺术是教师个人综合素质的反映，它表明教师在关心学生、教学热情、内容把握、应用能力、丰富知识和创新实践等方面均已十分成熟。

(1)把对学生的了解、学科知识和教育学方面的知识融合在一起，并将其渗透在有凝聚力的、优秀的、令人激动的课堂教学中。

(2)能利用学生熟悉的生活背景设计生动有趣的课堂导入，有效调动学生兴趣和学习积极性，让学生主动参与教学过程。

(3)灵活地把握课堂，认真地设计能使学生创造能力和创新意识逐步提高的教学内容。欣赏学生的多样性，鼓励学生自主探索、合作交流、敢于质疑、张扬个性。

(4)不断监控和调整教学，根据具体的教学实践灵活调整教学计划和教学模式，注意听取同事和学生的意见和建议，及时改进工作中的不足。

(5)注重学生的个性差异，能充分考虑学生的基础、能力、背景，力争使每位学生的思维能力和理解能力都达到更高水平。

(6)语言精练准确又不失幽默，启发诱导，善于和学生一起分享并交流探索知识的无穷乐趣。

(7)能通过多个切入点和多种途径，使学生所有技能都得到锻炼和提高。清晰的思路，娴熟的方法，使学生时刻感受数学的内在美。

五、在教学方法上有良好的学习环境创设能力

创设良好的学习环境和灵活有序的课堂组织管理能力，是优秀数学教师的必备素质。

(1)创设一种让学生在学习上积极向上、敢于冒险，解决问题时能享受到乐趣和成功的班级氛围。在这种课堂上，每个人都参与学习、发表见解、独立或协同工作。

(2)给学生一定的自主性，并时常给予肯定与赞赏，鼓励学生猜测、实验、分析、假设、推理，构建自己的理解方式和思维模式。

(3)善于表扬、激励学生，使其建立自信。时常通过作业展评、智力游

戏、学习材料、课题研究等形式激发学生的学习热情。

(4)教师能给学生提供合适的数学背景材料，以吸引学生的注意力，激发其学习兴趣，从巧妙的实践活动和实例出发展开教学，设计的问题有针对性、有层次，和学生在探索交流中体验知识的形成和理解掌握知识的应用。

(5)知道学生学习中会出现的困难和问题，知道怎样使学生较好地理解和巩固新知识。能及时调整课堂节奏，灵活处理偶发事件。有意识地利用竞争性的、丰富的数学活动，调动学习积极性，紧扣学生思维。

(6)选择合适教法，制定切实的目标，运用恰当的评价，采取有效的措施和组织形式，使课堂活跃、有序、实用。能结合相关数学知识，对学生进行公民教育。

六、在教学评价上有完善的评价方法

把评价融入促进师生学习的教学过程中。设计、选择和应用一系列正式或非正式的评价手段和工具去衡量教育目标，帮助学生认识自我，建立自信，有助于教师改进教学。

(1)把评价作为教育的一个组成部分，熟悉各种评价方法。根据学习内容和教学方法，选择相适应的评价机制，承认评价的重要性，并利用评价结果改进教学。

(2)经常为学生提供对所学知识进行反省的机会。有意培养学生的自主学习能力，让学生对自己的学习承担责任并学会简要概括与总结。

(3)拓展多样化的评价目标和方法。把过程纳入评价视野，评价要关注学生学习结果，更要关注他们学习的过程和在数学活动中所表现出来的情感与态度，帮助学生认识自我，充满自信。

(4)明确评价不是为了给出学生在群体中的地位，而是为了使每一个学生在现有基础上谋求进一步的发展。评价要引导学生更多地关注解决问题的过程和策略。不断改进命题原则和考卷形式，与情景、建模、应用有关的问题给予越来越多的关注。

(5)要注重发现学生“好”的方面，注意多给学生鼓励，多让他们看到自己的长处和进步。评价要有助于学生认识到数学有趣、有用和亲切的一面。

(6)教师要通过对学生的评价，分析与反思自己的教学行为，从多种渠道获得信息，找到改进要点，提高教学水平，并把评价方法进一步完善。

七、在教育研究中有执着的科研精神

教师是学生学习的促进者，也应该是教育教学的研究者。优秀教师处于教学第一线，直接面对问题，更有利于开展教育科研。脱离教学研究，对自身发展和教学发展都极其不利。

（1）认识到教师的任务不只是教学，教育科研更不是专家们的“专利”。先进的教育理念和教育模式都离不开教师的教学实践，优秀教师不能总是把别人的或原有的理论和经验用于自己的教学。

（2）在教学过程中要以研究者的心态置身教学情景之中，以研究者的眼光审视和分析教学理论与教学实践中的各种问题，对自身行为进行反思，对出现的问题进行探究，对积累的经验进行总结，最终形成规律性认识。

（3）重视解决与研究问题。在教育教学活动中能及时发现问题、分析问题，并努力探求解决问题的途径与方法，使教育教学过程得到及时地调整，从而有效提高教学的质量和效益。

（4）在推进新课改的过程中，必然会遇到一些前所未有的新问题、新情况，要能在多变与复杂的教育教学情景中进行独立思考和判断，并通过自己的研究寻找出最佳的教育教学行动策略和方案。

（5）要培养学生的创新思维和实践能力，教师应首先具有创新意识、创新能力和实践能力。执着的教育教学研究是教师持续进步的基础，是提高教学水平的关键，是创造性实施新课程的保证。

（6）要认识到教育教学研究的复杂性和长期性。要努力学习基础理论，借鉴先进经验，克服自身不足和各方面压力，执着追求教育教学新境界。

（7）主持或参与校级课题研究和校本研究，取得有价值的研究成果，研究报告应通过结题鉴定或在县级以上会议交流或在报刊发表。

八、在数学应用上有灵活的数学应用意识

发展学生把数学应用作为自己了解周围世界的一种途径的能力。把教学重点放在让学生调查、探索并发现各种结构及其相互之间的关系，培养论证的灵活性和解决问题的毅力，创造和使用数学模式，将问题系统化，相互证明和交流结论等方面，以发展学生的数学理解力。

（1）知道一般概念和推理方法对使用数学工具的重要意义，利用对数学中各种概念之间相互关系的深刻理解和广博的知识，帮助学生在掌握基本概念和推理方法的基础上，建立一套他们自己的数学方法。

（2）从巧妙的活动和实例开始，通过各种方式把课程中涉及的各种数学概念串联起来，帮助学生在实际经验和数学概念之间建立联系。

（3）注重在各种非正式的推理中使用数学模式，并强调其作为解决数学问题的基础之基础的重要性。使用各种工具帮助学生发展推理能力。

(4)为学生提供在课堂上听讲、反应询问、互相讨论和共同解决问题的机会，发展学生的理解力和解决问题的能力。设计的学习任务应符合学生的发展水平和客观条件，有助于他们形成一套解决问题的策略和方法。

(5)鼓励学生调查、合作、交流，以促进问题的提出和解决。

(6)在更加广泛的意义上发展学生的数学能力。把培养学生能力的多种目标巧妙地结合起来，在教学中让学生解决问题，交流推理过程，找出概念间的联系。

九、在治学态度上有谦虚的合作态度

以谦虚的态度，让家庭和社会参与到对学生的教育中来，最大限度争取他们对教学的支持；积极与其他同事合作，相互尊重、相互学习、团结互助。

(1)有效协调人际关系和与他人沟通。除了与学生建立平等的、合作的、良好的师生关系外，还要与领导、同事、校外的学生、家长及其他人员保持适当沟通合作。

(2)注重家庭、学校、学生三者的关系。尊重家长，把家长看作是鼓励促进学生学习的合作者。经常深入家庭了解情况，从家庭、家长那里不断得到有关学生能力、兴趣、习惯等方面的信息，与家长保持密切联系。

(3)承认家庭和社会的参与能使学生获得更丰富的学习经验，从而有助于教学目标的实现。积极创设不同的、开放的环境让家庭和社会成员参与到教学活动中。

(4)与同事共同研究教材教法和学情，合作设计教学程序。不同年级、不同学科的教师要相互配合，齐心协力培养学生。不仅要教好自己的学科，还要主动关心和积极配合其他教师的教学，使各学科、各年级有机融合，相互促进。

(5)具有为教育事业献身的精神和对学校高度负责的态度，通过相互讨论、定期检查、评价课程等方式，确保课程质量和教学价值。

十、在教学行为上要不断地反思、学习，发展完善

经常对教学进行自我反思，紧跟数学发展的最新形势，不断学习新的数学知识，改进教学实践，使自身素质逐步提高并向高层次发展。

(1)知道教学反思是专业发展和自我成长的核心因素，不断对各种教育观念、言论资料和现象进行优劣比较、价值判断或提出改进意见。

(2)对自己的数学教学进行经常性的自我回顾与小结，积极推广优秀的

教学模式，努力完善数学教学。

(3)善于与同行交流，学习借鉴他人经验。不断学习新知识，加深对数学的理解，并把成果应用到教学设计和教学实践中，不断吸收、筛选符合学生需要的观念和方法。

(4)设计和使用各种方法，定期收集有关教学的信息，通过观察学生对教学内容和教学方法的反应、分析考试结果、观摩同行教学等手段，认真检查、反思自己的教学行为。在不断的自我检查中修正教学实践，使自己的教育教学思想不断完善，教育教学水平不断提高。

(5)在实践中根据数学本身的发展和教育学理论的发展，不断学习、不断创新，以适应时代要求。通过不断学习，顺利解决实践中遇到的新问题。

下篇

数学教师成长的个案叙事

一、我的追梦人生

姓　名：谢志坚

所在学校：湖南长沙市第七中学

从教年限：11 年

最喜欢的书：《孙子兵法》《班主任兵法》

最喜欢的休闲方式：听音乐　爬山

一颗坚持不懈的心，在我灵魂深处跳动，让我在追梦的日子里，总能勇敢前行……

成长之路

调皮男孩，反转童年

我于 1979 年生于一个普通农民家庭，自小就被爸妈称为是“猴精”转世，因为自我出生的那一刻起，我就很爱动，我的调皮是远近闻名的，能玩的，不能玩的，我都要去尝试。爸妈本以为，把我送入小学后，我会懂事些。可他们再一次失望了，三天两头的被老师请到学校。直到五年级的那一次——那是一个秋天，放学后我依旧没有按时回家，和伙伴在池塘边玩耍，由于一不小心我俩一起掉入了水塘中。我的好伙伴淹死了，而几乎窒息的我被一个邻家的哥哥救起来，直到几个小时后我才苏醒过来。当我睁开眼睛看见满脸泪水的妈妈时，看着放在牛背上的已经“离去”的同伴，我哭了，我垂下头，轻轻地说了句：“对不起！我错了！”这件事情让我在一夜之间成熟了很多。

初一时，我幸运地遇到了班主任袁老师，他影响了我以后的人生轨迹。他让我从一个懵懂男孩变成了一个弱冠少年，他不仅教给我知识，也教我做人，他的睿智、严谨、幽默、从容，令我终身受益。他上课从来都是在数学中渗透了很多趣味小故事，所以很多时候我们都是在笑声中感受数学，感悟他讲的人生百态。袁老师特别严格，对说教多次仍不悔改的学生更是严厉有加，有时甚至拿起教鞭敲打手板，饱含恨铁不成钢的意味。可顽皮的我仍然不思悔改，一年第二期一开学，我又淘气了，他让我放学后去他办公室，我用了一个下午的时间去备战这一场“腥风血雨”，可一进办公室，袁老师却十分平静地叫我坐下，说了一句令我大跌眼镜的话，他要任命我为班里的数学课代表，条件是我的数学要考到全班第一名。老师的这个任命让我第一次感受到了被重视的幸福，我当场立下了“军令状”。从此之后，班里的同学惊奇地发现，“捣蛋王”成了班里最勤奋的学生。期中考试我的数学居然真的一举考到了第一名，完成了他布置的任务。从那以后，一颗飘来的种子就在我心里扎下了深根，长大了我也要像袁老师一样当一名好老师。

同学少年，意气风发

高中的日子依旧忙碌，过着三点一线的生活，在教室、寝室、食堂之间徘徊。很辛苦、很单调。但幸运的我，在高中遇到了我人生中另一个重要的老师——班主任张老师。开学伊始，他就告诉我们：“人应该有一颗坚持不懈的恒心，在我们灵魂深处不灭地跳动着。这样我们才能像雄鹰一般，展翅翱翔，直击长空。”

刚进高中，仗着自己底子好，我有些懒惰了，对于他所教的化学也是如此，但他可不允许，还逼我制订了一份计划书，内容大体是他规定的，具体内容我是记不太清楚了，但我绝对忘不了写计划书时我哭天喊地的场景，他丝毫不理会我的大声告饶，只是站在那里叉着腰，用他特有的农民式的倔强要求我，不肯应许我的想法。我只得硬着头皮从身体中打磨出耐心，细钻慢研完成我的“计划”。有时也曾想过偷懒，没想他立马找到我，他倒不骂我，只是静静地看着我，用他直直的眼神看着我，看得我心慌意乱，看得我浑身起鸡皮疙瘩，看得我立正、举手、开口：“老师，我错了，下次再也不敢了。”他才放我走。从此我再也不敢起此“歹念”了。张老师在我的心中又有一个新的定义——霸得蛮。在张老师的“威逼”下，我的高中知识掌握得特别牢固。其实张老师教会我的远远不止这些，他教会了我如何爱护学生们的纯真，我也学会了怎样将快乐及宽容渗进学生们的成长岁月里……这些都无不潜移默化地影响着我现在的工作。

绝处逢生，勇敢前行

虽然在师生的瞩目中我度过了三年高中的生活，可天不遂人愿，高考我失利了，这让踌躇满志的我一下子坠入万丈深渊，面对未来，我迷茫了，没有了追求下去的勇气，没有了奋发起来的决心，生活似乎进入了一个死胡同，让我看不到半点光明。

在填高考志愿时，我一直举棋不定，班主任张老师语重心长地对我说道：“追逐梦想的我们就像是追着自己尾巴奔跑的小狮子，开始的时候我们都会乐此不疲，然而可能终有一天我们会厌倦于此，可是我们还是要有梦，要勇敢地去追逐我们的梦想，因为梦总是在我们睡着的时候来访。还记得刚进高中我对你们说过的话吗？人应该有一颗坚持不懈的恒心，在我们灵魂深处不灭地跳动着。这样我们才能像雄鹰一般，展翅翱翔，直击长空。没有比脚更长的路，没有比人更高的山峰。”

一语惊醒梦中人，于是，在填报志愿时，我毅然报考了师范院校，因为，我想成为一个像张老师一样的好老师，虽然，好老师在我的脑海中依旧是一个十分模糊的概念。初进大学，懵懵懂懂，一切感到是那样新鲜，虽然不是自己理想中的大学，但是我依然决定继续我的追梦旅程，因为我背负了太多人的期望。大二是我的一个转折期吧，因为我感觉我离自己的梦想越来越近了，好老师在我的脑海中也越来越清晰了。大三生活则是我一个新的开始，我渐渐明白了要给学生一杯水，自己先要有一桶水，于是，我利用业余时间参加国防科大的数学本科自学考试。当我选择国防科大的自考时，同学们都劝我，有的甚至在背后嘲笑我，让我换一个容易考的学校。但我性子当中不服输的那股劲儿又冒出来了，我对自己说，“天将降大任于斯人，必先苦其心智，劳其筋骨”，我咬着牙坚持了下来。那时的生活真是很简单，学习，吃饭，睡觉，晚上戴上耳机在操场上驰骋两圈。然后，仅仅利用一年半的时间，在众人诧异的目光中我就拿到了国防科大的数学本科文凭。

彷徨过后，扬帆逐梦

孜孜不倦的求学生活在 2001 年 6 月画上了一个完美的句号，怀揣美好的愿望，饱含着奉献的热情，带着自信与坚定，我开始了梦寐以求的教书生涯。

我的正式从教生涯是从一所农村中学开始，不知是由于我是新老师的缘故还是其他，学校把我塑造成了一个全能型人才，三个班历史，一个班物理，一个班生物，偏偏没有我所钟爱的数学老师的身份。更重要的是，这些并不是我的强项，我怕教学成绩不好，误人子弟，影响到学生的前程。在这样的思想压力下，我对自己的选择动摇了，我问自己，这真的是我想要的吗？与此同时，一进学校就听到许多诸如课堂混乱，学生不听话，甚至故意与老师作对这类事件。起初的我将信将疑，当我走进教室，事实证明我错了，学生们用行动证明了他们的“能力”。年轻气盛、血气方刚的我，没有经历过社会的磨砺，棱角分明，我选择了疾风骤雨，以其人之道，还治其人之身，认为这样做会在全班起到震慑作用，他们也乖巧了很多。于是，发脾气成了我这段时间生活中的“关键词”，但是我有时也在问自己：这样的关心和爱护是对学生最有益的吗？真的是所有的学生都愿意接受这种关心和爱护吗？

而此时，学校的一些比较有经验的老师给了我很大的帮助，他们在我万分苦闷的时候耐心地指导我，告诉我所有的老师并非天生就会管理学生，他们也是由一个年轻、不谙世事的大学生一步步跌跌撞撞、摸索经验走过来的。既然选择了当教师这条路，就注定选择了一条不平凡的艰辛之路。我在心里斟酌着这些话，同时在实践中也慢慢自己去摸索，渐渐地我学会了与学生相处的方式——刚柔并济。该刚的时候要刚，该柔的时候要柔。在处理学生时，我用宽容心待之，当学生没有取得预期的进步时，我用耐心待之。但是宽容并不等于放纵，该严厉时还是要严厉，原则问题上绝对不能柔。这样既可以在维护我的权威和良好的学风的时候采取铁腕，又可以在学生情绪激烈之时审时度势，稍作退让。

机缘巧合，2002 年 8 月，我调到了现在的长沙市第三十二中学，在这里我继续着我的追梦人生。一进校，学校就让我接任了一个初三、一个初二班级的数学教学，面对学校这样的看重，我深感自己身上的担子很重，我投入了大量的时间与精力在教学上。功夫不负有心人，付出总是有回报的，在第二年中考中，我所教班级的成绩出奇的好，这不仅为我自己，也为学校赢得了荣誉，于是我得到学校领导和同事的一致好评。这一年的经历坚定了我的信念，我开始确认当初的选择没有错。

2003 年 8 月开始，学校把 180 班交给了我，这是我第一次担任班主任工作，在此之前，就有许多老师曾对我讲过："没有当过班主任的教师人生是不完整的。"于是，我开始努力寻找行之有效的班级管理方法，渐渐地我摸索出教师工作必须有的五心：童心、爱心、公心、恒心、耐心。童心就是要求我忘记自己的身份，放下老师的架子，主动与学生交朋友，"打入学生内部"，了解和掌握学生的思想动态，及时做好引导工作，将学生的错误化解在"想"的阶段。爱心是指爱学生，把爱洒向每一个学生的心田，以真诚的态度去对待每一个学生，在班级中既做学生的"大家长"又做学生的知心朋友，这样才能赢得学生的信任和尊重。我要求自己在平时的表扬、批评、参加班级或学校的活动、评比先进时一定要公平一致，即有一颗"公心"。对于自制力不强的学生，我时刻提醒自己要有一颗耐心，因为苏霍姆林斯基曾说过："不要有一句话，不要有一个手势使得这种儿童感到教师已经对他的前途失掉信心。"细心就是用心细密，做事细心，就是认真周密地考虑各种问题，我力求精益求精地把我的工作做好。我的用心付出，也得到了回报，2005 年我被评为了区"优秀班主任"，180 班也在 2006 年被评为市级"优秀班集体"。

2006 年 8 月我又接手了一个新的班级——196 班，这是一个两极分化严重的班级，后进生多，后进生成了我工作的重点。美国作家爱默生说："教育成功的秘诀在于尊重学生。"我打心里明白后进生并不是一无是处，他们每个人身上都有自己的优点，我努力发掘后进生的闪光点，将心比心地对待他们每一个人。刘雨薇同学的闪光点就很明显：热爱老师，关心集体，爱护同学，有责任感。于是，我充分利用她的闪光点，给以重任，慢慢地她改变了。她的改变证明了学生是发展中的人，有较大的可塑性和矫正的可能性，也告诉了我要努力寻找并及时发现后进生身上的闪光点。对于后进生，更应给予尊重，因为对他们的尊重更是对他们的一种最大的激励，也是给了他们一种向上的动力。班上有一位被他妈妈称为“疑似多动症”的巢有为同学，在学校也是捣蛋无数，一次，我无意中发现他做广播体操特别有精神，动作也非常标准，我眼睛一亮，心想或许这正是转变他的好机会。于是，我在班中特别表扬了他，并且请他当领操员。在那一刻，我看到他双眼放射出惊喜的光芒。接受重任后的他做操做得比以前更认真了，喊口令也是像模像样的，看来他有这方面的天赋。我又在全班同学面前夸奖他，并且提出希望：如果他其他方面也像做操那样出色就更好了！或许是对他的尊重与信任产生了效果，慢慢地他开始关注起自己的举止行动来，学会约束自己了，努力将自己好的一面展示出来。当然，他的老毛病也总是来纠缠他。每每他上课不专心的时候，我用微怒的目光注视他，他总能心领神会，马上改正过来。在我们的共同努力下，他在中考中取得了不错的成绩。同时，我没有忽视对尖子生的教育，实行三三制原则，如进校时成绩并不出色的唐宇星同学在我的鼓励下发奋学习，成绩渐渐步入年级前列，并四次获长郡奖学金；班上才女李润莹同学小学数学一直是弱项，怕数学，经过我多次开导，数学成绩直线上升，总成绩一直名列年级前茅，四次获长郡奖学金，在 2009 年中考二人都直升了三湘第一名校——长郡中学。196 班连续五学期被评为“优秀班集体”，我本人也多次被评为校“优秀班主任”。

在此期间，有一次，开福区教育局教研室数学教研员盛建武老师等领导来我校检查教学工作，听了我一节数学课，评价甚高。从此，伯乐发现了千里马，在盛老师的指导下，我的教学水平突飞猛进。2008 年在盛老师的推荐下，我参加了“长沙市 2008 年中学数学青年教师说课比赛”并获得了一等奖，同年还获得了第二届“IT”节教学竞赛中学组一等奖。与此同时，我还参与了区级课题《初中数学有效课堂教学》的研究，我的教师生涯开始步入辉煌时期。“区优秀共产党员”“区师德先进个人”“市雷锋式好教师”等称号接踵而来，数学教改论文多次在区、市、省获奖。所有这些经历，提升了我的教育教学水平，锻炼了我的工作能力，也更坚定了我干好教育事业的决心和信心。

我常对自己说：“我奉献，我愿意。我吃苦，我愿意。因为，这是我终身所追求的事业。”在近十一年的从教生涯中，我从未请过一天假，为了不耽误学生的学习，我甚至连结婚都安排在了周末，婚假是一天未请。在平时的工作中，我总是默默奉献、无怨无悔，工作中既当自己是师长，慎言笃行、言传身教；又当自己是公仆，勤勤恳恳、忘我工作，时时处处以一个共产党员的标准严格要求自己。2010 年下半年，我又接受了学校的一项新任命，担任初一年级的年级组长，这样一来，我既是年级组长又是班主任，还有两个班的数学教学，这是一个新的挑战，但也意味着一个新的机遇，我依旧执着着，因为我的梦想不容我退缩。

结束语

林语堂先生说："人生不能无梦，世界上做大事的人，都是由梦得来的，无梦则无望，无望则无成，生活也就没有兴趣。"为了教育之梦，我在路上，我在不断地追梦的路上，在追梦的过程中，我拼搏过，失望过，我哭过，笑过，我曾想放弃过，但我一直坚持着，这一路走来，我成长了，我成熟了……在以后的人生路上，不管外面的世界如何精彩，如何喧嚣，我定然执着于我所钟爱的教育事业！因为，我热爱教师这一职业，我为拥有这份平凡却有创意的事业而感到自豪，我会把我的一生献给这太阳底下最光辉的事业！

研究之旅

数学教育中的"近体效应"

你知道 12 点到 1 点之间分钟与时钟重合几次吗？

无意中看见这样的一个报道：一个教授问一群外国学生："12 点到 1 点之间，分针和时针会重合几次?"那些学生都从手腕上拿下手表，开始拨表针；而这位教授在给中国学生讲到同样一个问题时，学生们就会套用数学公式来计算。评论说，由此可见，中国学生的数学知识都是从书本上搬到脑子中，不能灵活运用，很少想到在实际生活中学习、掌握数学知识。当然这一评论有失偏颇，但是我们不得不承认，在我们数学教学中的确有这一现象存在，课堂的数学知识学生都掌握了，可一到现实生活中他们却不懂得应用，这或许就反映了我们上数学课是脱离生活的，有的引入案例与学生实际生活相距甚远，造成学生对数学有抽象、枯燥的印象。数学是"应用之学"，而不是"应试之学"。如果我们割裂数学学习和现实生活的联系，一味地"以本为本"陷在题海战术、机械地做练习之中，高分低能的现象不会消失。

《数学课程标准》指出："数学教学，要紧密联系学生的生活实际，从学生的生活经验和已有知识出发，创设生动有趣的情境，引导学生开展观察、操作、猜想、推理、交流等活动，使学生通过数学活动，掌握基本的数学知识和技能，初步学会从数学的角度去观察事物、思考问题。”的确，数学源于生活，寓于生活，用于生活。在数学教学中，如果能够根据学生的认知特点，将数学知识与学生的生活实际紧密结合，在教学形式上力求在课堂中创设生活的场景，激起学生学以致用的兴趣和需求，在现实使用中教活数学，那么，在他们的眼里，数学将是一门看得见、摸得着、用得上的学科，不再是枯燥乏味的数字游戏。这样，学生学起来自然感到亲切、真实，这也有利于培养学生运用数学的能力。

“近体效应”原理与中学数学教学

苏霍姆林斯基曾说过：“在人的心灵深处，都有一个根深蒂固的需要，希望自己是一个发现者、研究者、探索者，在儿童精神世界里，这种需要特别强烈。”这似乎向我们诠释：“好奇”是孩子与生俱来的天性。长期的教学我们也曾有过这样的感悟：不断的求索就有不断地发现，不断地发现便有了不断的生成，求索是学习的原动力，生成源于不断的求索。而“近体效应”就是我们在数学教学可以调动学生学习数学的最好的心理效应。

“近体效应”是指在教学中，教与学之间在时间和空间的距离及心理、情感差距应尽可能地缩小。教与学之间的差距大是由于教师的教学严重脱离学生的实际造成的，教学过程同时也是师生情感的交流过程，情感上的相容能够调动起学生的主观能动性，如果教学内容“曲高”，学生自然“和寡”。

其实，数学知识本来就是人们在长期的生产生活实践中不断总结概括出来的科学知识。众所周知，数学起源于数，数起源于数数，据《易·系辞》记载：“上古结绳而治。”意思是上古时代没有文字，人们结绳记数、记事，治理天下。而之后有了算筹，它是中国古代的计算工具。它最初是小竹棍一类的自然物，以后逐渐发展成为专门的计算工具，质地与制作也愈加精致。据文献记载，算筹除竹筹外，还有木筹、铁筹、骨筹、玉筹和牙筹，并且有盛装算筹的算袋和算子筒。筹算直到15世纪元朝末年才逐渐为珠算所取代，中国古代数学就是在筹算的基础上取得辉煌成就的。从计算工具的演变过程，我们不难看出数学源于生活，数学也服务于生活。其实数学在我们现代人的生活中也是无处不在的，它是日常生活中必不可少的工具。比如人行道上的地砖之所以设计成正方形或正六边形是因为有一个节约的数学道理在里面。再比如，100户人家要安装电话，事实上并不需要100条电话线路，只要允许有一些时间占线，就能大大节约安装成本，这正体现了数理统计的作用。因此，生活与数学是分不开的，生活中有数学，数学是生活的缩影。只要教师合理运用近体效应设计课堂，多从实际中引入数学，在教学目标、教学起点、教学实例、教学方法等方面贴近学生的认知规律、知识实际、生活实际、心智实际，就会缩短彼此心理上的差距，就会激发学生学习数学的兴趣，就会引发学生积极创造，从而取得理想的教学效果。

“黄金分割”的“近体效应”教学设计

在数学实际教学中，如何根据“近体效应”原理进行课堂教学设计，以提高课堂教学效率，请看下面黄金分割的教学设计：

教学环节	设计意图
一、创设情境： 学校举行升国旗仪式，当五星红旗高高飘扬时，我们肃然起敬。五角星中暗藏了美的规律。五角星中究竟有何奥秘？ 二、探索新知： 四人小组合作，动手测量任意五角星上 C 点到 A，B 点的距离。 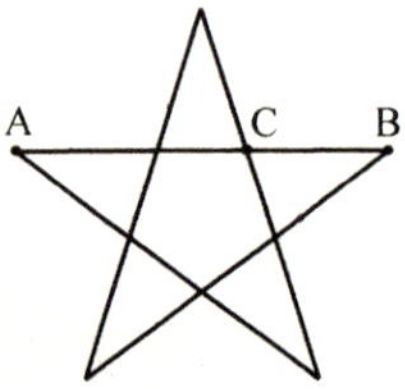 $AC=$　　，$AB=$　　，$BC=$　　， $\frac{AC}{AB}=$　　，$\frac{CB}{AC}=$　　， 发现：$\frac{AC}{AB}=\frac{CB}{AC}$ 三、发现新知： 1. 明确定义 在线段 AB 上，点 C 把线段 AB 分成两条线段 AC 和 BC，如果$\frac{AC}{AB}=\frac{BC}{AC}$，那么称线段 AB 被点 C 黄金分割(golden section)，点 C 叫作线段 AB 的黄金分割点，AC 与 AB 的比叫作黄金比。  黄金比的比值是$\frac{AC}{AB}=\frac{\sqrt{5}-1}{2}\approx 0.618$，约等于 0.618。	“数学知识的学习，大都力求从学生实际出发，用他们熟悉或感兴趣的问题情境引出学习主题”，本课即以升旗仪式引入，在对学生进行爱国主义教育的同时，由五角星中的奥秘引入正题。
2. 介绍来历 黄金分割是古希腊哲学家毕达哥拉斯发现的。一天，毕达哥拉斯从一家铁匠铺路过，被铺子中那有节奏的叮叮当当的打铁声所吸引，便站在那里仔细聆听，似乎这声音中隐匿着什么秘密。他走进作坊，拿出一把尺子量了一下铁锤和铁砧的尺寸，发现它们之间存在着一种十分和谐的关系。回到家里，毕达哥拉斯拿出一根线，想将它分为两段。怎样分才最好呢？经过反复	将生活中的故事引入一方面可以帮助学生扩展思维空间，另一方面可以使学生在兴趣盎然中学知识。

教学环节	设计意图
比较，他最后确定 1∶0.618 的比例截断最优美。后来，德国的美学家泽辛把这一比例称为“黄金分割律”。这个规律的意思是，整体与较大部分之比等于较大部分与较小部分之比。无论什么物体、图形，只要它各部分的关系都与这种分割法相符，这类物体、图形就能给人最悦目、最美的印象。 3. 观察欣赏——生活中的“黄金分割” (1)维纳斯雕像、雅典娜女神雕像等世界艺术珍品中，她们身材的比例合乎黄金分割，尤其是肚脐之下的长度与身高之比都接近 0.618。 (2)蒙娜丽莎的微笑，著名画家达·芬奇的蒙娜丽莎构图就完美地体现了黄金分割在油画艺术上的应用。蒙娜丽莎的头和两肩在整幅画面中都完美地体现了黄金分割，使得这幅油画看起来是那么的和谐和完美。 (3)芭蕾舞演员身体各部分之间适当的比例给人以匀称、协调的美感。芭蕾舞演员的身段是苗条的，但下半身与身高的比值也只有 0.58 左右，演员在表演时踮起脚尖，身高就可以增加 6～8 cm。这时比值就接近 0.618 了，给人以更为优美的艺术形象。 (4)上海东方明珠电视塔高 468 m，上球体是塔身的黄金分割点，它到塔底部的距离大约是多少米(精确到 0.1 m)？ $468\times0.618\approx289.2$ m	“头脑不是一个要被填满的容器，而是一把需被点燃的火把。”因此，在教学中要善于引导学生善于捕捉、获取、积累生活中的数学知识。
四、应用新知： 例 1：(出示图片)这是古希腊的巴特农神庙，考古学家发现，如果把图中用虚线的矩形画成右边的 $ABCD$，以矩形 $ABCD$ 的宽为边，在其内部作正方形 $AEFD$ 的话，他们惊奇地发现 $\frac{AC}{AB}=\frac{CB}{AC}$。试问： (1)点 E 是 AB 的黄金分割点吗？ (2)矩形 $ABCD$ 的宽与长的比是黄金比吗？ 例 2：据有关测定，当气温处于人体正常体温的黄金比值时，人体感到最舒适。因此夏天使用空调时室内温度调到什么温度最适合？ 22.3 ℃～22.8℃	例 1 让学生利用刚学到的知识计算巴特农神庙的相关数据，使数学知识真正为我们的学习、生活服务。 例 2 空调温度的调节又与生活接轨，与当今节能减排的倡导不谋而合，意在培养学生的节约意识。

续表

教学环节	设计意图
五、再探新知：画出黄金分割点。 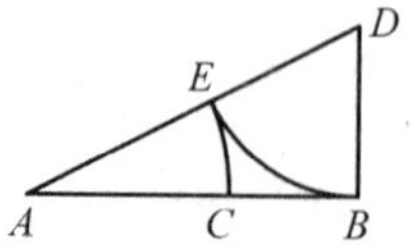 如图，已知线段 AB，按照如下方法作图： (1)经过点 B 作 $BD \perp AB$，使 $BD=\frac{1}{2}AB$。 (2)连接 AD，在 DA 上截取 $DE=DB$。 (3)在 AB 上截取 $AC=AE$，则点 C 为线段 AB 的黄金分割点。 一条线段有 2 个黄金分割点。	
六、生活拓展：黄金分割在摄影中的应用 1. 三分法 对称式构图通常把被摄物置于画面中央，这往往令人生厌。因此，我们摄影时可以把画面划分成分别占 1/3 和 2/3 面积的两个区域，这样照出的图片更美观，这种“三分法则”实际上就是“黄金分割”的简化版。 2. 九宫格 九宫格是我们中国人发明的一种构图模式，巧的是它与黄金分割有着惊人的理论联系！把画面的上下左右用黄金分割来做出 4 条线，我们惊奇地发现这就是我国古人所说的九宫格。研究发现在九宫格的 4 条线交汇的 4 个点是人们的视觉最敏感的地方，当被摄主体处于这 4 个点附近最容易抓住“眼球”！	摄影知识的讲解让学生进一步体会数学来源于生活，数学应用于生活，激发了学生对数学的热爱。
七、小结反思 师：勾股定理和黄金分割是几何中的双宝，“前者好似黄金，后者堪称珠玉”。黄金分割的魅力远不止于此…… 问：我有哪些收获呢？与大家共分享！ 八、作业布置 1. 收集身边的黄金分割的实例； 2. 通过上网调查，了解黄金分割在现实生活中的应用； 3. 完成一件包含黄金分割内容的作品。	小结反思和作业布置的设计目的之一都是意在告诉学生，数学也是可以运用于生活的。

这一案例的设计，恰当地运用了近体效应，教学内容取之于生活，用之于生活，学生在课堂上深刻地感受到了数学与生活紧密相连，深刻地体会到

了学习数学的价值，因而，在课堂上他们充满兴趣地去学、去想、去表达，课堂也自然活跃起来，掀起一个又一个的小高潮。

你也可以这样进行“近体效应”教学设计

根据我十年来的教学实践操作，我认为在教学中可以这样运用近体效应：

1. 走进生活，使数学源于生活

《新课程标准》指出：课程要立足于学生现实的生活经验，着眼于学生的发展需要，把理论观点的阐述寓于社会生活的问题之中，构建学科知识与生活现象、理论逻辑与生活逻辑有机结合的课程模块。

因此，在数学教学中应以身边的事例引入新课，势必能吸引学生，使学生兴趣盎然。教师提出的问题可能就是学生思考过、但又无法解决的问题。在教学中，教师要广泛地、深入地结合学生的生活实际，想方设法创设紧密联系工农业生产和大自然种种现象的情境，使学生感到处处有数学，人类社会离不开数学，从而激发他们学习的兴趣。在教学设计中，我会尽可能地挖掘数学知识的生活内涵，从生活实际出发，把教材内容与数学现实有机结合起来，达到生活材料数学化，数学教学生活化。用贴近生活的教学事例设计，能营造一种轻松愉快的情境，使学生情绪高昂、乐此不疲地致力于学习中。

在教学“垂线”时给了我很大的启发。“垂线”在我们的生活中到处都有，如果在教学中只按书本上的例子介绍给学生，那是无法满足学生的求知欲的，学生不但会失去对数学的学习兴趣，而且也无法将数学与生活联系起来。所以，在课堂上，我让学生自己找找教室周围的垂直关系，可以告诉朋友，也可以告诉老师。顿时，学生活跃了起来，沉静的课堂沸腾了起来，有的学生把自己的发现马上告诉朋友，有的怀着喜悦的心情和老师分享，在集体反馈观察情况时，许多同学不仅找到了教室里的垂线，还说出了很多实际生活中出现的垂线。通过举实例，学生在不知不觉中掌握了垂线的知识。

在教学“统计表”这部分内容，我联系学生的生活实际，从学生感兴趣的事件引入，请学生调查了解好朋友喜欢吃的水果，或者好朋友的出生年、月、日，喜爱的体育运动等，在调查的基础上，填写统计表，绘制统计图，学生的学习热情被调动起来，这使我深深地感受到：数学一旦走进学生所熟悉的生活中，学生们就会张开想象的翅膀，迅速吸收知识。此外，我还运用教学中的多媒体课件，提出具有启发性的问题，创设学生成功的环境等多种方法，激发学生学习数学的兴趣。

例如，教学乘法分配律规律时，可以这样进行：在活动的过程中发现问题、提出假设、举例验证、建立模型，把教学的重点放在探索过程的指导上。首先出示情境图，小明家新买了一套房子，准备装修，请你帮助小明算一算他家要买多少块瓷砖？然后让学生估一估大约需要多少块瓷砖，再请学生用自己的方法来验证估计是否正确。学生在验证的过程中，会发现不同方法的结果的一致性。那么这个发现是否适用于不同的数据呢，学生需要举例来验证。在验证前，教师先指导学生观察算式的特点，再让学生举例，这样才能符合要求。学生在独立的举例后，全班可以开展交流，交流可以分两个层次：第一，交流学生的举例是否符合要求；第二，交流不同算式的共同特点。在此基础上，抽象概括出乘法分配律及其字母表示的方法。由于学生已经有了一些探索的基础，所以在活动中放手让学生自己进行探索，教师做必要的指导，使学生体会探索数学规律的方法，享受探索规律的乐趣，树立探索规律的信心。

2. 创设情境，使数学用于生活

在教学中，我不仅从现实生活中引入数学知识，让学生带着生活问题进入课堂，使他们觉得所学习的内容是和实际生活息息相关的，是生活中亟待解决的问题，更注重引导学生带着数学问题接触生活实际，用数学的眼光看问题，通过数学知识使学生更好地认识、理解周围的生活世界。《数学课程标准》中也明确指出：教师应该充分利用学生已有的生活经验，引导学生把所学的数学知识应用到现实中去，以体会数学在现实生活中的应用价值。因此，我们在数学生活化的学习过程中，教师要注重引导学生领悟数学源于生活，又用于生活的道理，有些数学知识完全可以让学生在生活实践中感知，学会从生活实践中解决数学问题。

如在讲一次函数时，可以设计这样一道题：最近房价下降，老师想以贷款的方式购买一套住房，在走访了几个同类小区之后，老师把目光锁定在相同条件下的两个小区。世纪佳缘小区，首付 10 万元，每月还款 1500 元左右；东方小区，零首付，每月还款 2200 元左右。要求贷款年限不少于 5 年，但不得超过 30 年。请同学们帮老师拿拿主意，看我究竟该选哪个小区。学生的兴趣一下就被调动起来了，有把函数和一元一次不等式联系起来进行比较，哪个省钱选哪个小区；有的同学使用函数图像分析；有的同学考虑到交通问题；还有的同学问我手中是否有 10 万元钱，如果有，你有两种选择方式，如没有，只能选东方小区；甚至有的同学用发展的眼光来看，因为现在经济发展迅速，货币会贬值，可以贷款时间长些，把钱用在其他方面获利，创造更高的价值，贷款就等于现在花以后的钱，这样更合适些。“一千个读者，会有一千个哈姆雷特”，由于学生观察点不同，往往会得到不同的结论，把数学学活，使数学真正源于生活并服务于生活。

在学习《销售问题与一元一次方程》时，通过“请你策划”环节，带动学生主动学习。“‘五一’黄金周快到了，商场打响了客源争夺战，为了促销，通城电器准备将原价 12000 元一台的夏普液晶电视以每台 9600 元的价格出售。请你为通城电器设计一张广告，看谁的设计最具吸引力。”学生掌握了主动权，这使他们的学习热情再次掀起高潮。学生的创造性得到充分发挥。首先是价位的创造性设计，有“打八折”“降价 20%”，还有“原价 12000 元，现打九折再送 1200 元”“满 1000 减 200”的设计。其次是标题个性化的设计，有学生打出“节日大酬宾”“好消息”“大甩卖”“冰点团购”等标题。在内容上，有学生以“夏普彩电，视觉原生态，带给您春天般的温暖”等赢得顾客的青睐。学生在亲身参与设计中，无论是知识、能力还是情感、态度和价值观等方面都得到了充分的挖掘。

诸如此类的例子还有很多，学了百分率的相关概念后，同学们就会更好地理解打折率是怎么回事；学了相交线的垂直关系后，学生就能理解建筑中铅锤的作用；学了圆的性质之后，学生就会理解下水道的盖子，各种车辆的轮子，生活中的瓶口、罐口为什么是圆形的；学了“概率”之后，学生就可以估算出“体育彩票”“福利彩票”中“35 选 7”的中奖概率是多少……这些涉及日常生活的问题，是学生经常遇到的，这样数学知识与生活实际紧密联系起来。因为有了数学，周围复杂多样的世界变得明朗了，学生对生活事物理解得更透彻、更深刻了，满足了学生的好奇心，激发了学生的求知欲和学好数学的主动性，较好地体现课改理念，让数学走近生活，使生活数学化。

生活是教育的中心，“近体效应”理论为数学教学的改革开辟了广袤的原野。“让学生在生活中学数学”使学生对数学有一种亲近感，感到数学与生活同在，增强了学生学习数学的主动性，发展了求异思维，培养了学生理论联系实际的学风和勇于探究、大胆创新、不断进取的精神，让学生亲自体会应用所学知识去解决实际问题的乐趣。

反思之乐

由拖欠作业引出的故事

C214 班的学生刚刚升入初中时，我就发现班上有一个叫李楠的学生在作业方面拖欠严重，一周中有 3 天不交作业，唯一一次交的作业也“短斤少两”，卷面更是“惨不忍睹”。为了震慑全班，每次只要他不交作业，我第二天必然对其进行严厉批评、惩罚。本以为这样就会使其“改过自新”，但结果却事与愿违，他依旧我行我素，不买我的账，甚至在课堂上也开始走神，对学习依旧没有兴趣。我只好找来了他的妈妈，从他的妈妈口中我才得知：他的父母在他很小时就离婚，他由妈妈独自一人拉扯大。为了生计，对于孩子，妈妈疏于对他的管教，导致了他顽劣的性格。小学老师已经对他毫无办法，从四年级开始他就没有做过作业了。

事后，我沉思了很久，反思我以前的做法：对他我是言之谆谆，而他却听之藐藐；我苦口婆心，他却无动于衷，这是因我和他的对事态认知不一致的结果，现代的学生不是缺智商，而是缺学习心态。现代已经不是一个“言之谆谆”的年代了，而是一个感染人的年代，一个让人充满激情的年代，学生们不是从道理中体会激情，而是从激情中去体会道理，去学习，去生活。在他们的意识形态中“超级女声、帅男、草根”是他们的最爱，这些最容易刺激他们，让他们有兴趣，也最容易激发他们探索的欲望。这个时候，我们作为老师，也要适应时代的变化，正如德国教育家第斯多惠说：“教学的艺术不在于传授的本领，而在于激励、唤醒、鼓舞。”教学要想激励、唤醒、鼓舞学生，促使学生的思维进入最佳状态，真正使他们想学好，学得有趣、有效、自信、成功，取得较好的学习效果，对有关学生心理的细致研究、掌握学生认知的心理特征，以及设计好处理学生问题过程中心理方面的策略至关重要。只有认识学生所想，对症下药，我们才会在学生工作中做到游刃有余，这个时候我们在学生工作中就要“使点手腕”，产生积极有效的“心理效应”，“以毒攻毒”拖学生“下水”。正所谓知己知彼，百战不殆，让他们从厌学，看到数学作业就想“吐”的困境中“脱颖而出”去乖乖地想做数学，热爱数学，何乐而不为呢？认识了问题所在，我运用“心理效应”这根调控杠杆把他的问题解决好，此时我突然记起陶行知先生的“给糖”的故事，灵机一动，我为什么不试试这个方法。于是放学后，把他留了下来，让他在办公室等我。等我回到办公室，见他已在等候，便掏出一块巧克力递给他：“这是奖励你的，因为你按时到了。”李楠同学很高兴地接过了巧克力。接着，我又递给了他一块巧克力：“这也是奖励你的，小学你从不做作业，进入初中以后，你每周还是做了两次作业，这就是进步。”这时，他怪不好意思地说：“谢老师，你别这样说了，我……我……我知道自己做得不太好。”于是，我又拿出一块巧克力说：“你已认错，再奖励你一块。我的巧克力给完了，我们的谈话也该结束了，赶快回家去吧，你妈妈还在家里等你。”当李楠同学走出办公室的那一刻，我笑了，因为我知道，我的教育对他有了触动，在他心里产生了“蝴蝶效应”，他会改变的。

果不其然，第二天他就把作业交来了，虽然作业的书写和正确率还是很低，但好歹也有了些进步，我也深感欣慰。我抓住这个契机，在班上好好地表扬了他一番，并在全班对其提出了希望："今天是你进步的开始，希望你明天能踩着今天进步的台阶更进一步！我们全班同学给他以掌声鼓励，好吗?"雷鸣般的掌声让他红着脸低下了头，这期间或许有开心，或许有激动，或许还有些许不好意思，但我知道我离成功又近了一步。第三天，他的作业书写比以前工整了许多，于是我在他作业本打了一个A加星。上课时，我将改好的作业发给同学们做练习。转眼间，学生们都埋头写作业了，我在教室中巡视，突然一个小小声音在我耳边响起："老师，我也有一个A加星了!"我回头一看，原来是李楠同学，他用手指着那个作业本笑着看着我。他的这一举动让我一时茫然，给学生打个A加星对于老师来说实在是一件再平常不过的事情，但是对于他这样一个学生来说，这或许是拂晓时天边的一颗启明星，是久旱过后空中一际震天雷，是雨后天空上的一道彩虹。我顺势用手摸了摸他的头，故作惊讶地说："哦！你这次作业进步不小呀!"接着，我举起他的作业本在全班同学面前又一次表扬了他。从那以后，他几乎再也没有拖欠过作业，字迹也一次比一次工整，我成功了。"蝴蝶效应"再一次彰显了它的力量。

事后我回想，如果我总是一味地批评他，甚至是"冷嘲热讽"，抑或是当时对全班宣布我对他彻底放弃，后果又会是怎样？很可能是以后他更不会做作业，然后厌学，接着不能毕业，最后流落到社会……但幸运的是，我当时说的是鼓励的话语，其结果是：他按时交了作业，接着认真学习，然后成绩开始进步……虽然他将来不一定能够成为什么伟人，但至少不会因为这件事而误入歧途。

企业管理学中曾流行一句话：细节决定成败。其实，对孩子的教育又何尝不是呢？老师一个灿烂的笑脸，一句赞扬话语，一种行为习惯，都有可能在孩子心里产生巨大的"蝴蝶效应"，成为孩子的原动力，进而成为生命中意想不到的支点，改变学生的一生。

因此，作为教师要"莫以善小而不为，莫以恶小而为之"，把握住教育中的每一个支点，你定能依靠它撑起学生的全部心灵世界。

二、花开映山红

姓　名：蒋艳霞
所在学校：长沙市开福区沅丰坝中学
从教年限：18 年
我最喜欢看的书：小说　散文
我最喜欢的休闲方式：旅游

成长之路

初为人师

回忆起初为人师的情形，我不由失笑，那个时候，真的很懵懂，也闹了不少笑话。

从学生转变为教师的初始，我并没有感觉到生活的变化。一样的要早起，一样的挤食堂，一样的被人管。只是，做学生是被老师管，做老师是被校长管，管理的人不同而已。

这种没有变化的感觉让我很郁闷。特别是，学校规定住校的老师必须早上六点半起床，这让我很抓狂。要知道，做学生时我最恨的就是学校的起床铃了。可为什么工作了，还是要早起呢？咱不说朝九晚五，可八点钟上课，七点半起床总是可以吧？无奈，校长认为教师应该为人师表，不能让学生进校门后发现老师还在睡懒觉。校长每天会检查老师起床的情况，并准时敲响我的房门。刚开始时，我会抱怨，后来，慢慢地也就习惯了。偶尔，我也会到校外的马路上进行晨跑。不时碰到上学的学生，听他们快乐地招呼“老师好”，于是，一天的心情也会大好。

那时，学校管理很严也很细。除了纪律的要求，对教师的仪表也有很多要求，如教师着装应该整洁、大方，女老师不能披发、染发，不能穿无袖衫，不能留长指甲等。而对教学常规的管理更是具体，对教案的格式、作业的数量、作业的批改等都有明确的规定。记得我第一次教学检查中就挨了批评，原因是我批改作业时，在学生作业本上画的钩太大。（注：学校规定，教师批改作业时，所画的钩或叉不能画过两行。）

那时，我总是认为学校的管理过于僵化。现在回想起来，正是那些具体的管理条例让我很快明确了教师的职责，并养成了一些好习惯，如进教室前整理仪表，坚持写教学后记，等等。

初为人师，我渐渐明白了教师的责任，学会了以身作则，为人师表。

教师的心

我们学校每周星期一都会进行师德教育，说得较多的除了教师的纪律，就是如何对待后进生的问题。学校要求教师对学生一视同仁，不得歧视后进生，不得体罚或变相体罚学生。

参加工作的头几年，我教学经验不足，缺少有效的教育手段。那个时候，做事全是凭“蛮劲”。每次提到歧视后进生，领导总会举例某某老师上课只关注那几个成绩好的学生，从不让后进生回答问题。于是，我上课特别喜欢盯着那些基础差的学生，一有机会就提问。考虑到不能体罚或变相体罚学生，学生骂不得、打不得，于是，我就让他们留校。上课不守纪律，放学后留下来重新学习上课的内容；没有做家庭作业，放学后留下来补完作业；考试不及格，放学后留下来补考。

这样做，作为教师的我很累。但是学生并不领情。有学生曾经很不满地对我说：“老师，你为什么总是盯着我，和我过不去呀?”我很难过，也很困惑。我自认为没有歧视他们，也没有体罚他们，为什么学生会有对抗情绪呢?

有一次，班上有三个学生没有做家庭作业，放学后我照例将他们留了下来。不知不觉天色已晚。这时，他们班的班主任跑来替他们求情，说回家晚了，家里会担心，老师相信他们回家后一定会把作业补好。班主任一一询问了他们的家庭住址，有两个住得比较近，于是，让他们结伴回家，并一再叮咛路上注意安全。还有一个家离学校比较远，班主任就带着我一起送他回家。在回来的路上，班主任和我聊了很多学生的家庭情况。如刚才这个学生，父母外出打工，家里只有一个奶奶。虽然他有些叛逆，但他很孝顺，奶奶说的话他一般都会听。还有，班上某某，父母刚离婚，所以他上课总是发呆……

这次谈话，我的感触很深。班主任是一个有多年教学经验的老师，她委婉地提醒了我，作为教师，除了关注学生的学习，还要了解学生的性格，了解学生的家庭背景，了解学生受教育的经历，这样才能找对教育的方法。曾经，我以为自己能很轻松地做到对所有学生一视同仁。这才发现，单一的教育方法对于不同的学生便是一种不公平。

后进生并不一定差，除了学习，他们也许在其他方面有很多的优点。我想，将他们称为“学困生”更恰当。他们只是因为各种原因造成了学习上的困难。这些原因，可能是学生心理问题，可能是学习能力问题，也可能是家庭问题。

而教师对待学生，除了责任心，还要有爱心、信心、宽容心。

为了每一个学生的发展

2001年8月，长沙市开福区被选入国家级课程改革实验区。当时，学校特别重视，专门挑选部分老师参加通识培训，我也有幸被挑中。

培训第一天，华东师范大学的张华教授给我们做了《为了每一个学生的发展》的报告。第二天、第三天又有专家对新课程改革的目标和理念、课程标准、课程评价、课程管理等方面做了详细介绍。当时专家们对比中西方的教育，提出了目前中小学教育中存在的一些问题。如学生学习方式单一、被动，缺乏自主探索、合作学习、独立获取知识等学习能力，教师教学中忽视学生创新精神、实践能力的培养，对书本知识和运算、推理技能关注较多，而对学生的情感态度关注较少等。

这次培训带给了我很大的震撼。我也问我自己：我的学生在毕业后，他还会用到我教给他的知识吗？我用一种很欣喜的心情接受了这次课程改革培训。通过这次培训，我了解到新课程改革的核心理念是：一切为了学生的发展。这里的“一切”，指的是学校的所有教育教学方略的制定，方式方法的使用，都要建立在以人为本、促进学生健康成长的基础之上；这里的“学生”，显然是指学校里的每一位学生；这里的“发展”，指的是学校的教育教学及一切课外活动，都要把目标锁定在能够有利于学生终身发展之上，有利于学生在学校获得今后走向社会所需要的基本生存能力——自主学习的能力、与人合作的能力、信息收集与处理能力、学会办事的能力、独立生存的能力。以保证我们的下一代能够在未来社会生存与发展。因此，有人干脆把这句话说成：一切为了一切学生的一切。

新课程怎么教

虽然树立了新的教育理念，但多年工作的经验形成了固定的教学模式，这在改革过程中不可避免地成为一个障碍。如何真正改变观念，如何转变教师的教学方式，如何转变学生的学习方式，这对我们提出了严峻的挑战。

首先是认识新教材。实验初期，我们区选用的是北师大版的数学。新教材在知识的编排顺序、知识的呈现方式上发生了很大的变化。当时，北师大的张丹老师指导我们如何认识新教材，如何正确处理新教材，让我对新课程怎么教有了一个初步的认识。后来，在每个学期初，又有张惠英老师、章飞老师等北师大的专家来给我们进行教材培训。专家们给教师详细介绍了教材的设计思路，并给出教学建议和评价建议，为我们的教学明确了方向。

其次是教学资源的准备。实验初期，我们没有教辅资料，也没有教具，教学资源要自己创造。上课前，我和同事研讨教材中提供的活动素材，认真领会教材的编写意图，灵活地准备各种资源。比如，在学习“截一个几何体”时，课前布置学生利用身边的材料准备实心的小正方体、圆柱和棱柱各一个。我自己也买来了萝卜、火腿肠等做好了相关的教具备用。第二天上课时，我惊奇地发现自己的教具用不上了，学生的准备非常充分，材料更是丰富多彩，有丝瓜、黄瓜、南瓜、土豆、橡皮泥等。此时的学生，他们对学习充满了激情。还有一次，我们学习“水位的变化”，教材提供了流花河的水文资料，我们的学生很多就住在湘江边上，并且每年夏天湘江都会有涨水的情况。因此，我们采用的是“湘江水文资料”(学生在综合实践课中已经收集了相关的资料)，让学生自己提出问题，然后以小组的形式解决问题。这一过程中，学生综合运用有理数的加减等有关知识解决自己提出的实际问题，体会到数学与现实生活的联系。上课时学生主动探究和积极交流的态度让我感觉到了教学的快乐。

最后是数学活动的设计。苏联数学教育家斯托利亚尔曾经说过：“数学教学应是数学活动的教学，让学生参与到数学活动之中，是学生获得发展的根本途径。”如何在数学活动中把每一个学生的主动性调动起来，让每一个学生都参与到数学活动中，让每一个学生都能有成功的体验，从而得到发展，这一直是我在思考的问题。刚开始时，我在教学活动中实施开放性的教学，鼓励学生自主探索与合作交流。在数学课堂教学中，我一般按“情境引入、探索研讨、应用拓展、回顾反思”的模式展开数学教学。后来，发现了一些问题，如并不是所有的数学内容都有相关的实际背景；有的学生更适合接受式学习方式；引导学生进行探索与交流而使教学任务无法完成等。针对教学中出现的种种问题，我开始反思探究活动的必要性与有效性，并在一次次的评价与反思中改进自己的教学。

反思与交流

有一次听华应龙老师的讲座，听他说起他最初教学时，常常用录音机把每堂课录下来，课后再听，这样能发现自己的不足，从而提高课堂教学水平。我也有类似的感受，我是在一次次的教研课中成长起来的。

刚进入新课程改革时，教新教材的老师心里都很没底。我们采取集体备课的方式，一有时间就相互听课、互相探讨，开诚布公地发表自己对教材教法的看法，有时也请非课改老师听课，让他们谈谈他们的想法。我们区的教研员盛建武老师经常到我们学校听课，并指出我们的课堂存在的问题。盛老师还组织全区的教师开展听课、评课活动，并让每个学校选定一个课题进行研究。在这样一系列的研讨过程中，我的收获非常大。

我还记得课改后上的第一堂教研课“数怎么不够用了”，课后全区的教师提出了很多宝贵的意见，盛老师更是结合新课程中教师教学方式的改变、学生学习方式的改变、如何评价学生等方面做了详细地评析。我将这些建议记下来，重新设计了这堂课。就在这样的反思过程中，我对新课程怎么教有了具体的想法。

后来更多的地区进入课改，很多老师会到我们学校听课。我经常会上公开课，在准备每一堂教研课时，我都会主动地去学习；在听老师们的评课意见时，我会认真思考，然后把反思写下来，形成一个一个的案例。而我，就在完成这些案例的过程中逐渐成长。

研究之旅

问题：如何进行有效的数学探究活动

数学探究式教学离我们有多远？

新课程倡导一种主动、探究、合作的学习方式，教师在教学活动中实施开放性的教学，鼓励学生通过自主探索与合作交流来形成自己对数学知识的理解和有效的学习策略。当我们把课堂放开后，发现了一些问题，如引导学生进行探索与交流而使教学任务无法完成；在小组合作学习中，有部分学生过于依赖小组其他人员；课堂看似热闹，但缺少学生思维的碰撞，纯粹为活动而活动等。针对教学中出现的种种问题，如何确保探究活动的有效性，如何在具体的教学情境中寻找有效的策略，这是我们要思考的问题。

分析各种效率较低的数学探究活动的原因，有以下几种：

1. 教学内容不适合采取探究活动

新课程强调转变学习方式，提出“改变课程实施过于强调接受学习、死记硬背、机械训练的现状，倡导学生主动参与、乐于探究”。但从获取知识的角度来看，不是所有的学习内容都适合或都需要采用探究性学习。有的教学内容，如概念的定义、历史文化、数学法则，就常常需要采用接受式学习方法。

2. 学生被动参与探究活动

在课堂教学活动中，学生在教师的引导下，跟着教师按部就班地进行探究活动。从表面上看结论的得出不是教师直接告诉学生，而是由学生自己发现、总结出来的。但是学生在参与探索活动时，对于为什么要做这样的活动并不明白，活动规则是老师规定的，学生是在教师的指令下活动，对活动规则缺乏认同感，使得学习并没有真正成为学生自发自愿的行为，这无疑降低了学习的效率。学生“为了探究而探究”，学习的层次始终停留在表面操作的层面，未能在头脑中实现必要的重构或认知结构的重组，成了教师完成教学环节的操作工。

3. 重视学生合作交流的过程而忽略学术结果

在探究活动中，教师只关注学生对活动过程的参与，把大量的时间花在指导学生精确的操作及处理冲突上，没有引导学生对活动结果进行有效的分析与思考。这样的教学活动大多是动手活动，外在的活动多，内在的交流少，缺少师生之间、生生之间对图形、方位和概念等的描述性交流，使得数学课偏离了数学学科的本质。

4. 探究活动没有面向全体

在课堂上，虽然采用了小组合作探究的形式，但真正交流时，经常是比较固定的几个学生发言，其他学生只是充当观众，无法真正参与活动；老师在组织学生交流时，忽视部分学生的知识经验、思维水平、解决问题的策略等差异，使探究活动流为形式。怎样使探究活动有效，我们采取了一课多轮的研究方式，下面是我们对"频率与概率"的探究活动教学设计，通过研究，探究式教学离我们越来越近了。

"频率与概率"探究活动教学片段

教师用多媒体展示问题情境：

水平地面上画着一些平行线，相邻的两条平行线之间的距离都为 a，向此地面上任投一长度为 $L(L<a)$ 的针，该针可能与其中某一条平行线相交，也可能不相交。

问：相交与不相交的可能性相同吗？你能通过列表或画树状图求出该针与平行线相交的概率吗？

学生沉默，不久，有学生轻轻地、很不自信地说："不能。"

教师指出，既然我们无法通过列表或画树状图求出针与平行线相交的概率，那么我们就用实验的方式，用频率来估计概率。

教师要求学生分小组实验，自主确定 L 和 a 的值，至少完成 100 次实验，分别记录其中相交和不相交的次数，并完成表格。

L 的值	a 的值	实验总次数	相交的次数	相交的频率	估计相交的概率

学生活动中出现了一些意外：

(1)场地不够，有两个小组为争"地盘"发生争执，教师调整，将一个小组放到教室的外面。

(2)有一个小组在画平行线时，没按要求使每相邻的两条平行线之间的距离都相等。

(3)L 和 a 的值各组一般不相同，实验结果无法汇总。

分析：

在这个教学片段中，虽然学生对进行活动的积极性很高，但对活动的目的不是很明确，他们没有认识到实验的价值，也没有真正理解要通过实验解决什么问题，所以有一个小组连实验要求也没有弄明白，就开始实验。

教师在教学设计中也没有考虑到活动的场地，使小组与小组之间出现了“抢地盘”现象。后来，虽然教师进行了调配，但小组之间仍然出现干扰的现象。另外，被调到教室外面的小组不能得到教师的监督和指导。

教师在学生活动的过程中，把大部分时间花在指导学生如何进行实验以及处理小组冲突上面。没有指导学生对实验结果进一步进行对比、分析。

针对上述问题，进行了第二次教学。

第二次教学过程

一、创设情境

同学们，我们来玩一个游戏，规则如下：

在水平地面上画着一些平行线，相邻的两条平行线之间的距离都为 a，向此地面上任投一长度为 $L(L<a)$ 的针，该针可能与其中某一条平行线相交，也可能与它们都不相交。如果相交则同学们赢，不相交老师赢。

你认为游戏公平吗？

（教师提出与学生玩游戏，引起学生的好胜心。他们主动地去关注游戏规则，并通过思考游戏是否公平，对如何求针与平行线相交的概率产生了一种迫切需要。）

学生通过讨论，得出几种结论：

(1)针与平行线相交和不相交的可能性不一样，但没有办法把概率求出来。

(2)针与平行线相交的概率与 L 和 a 有关，L 越大或 a 越小，相交的概率越大。他们认为，只要把平行线画密点就能赢老师了。

二、探索研讨

1. 在学生讨论的基础上提出

如果确定 L 为一根牙签长(约 6.7 cm)，平行线间的距离 $a=10$ cm，你能求出针与平行线相交的概率吗？怎么求？

（学生可能会想到用列表画树状图的方法来求，但无从下手，这时教师提醒他们，可以用实验的方法，用频率来估计概率，学生恍然大悟，并对实验跃跃欲试。）

2. 小组合作探究

步骤一：指定活动地点；

步骤二：分组进行实验，并记录好本组的实验数据，计算出针与平行线相交的频率。

在学生活动的过程中，教师关注：

(1)各小组的分工是否合理，小组内每个成员是否都有任务，如有人记录，有人投针，有人捡针等，每个人的职责是否明确。

(2)每小组所画平行线之间的距离是否都等于10cm。

(3)要求学生从一定高度随意抛针，保证投针的随机性。

(4)各小组根据实验结果求出了相关概率。

3. 全班实验数据汇总

由最先完成实验的小组负责组织完成下列表格

组次	实验总次数	相交的次数	相交的频率	估计相交的概率

(由于事先明确了实验的目的、实验的步骤，各小组活动进行得有条不紊。学生积极性很高，每个同学都参与到活动中来了。)

反思：

在教学中，教师作为学生活动的组织者、引导者、合作者，怎样才能保证学生的活动是有价值的、有秩序的、有效的学习过程，怎样引导才能使学生自主参与、乐于交流，从而使每个学生都能在活动中得到发展，这需要教师在创设问题情境、设计活动过程这两个环节做好充分准备。

首先是创设问题情境，同一个问题，以不同的形式呈现出来，学生的反应也不一样。如果能把数学问题以学生感兴趣的方式呈现出来，如这时以教师与学生做游戏的方式呈现，学生有了兴趣，就能主动去思考，而学习的过程对学生来说是有意义的，是自己解决问题的需要，而不是被动地学习。

其次是精心设计活动过程，在本节课中，提出问题后，教师先组织学生对问题进行讨论，让学生在讨论中明白，这个问题我们如何去解决，学生明确了实验的目的，在进行实验过程中才能进行有效的思考，避免了为实验而实验。

另外，学生自主活动的过程中，教师密切关注学生，先设想学生可能出现的问题，在关注过程中可以做到有的放矢，从而保证学生的活动是有序有效的。有的小组活动完成得快，教师又分配了一个工作，让他们负责组织收集全班的数据，协调了各小组之间的关系。

我们这样进行探究活动教学设计

总结自己十多年的教育实践经验，我认为我们可以这样进行探究活动设计：

一、根据学习内容，选择适当的学习方式

探究性学习中，学生面对的不是现成的、陈述性的知识或程式化的练习，而是具有一定挑战性的问题和任务。通过形式多样的、以学生自主学习为特征的探索活动，解决问题，完成任务，并且在这样的过程中，获得知识、技能、发展能力，培养情感体验，无疑是当今数学学习中重要的学习方式之一。

但从获取知识的角度来看，不是所有的学习内容都适合或都需要采用探究性学习。美国著名心理学家奥苏伯尔认为，学校主要应采用有意义接受学习。有意义接受学习是指教师把要学习的内容以定论的形式传授给学生，对学生来讲，学习不需要探索和发现，只要把学习的内容加以内化，以便再现或派作他用。人类的文化遗产博大精深，对于学生来说，大多数内容是不可能自主发现和主动建构的，为丰富学生的心灵和智慧，接受式学习仍然是当今课堂学习中较为常见的学习方式。况且，间接知识的接受学习，也不一定就是让学生被动地、消极地听讲，也不一定就是要让学生死记硬背，完全可以是积极的、主动的和有意义的，实践中这样的例子很多。

所以，我们在强调探究性学习的同时，切不可过分夸大探究性学习的功能和适用范围，以探究性学习方式来排斥其他学习方式。只要能让学生对新内容产生强烈的兴趣，教学中教师又处处从学生原有的知识基础和思维水平考虑，促使学生能主动地找到新旧知识的连接点，就是有效的方式。

二、设计适度、有价值和富有挑战性的问题

问题是探究性学习的核心，整个探究活动是围绕问题展开的，也随问题的解决而结束。学生在解决问题的过程中得到发展。因此，问题的设计与展开关系到教学活动能否顺利进行和教学目标是否能达到。在设计探究性问题时，应当力求做到以下几点：

(1)问题要难易适度。所谓难易适度是指提出的问题既有一定难度，又是学生经过努力可以解决的，过难或过易的问题都不利于学生探究学习。苏联著名心理学家维果茨基把儿童的发展水平分为现有发展水平和即将达到的发展水平，两种水平之间的差异称为“最近发展区”。这种差异正是推动学生身心发展的动力。因此，问题应设计在学生的“最近发展区”内，才能激发学生的思考，推动探究活动的进行。

(2)问题要有方向性。探究式学习难以驾驭，易“放”难“收”，经常无法完成预定的教学目标。经过观察后，我们发现，出现这些现象常常是因为老师在课堂上提出的“你们发现了什么”“你们观察到了什么”等问题，未给学生暗示思考方向，任由学生海阔天空地观察、思维、表达，“信马由缰”，认为只有这样，才能体现探究学习的开放性，发挥学生的主体性。殊不知，正是这种表面上看似以学生为主体，放手探究，实际上是教师的主导作用缺失。失去了教师的引导，既浪费了学生宝贵的时间，又让学生的自主成为放任自由。

(3)问题尽可能是真实的、有价值的。课堂教学是一个师生双边参与的动态变化过程。学生是学习的主人，是课堂上主动求知、主动探索的主体，教师是教学过程的组织者、引导者和合作者。教学不能无视学生的原有经验，所以教师在实施教学中，首先要根据学生已有的知识和生活经验，创设的蕴含开放性问题情境要有实际意义，要突出主题，还要有一定的思考价值和启发性，能激发学生探究的意识，使学生能以极大的兴趣和热情投入到问题的解决中。

(4)问题要能激发学生的好奇心、求知欲，富有挑战性。有挑战性的问题能让学生跃跃欲试，积极性很高，最终在探索、讨论、交流中解决问题。好奇心、求知欲具有很强的内驱力，可以促进学生克服探究过程中的困难，提高学习效果。

三、精心设计探究过程

探究过程的设计应从如下几个方面考虑：第一，教学生探究什么，即明确合适的探究目标、任务。第二，教学生怎么探究，即在分析探究任务、探究条件、学生情况等基础上确立探究方案。第三，如何教学生探究什么以及如何教学生怎么探究，这需要教师在探究的内容、方法和监控调节上做好学生的探究向导。

在设计探究过程时，要考虑为学生留有足够的探究时间和活动空间，避免探究过程不扎实，走马观花，浅尝辄止。这种蜻蜓点水、浮光掠影“赶场式”探究过于肤浅，有过程无真正收获，严重影响了探究的有效性。

四、关注生成、适时点拨，凸显教师主导的作用

“自主探索”不等于“自由探索”。学生不可能一开始就能顺利从事探究，学生对新知的探究还常常发生难以预设和意料的变化。在探究学习中，教师要准确地把握自己的角色，凸显教师的引导作用，从一开始就应该是一个积极、热情的“组织者”“引导者”“合作者”。当学生遇到困难时要鼓励、启迪；当学生发生争议时要倾听、提醒；当学生探究出现错误时要纠正、调整；当学生获得成功时要赞赏、激励。即时的引导，“该出手时就出手”，这样才会

使探究性学习高效而省时。

五、教师对学生的探究及时进行激励性的评价

在学习过程中，教师应关注学生在探究活动中逐步形成观察、归纳和发现问题和解决问题的能力，结合探究活动的全过程评价学生的探究。对学生表现出来的每一项探究能力都进行激励，并耐心、委婉地指出不合理的地方，进行公正、客观、积极的评价。

反思之乐

花开映山红

今天，同事又说到了后山的映山红。这个时候，映山红快要开了吧？

我们学校后面有一片荒山。每到春天，满山的映山红便会竞相绽放，开得漫山遍野，把整个山都映得通红。我们上山游玩，总会顺手折来一大把映山红，抱在怀里，人也精神起来。

其实，刚到学校的时候，我并没有注意这些山花。那个时候，看到后山总是觉得满目荒凉，如同我的心情。那时，年轻的我，对于成为一名农村教师很是不甘愿的。有一次，我被一个调皮的学生气得哭着跑出了教室。第二天上课时，脸上还是讪讪地，正准备严肃地说点什么来挽回“面子”。这时，那个调皮的学生抱着一大把映山红走上讲台，诚恳地说：“老师，对不起。”从那时起，我便开始注意这红艳艳的花了。

映山红有个书名叫“杜鹃花”。文人喜用杜鹃花来描述离别。杜鹃花有很多颜色，大红、粉红、紫色、白色……

然而，我更喜欢映山红这个名字，更喜欢火红的映山红。

映山红单个的花朵并不特别漂亮，但无数的映山红，一丛丛一簇簇的，成堆成片地挤在一起，红艳艳的，就像漫山燃烧的火焰，灿烂犹如霞锦。如果用花朵比喻人的话，那映山红就是那群普普通通的人，如你如我，我们只是做着平平常常的工作，但我们一起谱写了绚丽的生活。

笨鸟先飞

一直都很羡慕那种有机智的人。遇到突发事件，他们能随机应变，化险为夷。遇到失误，他们能因势利导，化尴尬为精彩。

我是遇事容易慌张的人。若是没有准备，常常不小心错上加错，只能在事后感慨“当初我应该这样处理的”。

而我们的课堂却总是充满意外。因而，教学机智成为教师处理课堂教学问题的重要途径，也是教师必备的基本素质之一。

我常常为自己缺少机智而苦恼，于是，我能做的便是更多更细致的准

备。在备课时不仅仅考虑教学过程，更多的预计学生的反应，并设计出对应方案。尽管有时课前准备再详细、对学生的预设再充分，课堂上仍有很多偶发事件无法预料。但，把这些意外记下来，想好对策，下次就有准备了。

有一次教研课，学生在讨论交流过程中，提出了一些意想不到的问题。课后，同事夸我机智，能适时开展生生对话、师生对话，让学生在质疑中、想象中、对话中理解知识。我暗笑，其实那些意外全在我的意料中。上课前，我就预设了学生会出现的意外，并思索如何将这些意外化成“点睛之笔”。我想，这也算是笨鸟先飞吧。

三、走近学生　享受幸福

姓　名：周霞
所在学校：长沙市第三十二中学
从教年限：23 年
最喜欢的书：《静悄悄的革命》
最喜欢的休闲方式：郊游　阅读

有一种心度叫享受，有一种感觉叫幸福，面带着微笑来享受，播种着快乐和幸福。

幸福于我而言，不是刹那的感觉。自打如愿以偿地考入心仪已久的师范院校，幸福的种子即已入土；对“数理系”的选择就相当于给“种子”施了一次最好的肥。五年的专业学习，使得我踌躇满志，心比天高；十七年的教学实践，使得我充实沉淀，步步登高。

成长之路

回想第一次跨入我成长的摇篮——开福区植基中学，校长便笑着问我：“周霞，你刚走上教育岗位，有什么打算?”我不假思索回答道：“校长，来的路上我就想好了。工作头五年，我要达到三个目标。第一，成为所有孩子都喜欢的好老师；第二，成为区内同行都认可的好老师；第三，参加各类竞赛十次以上，让自己的专业尽快成熟。”陪同我前去的同学听了，捧腹大笑，说没看见过这么幼稚的姑娘！我自信地昂起了头，向她大声宣布：这是我的理想！满怀热情的我带着理想与追求走进了现实。

初上讲台

初上讲台的头两个月里，教科室的彭主任每天都拎着他的小板凳到我上课的班级。从不速之客到教室中的固定成员，40 个工作日里他竟听了我 58 节数学课，而 70％的评课与谈话都让我泪流满面。那份感受既是痛楚更是心碎！面对教学实践中的种种问题，我不由得怀疑起我的教育理想，甚至让我怀疑是否应当选择这样的职业。彭主任似兄长、如严师，每次一针见血地点评过后，都不忘抚慰一下脆弱的我。“还不错，有进步了。”“没关系，下次努力。”是这两句虽平常，但如同我精神支柱的话语常回荡在我的耳边。于是，在激进中我学会了悦纳，在沮丧中我学会了微笑。在“新伤”与“旧痛”、“缝补”与“愈合”中我找回了自我，今日我无法忘怀恩师的指导，更无法释怀跌撞中的领悟。缺少恩师的“诲我不倦”，缺少自我的“永不放弃”，那就不会有正在享受幸福的我了。

大胆实践

“不经历风雨怎能见彩虹”，有了前阶段的打磨，在任教的第二个学期里，我便向全区数学教师展示了我的研究课。虽是第一次公开亮相，但课后的良好评价都让我感受到了，原来“小青果”也别有自己的味道。因为这次的“露脸”，我还意外地收获到了难得的学习机会——参加首届全区青年骨干教师的培训。自此以后，竞赛对我而言，就像是空气和水，必不可缺，至今我仍未停歇过。您可能会认为我根本就是个教学中的幸运儿，有这么好的学校培养，有这么多的学习机会，是的！这些我都不得不铭记于心。有一句大家都熟知的名言突然浮现在我的脑海：机会只为有准备的人而来。我很想用自己的方式来诠释：机会，应靠自己的勤奋和勇气来争取。准备是不能缺少的，敢于表达并实现自己的理想与愿望是更不能缺失的。知道吗，不论什么级别的比赛，我，一定是学校里第一个报名者。你是不是会问：你就每次都成功吗？那当然不，从比赛结果上来论成败，我固然有许多次挫败，但你能从我身上看到失败的狼狈、感受到我难过的情绪吗？既然没有，那就证明每次挫败都为我下一次成功在储备能量。尝到甜头的我，怎能不抿着嘴巴偷着乐呢？

从教的十七年中，我已参加过区级教学及论文或课件制作竞赛达十七次，市级竞赛九次，省级竞赛两次，国家级竞赛一次。参赛越多，我就越能感受到自己知识的空前匮乏。记得区教研员盛老师在一次市级赛课后这样对我说：“周霞就像一把斧子，刀口锋利，光可鉴人，很可惜的是这把斧子的分量轻了些，不能一出手就入木三分！”一语惊醒梦中人，加强理论学习与研究才是成功之道。各类专著看得越多就越能使我觉察自身知识的干涸，也就越能激发我求知的欲望。强制的自我学习过程是枯燥的，而琳琅满目的大千世界，又无时无刻地向我飘出诱人之香，于是乎，我停停走走、走马观花。一次，在当代名师吴正宪老师的书中我看到这样的一段：你和别人一样，别人睡觉你睡觉，别人逛商店你逛商店，你的知识、智能、才干、成就肯定与别人没什么差别。你要想做出成绩，就要把别人消耗在享受上的时间用到学习上，有所失，才能有所得。停滞不前的我像个小矮人似的，被这番看似平常的话语轰得无影无踪。我开始了“主动学习”的过程，在工作中学习，在学习中思考，这也成了我第二阶段的常用提高方法。

收获希望

在进行“概率教学”第三次大的教学结构调整中，我添加了一个类似于“杨辉三角”的游戏活动，即在模型中投入一个球，从中间摸出球的可能性大于两边。为了与生活“靠拢”，我便设计了这样一个情境：某超市购物满100元即可参加抽奖，抽奖所使用的模型就是这个。(课件演示)问：老板应当将价值高的一等奖放在哪个出口？看着球骨碌骨碌从球道中“蹿”过，学生的学习热情异常强烈。课后，他们仍意犹未尽。一个孩子满脸疑惑地找到我说：“周老师，哪个商店的老板用这个‘抽奖器’啊?”这话一问，不禁让我汗颜！是啊，与生活“沾边”的设计却无法在生活中找到这种所谓的“抽奖器”！颇有“为赋新词强说愁”之嫌啊！于是，我赶紧换了一个情境：李大伯一天到晚弯腰喂食很辛苦，于是他设计了这样的“分食器”，他圈养的三笼鸡分别是10只，10只，20只，问：将哪笼鸡放在哪个出口更合适？这样的问题设置无非是想让学生学会观察、分析，发现球道不一样，从而每个出口出球的可能性也就不一样。同事们在听过我的这个环节后，大加赞许道：“这才是有数学味的好设计！瞧，孩子们玩得多开心啊!”听了这话，我心里的这个美，就不言而喻了！一番心思总算没有白费。此时的区教研员盛老师却从另一个角度发问了：这种情境真有其现实意义吗？或者说这个世界上真有这种分食器存在的必要吗？学生难以理解“分食器”与可能性大小的关系，那么这样的教学还会有效率吗？在大家的赞许和盛老师的不太看好中，我甚是为难。选择删除这个情境，我将放弃颇费心思的“压轴戏”，可盛老师的建议又不无道理。过多的渲染，确实会喧宾夺主。反复思量，我还是痛下决心放弃了原有的情境设计，直接向学生出示模型，提出问题：从入口处放入一些球，球从哪个出口出来的可能性大？这时的我认识到：作为教学的设计者，更应关注学生的参与，强调课堂中的有效教学重于一切！像这样打动和影响我的事例实在是太多，我就在这样的取舍中完善，在数次的磨炼中成熟。求学之路固然苦，不苦哪来今日之甘甜？有了这些苦才有了我人生的重大转折，2002年，在全国中学数学教学竞赛中，我获得了一等奖，2005年，年轻的我被评为中学高级教师。

波动的数据、跳跃的课堂

2001年，全国开展课程改革试验，区教研室的教研员盛老师叫我面对全省上一次研讨课。我当时的心就有如波动的数据、跳跃的课堂——忐忑不安，怎样上好这一课？我做了大量的准备，最主要的是遵循学生的认知规律、尊重学生的个性。数据的波动是在上八年级下册“数据的收集与处理”的最后一课时，为了让学生体验数据的收集、处理、分析过程，增强统计意识而设计的。上课前，让他们利用星期五、星期六的时间亲自测量本周末一天的气温，获取数据，了解气温变化情况。用他们实践的结果作为本节上课时的情境。

星期一的第一节课是140班的数学课。早自习后我看到很多同学都围在黑板前在说些什么，我也好奇地凑过去，原来，黑板左边贴满了学生作品。

“周老师，这是我调查的结果，我把它用折线统计图表示出来了。”

“你把我害惨了，我一天都没出门，不过收获也不小。”

由于有了亲身体验，上课时同学们说起他们活动时的酸甜苦辣，滔滔不绝：

“我每隔两个小时测一次，晚上调好闹钟还特意起来了两次，好冷呀！通过测量我发现前天的最低温度为18℃，最高为22℃，这是我的测量数据共12个，这组数据的极差为4℃，前天，最高气温出现在下午1点……

“我特意听了天气预报，预报中说最高气温为23℃，但我测出来的只有22℃。

“我家有两支温度计，我屋里屋外各放一支，发现在同一时刻屋外的温度比里面低1℃，这是我的数据，我真不明白又不是冬天为什么室外温度反而低些呢？经过刚才的讨论，我们知道是因为整天下雨，又刮北风的缘故。

“小芳说我的图画错了，看上去温差很大，其实我是把纵方向上的间隔距离放大了一些，我每隔1厘米表示1℃，你看我的图上最低气温为17.5℃，最高为22.1℃，相差只有4.6℃，前天整天都比较凉爽。”

“为了得到这组数据，我们一家人都忙开了，我负责测白天气温，妈妈负责测前半夜气温，爸爸负责后半夜……”

学生们都笑了起来，此时我深深感受到他们的成长。在笑声中他们都放松了心情，学习热情大增，情绪高涨，自然轻松地进入了新的学习状态。

教材第163页议一议，先呈现问题(1)(2)，学生仔细地读了题目。老师说：“跳远是大家非常熟悉的一项体育运动，谁能说说你对它的了解？”

体育委员马上站了起来说：“跳远一般分立定跳、三级跳、即兴跳，根据上面数据这应该是即兴跳，就称为跳远，也就是平时我们上体育课常跳的一种，助跑然后起跳，计算成绩的方法为跳三次取最好成绩作为最后结果……”不愧是体育委员，一口气说了这么多，对跳远了解真多。

接下来大家独立计算甲、乙两名运动员的平均成绩、极差、方差，只见他们一手指着数据，一手按键，口中默念着，眼睛睁大……学生们是那样的专注。很快黄宁就把自己的结果写到黑板上。

解：

(1)$x_{甲}=601.6$ cm　　　　　　$x_{乙}=599.3$ cm

(2)甲这次成绩的极差为 613－585＝28(cm)

乙这次成绩的极差为 624－574＝50(cm)

$S^2_{甲}=65.84$　　　　　　$S^2_{乙}=284.21$

冯叶子补充说我还求出了甲、乙这 10 次成绩的标准差：$S_{甲}=8.11$ $S_{乙}=16.86$

学生已能熟练使用计算器求一组数据的平均数、标准差和方差。我赞许地点了点头，然后分组讨论甲、乙两名运动员的运动成绩的特点。只见他们 4 人一组一下子就说开了，我融于小组当中倾听他们的讨论：

“甲的成绩比乙好，因为甲的平均成绩比乙的高。”

“甲的成绩比乙更稳定，你看甲的成绩的极差比乙小，方差也比较小。”

“我觉得乙更有本领，他最远能跳 6.24 米，而甲只能跳 6.13 米。”

“我不这样认为，你看乙的成绩时好时坏，太不稳定了。”

“从上面数据来看，乙虽不太稳定，但他比甲更有潜力，他跳了好几次 6 米多，最远的比甲还多 11 cm。”

……

学生们在小组中畅所欲言，全班汇报交流时小组代表把讨论结果条理清晰地说了出来，看到学生的表现我由衷地笑了。

此时，学生的思维特别活跃，自然对(4)又有了不同的看法，有的说：“为了夺取冠军应该派甲去参加，因为在这 10 次比赛中他有 9 次成绩超过 5.96 米，而乙只有 5 次，因此甲夺冠军的概率比乙大得多。而为了破 6.10 米的纪录应该派乙去，因为乙有 4 次超过这个成绩并且超出很多，而甲只有 3 次且只超出一点点，另外乙最远跳到 6.24 米，而甲只有 6.13 米，因此应该派乙去。”有的说：“为了破纪录也应该派甲去，因为他比赛时不紧张，发挥稳定，能跳出好成绩，但乙有可能发挥不好……”

“我认为为了夺冠军应派乙去，你看每三次成绩中乙都高于甲……”(学生笑)

“他的理解不对，这里的成绩是 10 次选拔赛的最后成绩，而不是计成绩时跳的三次。”

(原来上面那位同学受体育委员介绍计算成绩方法的影响，把题目理解错了，好在其他同学迅速帮他改正过来。)

学生们说出了自己不同的见解，并个个都能说出自己的一番理由，真是公说公有理，婆说婆有理。老师见他们的回答都有一定的道理，就都给予肯定和鼓励。正当老师以为对这个问题的讨论已经结束时，一个学生霍地站起来说："我有一个问题，为什么乙的成绩的方差比甲的大得多而为了破纪录，派乙去更适合？"

"从上面成绩来看，乙超过 6.10 米的次数比甲多，跳出的成绩有好几次超过纪录很多，最远达到 6.24 米，比较而言为了破 6.10 米的纪录，一般应选乙运动员。"一个学生答道。

"这样看来方差大也不一定是坏事。"

"那要看在什么情况下！"

最后我们分组做一个估计时间的游戏，是分别在安静和吵闹环境中估计 1 分钟的时间，首先在安静环境中，顿时教室里鸦雀无声，有的瞪着眼、有的看着表、有的点着头……接着在吵闹环境中，教室里沸腾起来，有的唱歌、有的打拍子、还有的在说相声……教室里传出阵阵笑声。真是波动的数据，跳跃的课堂。听课的老师一个个眉开眼笑。这节课，老师充分利用学生自己亲身经历的过程和亲自收集的数据，探究波动的数据的特点，培养学生收集数据和整理数据的意识和能力。学生学习主动、积极，教学效果好，不仅令学生掌握了基础知识，还培养了学生积极的情感态度，形成了正确的价值观。

研究之旅

如何开展信息技术与数学教学整合研究

"网上实验"你做过吗？

信息技术与教学的整合是教育教学现代化的重要内容。随着科学技术的发展和科技应用的普及，随着现代化的深入进行，在教育教学过程中，引进和应用现代信息技术，实现教学内容的信息化、教学过程的策略化、教学手段的现代化和教学资源的网络化，借以更好地提升育人质量，促成学生身心素质的全面发展，已经成为教育教学改革的重要内容。面对日新月异的教学现代化倾向，由于观念陈旧落后、理论准备不足、惰性意识影响、实践条件欠缺和整体发展不均衡等问题，不少地方、当事人出现了种种迷惘和困惑，甚至无从下手、无所应对、无法应用。表现在或者无法、不肯购置仪器，或者买来摆样子供人参观，或者借此求取利益，或者束之高阁、不用不问不管；稍微好一点的学校，勉强用作开会、做报告、看录像等，最多也只是搞些公开课、观摩课，大部分教师与信息技术无缘。即使是应用多媒体进行教学也是将多媒体作为幻灯片来使用，是人灌机器，机器灌人，远没有实现学生学习方式的转变。

出现上述现象的原因总的来说是认识不足、重视不够、实施不力、利用率低，甚至是管理混乱等。这些认识上的局限和使用管理上的高耗低效，严重制约了教学现代化的发展。基于这些，我们很有必要就信息技术与教学的整合问题做出探讨，以便提高认识、弄清意义、明确目标、勇于实施，促成教学现代化的早日实现。

信息技术对数学教学的作用和意义你知道吗

信息技术与教学整合是充分利用现代信息技术的优势，促使教学任务更好地完成，达到素质教育的目标。显然，这种整合模式，应该成为学生获取信息、探索问题、合作学习、解决问题和构建知识的认知工具。其作用主要有：

1. 教学演示的工具。这是信息技术与教学整合的最初形式，也是最基本的层次。教师可利用教学软件或多媒体素材，编写自己的演示文稿或多媒体课件，以便清楚地说明讲解的结构，形象地演示教学的内容；或用图表、动画、影片等展示动态的变化过程和理论模型等。信息技术与教学的整合，可以使计算机代替粉笔、黑板等传统教学媒体，实现传统模式所无法实现的教学功能。

2. 主体交流的媒体。教学过程应该是师生之间、学生之间互动的交流过程。通过互联网、局域网的网络环境，实现师生之间、学生之间的专题质疑、问题研讨、个别辅导和感情交流，以及师生与外校外地外界的链接，达到快速、优质、高效的目的，实现知识获取和能力训练的最大效益。这种整合模式可以实现个别辅导式的教学，既能代替教师的部分职能，如出题、评定等，还能较好地实现因材施教，解决因主体个别差异导致的质量失衡问题，还能有效地提高学生学习的投入性、自觉性。

3. 资源环境的生成。信息技术与教学的整合，可以突破书本知识是知识主要来源的限制，而不断优化生成新的丰富多彩的教学资源环境。例如，异地景观、背景材料、实物模型、重要数据、实验过程、百家思想等，很多是课本所容纳不了的，而这类材料却能极大地丰富教学的资源环境，传统教学模式所受局限太大，根本无法全部生成。就拿数学学科来说，它的信息技术资源包括数学教学中所凭借的信息技术手段与相应配置，还包括凭借信息技术加工整合，从而可被数学教学所用的囊括自然、社会、人文等方面无限丰富的资源。这样的资源一旦被开发利用，数学教学的手段和条件都将发生巨大变化。

4. 有利于研究性学习。中学生尤其是高中生的研究性学习，近年来已经突破了课外活动的限囿，被提升成为基本的课程内容之一。新的课程标准，强调要通过课程改革，加强学生基本素质的培养，通过规范的课程教学，把学生培养成为学会生存、懂得知识、掌握本领、发展能力的身心健康的四有人才。研究性学习正是课程改革的重要内容之一。在教学过程中，根据学科内容，利用多媒体集成工具或网页开发工具，将需要呈现的课程内容，以多媒体、超文本、友好交互方式进行集成、加工处理转化成为数字化学习资源，同时根据教学需要，创设一定的情境，并让学生在这些情境中探究、发现，这有利于学生对学习内容的理解和学习能力的提高。很多教学软件都可以为研究性学习提供良好界面的支持。例如，中学数学教学与信息技术整合，其中的几何画板可为学生提供自我动手、探索问题的机会，当面对问题时，学生可以通过思考和合作，提出自己的假设和推理，然后用几何画板进行验证，还可用以发现、总结一些数学规律和数学现象。

5. 构建新的知识。信息技术可以成为新知识构建的载体，因为它与教学整合时，能培养学生的信息加工能力、信息分析能力和思维的流畅表达能力，这种整合强调学生在对大量信息进行快速提取时，对信息进行重新整理、优化组合和加工运用，因而能将大量知识进行内化，变成自己的东西。

基于信息技术的开放的服务理念、先进的工作手段、简捷的操作平台和优越的育人环境，使得它在教学中的角色越来越重要了，在经济现代化建设飞速发展的今天，它必然承担起教育现代化的重担。这种担纲作用是其他手段所无法比拟的，科学技术是第一生产力，它担负着教育发展之纲、社会进步之纲。因此，信息技术与教学的整合，既是课程教学的需要，也是社会发展之必然。归结起来，信息技术与教学的有机整合，其重大意义至少表现在：

一是培养学生获取、加工和利用信息的知识和能力，打好扎实、全面的文化基础，培养学生的信息素养与信息利用素质。信息技术融入教学过程，使教学方式变革了，教学视野拓宽了，教学内容丰富了，学生对信息的获取、分析、加工和利用，就成为他们学习过程的主要内容，因而能最大限度地贴近现实生活实际，融入网络时代，利用信息能力解决问题。

二是培养学生终身学习的态度和能力。大势所趋，当今“终身学习”已经由人们的单纯的愿望变成了具体的行动。时势可以铸造英才，时势也可淘汰庸人，现实实际迫使人们产生了紧迫感。学会学习和终身学习，是信息社会对公民的基本要求，信息技术与教学的整合，迎合了时代的要求，在培养学生树立终身学习的态度上，有独特效果。这种整合，使得学生产生主动吸取知识的要求和愿望，并能付诸日常生活实践，能够独立自主地学习，自我组织、制订并实施学习计划，能调控学习过程，能对学习结果进行自我评估。

这无疑在学习方法上进行了一种革命式的变革。达不到这样的要求就跟不上形势的发展，甚至如何生存都将成为问题。

二是培养学生的适应能力和解决实际问题的能力。新旧教学方式的区别，最根本的就在于能力掌握与否。在信息时代，知识和技术成为第一生产力，是社会生产力、经济竞争力的关键因素，知识本身的激增、剧变、更新，频率加快，周期缩短，同时知识本身的高度综合和学科渗透、交叉，使得人类的一切领域都受到广泛的冲击和影响，在这种科学技术和社会结构发生急剧变革的大背景下，适应能力、应变能力和解决问题的能力，将变得更为重要。我们必须改革教学方式，培养学生的上述能力，才能适应社会的发展。由于信息技术和教学的整合能够最大限度地开发学生潜力，调动学生的积极因素，因此学生能力的培养问题将能迎刃而解。

信息技术与数学教学整合之改革研究

(一)应用计算机进行数学教学改革

在数学 CAI 课中，教师该如何组织课堂教学，如何发挥主导作用，学生在 CAI 课堂上的认知过程如何等，都只有通过实验我们才能回答。通过实验，寻找数学 CAI 的切入点，也是发展数学 CAI 所必需的。因此，在今后的数学课中，我们应尽可能多地使用计算机，解决传统教学做不好的事情，这应作为教学改革的重要内容。下面根据不同的计算机软件的特点，应用计算机进行课堂教学改革。

1. 用计算机进行课堂演示

在这种模式下，计算机作为指导者，是将传统教学过程中教师通过黑板、投影片、教具模型等媒体展示的各种信息，由计算机加工成文字、图形、影像等资料，并进行一些必要的处理(如动画)，将这些资料组织起来。课堂教学时，可以将计算机与大屏幕投影电视连接起来，也可以在网络计算机教室中进行。利用这种模式进行课堂教学，在较短的时间内，计算机可以使学生多种感官并用，提高对信息的吸收率，加深对知识的理解，因而可以做到更高密度的知识传授，大大提高课堂利用率。

例如，对于三角形“三线合一”的教学，传统教学因较难展现其发现过程，从而造成学生对其不好理解。利用计算机，可以在屏幕上做出斜三角形 ABC 及其角 A 的平分线、BC 边的垂直平分线和中线，之后用鼠标在屏幕上随意拖动点 A，利用软件功能，此时三角形 ABC 和“三线”在保持依存关系的前提下随之发生变化。在移动的过程中，学生会直观地发现存在这样的点 A，使得角平分线、垂直平分线和中线三线重合。再如，对于圆周率的概念的教学，利用 CAI，可以对圆周进行展开，同时跟踪测量圆周长和圆半径，引导学生发现圆周长与圆半径的比是一个定值。由于实验中圆可以随意变化，学生很容易接受π的存在。

利用计算机进行课堂演示，通过精心设计的动画、插图和音频等，可以使抽象深奥的数学知识以简单明了、直观的形式出现，缩短了客观事物与学生之间的距离，更好地帮助学生思考知识间的联系，促进新的认知结构的形成。计算机的动态变化可以将形与数有机结合起来，把运动和变化展现在学生面前，使学生由形象的认识提高为抽象的概括，这对于培养学生良好的思维习惯会起到很好的效果。同时，在这里也应该注意，计算机的演示只能是帮助学生思考，而不能代替学生的思考，教师应当恰当地给予提示，结合计算机的演示帮助学生完成思考过程，形成对概念的理解。

2. 利用计算机进行小组合作学习

在信息技术环境发展的背景下，我们传统的教育思想也应当发生转变。发展以学生为中心进行合作学习的思想，发展以问题共同解决为中心的思想，发展以培养能力为中心，强调终身学习的思想。问题是数学发展的动力，所以解题的教学历来受到教师的重视，现代数学教育更是强调要进行"问题解决"，在解决问题过程中锻炼思维、提高应用能力。而传统的数学教育由于多方面的限制，片面强调了数学演绎推理的一面，忽视了数学作为经验科学的一面。现在，计算机强大的处理能力为数学的发现学习提供了可能，它的动态情境可以为学生"做"数学提供必要的工具与手段，使学生可以自主地在"问题空间"里进行探索，来做"数学实验"。教师可以将更多的探索、分析、思考的任务交给学生去完成。

在数学实验课中，可考虑把学生分成2～3个人一个小组，每组共用一台计算机。教师提出问题，学生利用计算机提供的环境，积极思考、讨论，动手演算，解答这个问题。教师要深入每一个小组中参加讨论，观察其进程，了解其遇到的问题并及时解答，对有共性的问题组织全班讨论或讲解，努力在全班创设一种研究探索的学术气氛。

例如，几何画板提供了一个十分理想的让学生积极探索问题的"做数学"环境，学生完全可以利用它来做数学实验，这样就能在问题解决过程中理解和掌握抽象的数学概念，使得学生获得真正的数学经验，而不仅仅是一些抽象的数学结论。

在这种小组合作学习的模式下，教师在教室里的角色更像学生的辅导者或帮助者。他们设置环境，帮助学生提出问题并进行探索，刺激学生解答问题，并为学生提供他们需要使用的工具与资源，以便学生能够建构知识框架。教师不可能也不应该期望学生完全掌握与某个主题有关的内容，他们需要知道的是如何引导学生，如何问学生一些探试性的问题，如何使学生与有关的资源联系起来，如何提供给他们存储、操纵与分析信息的工具。

3. 利用计算机复习、做题

在课后，可以利用一些辅导软件来巩固和熟练某些已经学会的知识和技能。提高学生完成任务的速度和准确性。辅导软件把计算机变成了教师。这种课件不仅提供文字、图形、动画视频图像，还有语音解说和效果音响，图文并茂，具有很好的视听效果。教学内容的组织多按章节划分知识点模块，学习者可以根据需要自取进度，个别系统逐步深入地学习，复习已经学过的知识内容。这种课件能够补充课堂学习的内容和加强概念的学习。交互性，及时反馈和足够耐心的优点使得数学辅导课件非常有用。

学数学离不开做题目，利用计算机信息容量大的特点，可以做成一些智能题库，学生可以用它做题、复习知识。这里所说的题库的智能化，是指系统能根据测试者的应答，测试答题者对于某些知识点的掌握程度，从而智能地调节题型、题量，并能在线调出相关知识点的理论讲解，复习教学内容。在这种模式下，学生可以充分自主地选择教学内容进行练习，并能及时得到指导，同时教师也可以利用智能题库生成程度不同、内容不同的电子试卷，对学生进行多方位的考察。另外，教师还可以记录学生一个时期(一学期或一学年)的测试情况，列出统计图，发现问题，并有针对性地进行指导。

(二)应用计算机进行数学教学内容的改革

由于计算机本身的优势，它进入数学课堂后，越来越显示出其重要的作用。同时也应当考虑，有了计算机，学生应当学习什么样的数学?

计算机科学知识与数学学科知识之间可以说是“相互辅助”的关系，二者相辅相成、共同发展。几十年来与计算机同步发展的计算数学包括数值计算、符号演算、计算机图形学已有巨大进展，这些进展反过来又促进了计算机技术的发展。随着计算机渐渐走入人们的生活，社会对人的数学素养的要求已经从依靠纸笔运算转换到有效地、恰当地使用技术，能帮助学生深入地思考数学问题、简化概括过程，提高学生解决问题以及在几何与代数、代数与统计和真实问题情景与相关数学模型之间建立联系的能力。数学教育应安排更多的时间让学生去思考和理解更本质的方面，学会提出问题和抽象概括，从而帮助学生更深入地思考数学、应用数学。学校的数学教学应更重视培养学生对数学思想、方法及其应用的认识，重视现实问题的解决。

数学课程应当尽可能地使用计算器和计算机，这应当作为制定新数学课程的原则。因此，如何将传统内容进行现代处理，将计算机与数学课程结合为一体，是教材改革的一个重要问题。

1. 调整、精简一些传统的教学内容

传统的数学教学中，有大量繁杂的运算，教学时需要花费很多时间、精力来进行训练。目前许多软件包(如 mathcad，marhematic，maple)都能完成数学里各种各样的运算，mathpert 还能在每一步给出提示，引导学生解答。这样，技术使得有关数学技能、技巧方面的内容越来越不重要，这就使教师和学生可以从这些繁重的体力劳动中解放出来，把繁重的运算交给计算机。

数学是讲授数量关系和空间形式的科学，数和形本身就是一个有机的整体。而在传统的几何教学中，欧氏几何占据了很大一部分的内容，学生需要用很长的时间学习欧氏几何，学习逻辑论证。我们可能都有这种体会，就是证明定理就像解四则运算难题一样，是非常难的。固然，这能很好地培养逻辑思维能力，但是，学生需要培养的思维能力也不仅仅是逻辑思维能力，逻辑论证方法也仅仅是解决几何问题的一类方法。因此，在中学数学中应当将代数几何综合起来，将几何问题代数化，尽早地引入解析几何的思想。例如，我们可以在讲直线的概念时介绍数轴，可以用方程来讲直线的平行、垂直等。

2. 增加一些教学内容

现在学校的学生，将来必将走向一个更加信息化的社会，因此目前不仅要用现代技术来改进数学教育，而且应当适当增加一些教学内容，为学生将来进入技术社会做好准备。

在应用数学解决实际问题时，一般要经过这样的过程：收集信息和数据，处理数据，从而发现数学问题，解决数学问题，提高解决实际问题的能力。在我们分析处理数据的过程中，需要用到许多离散数学的知识(如统计、线性方程组、矩阵、图论、组合数学等)，因此，应当将这些知识引入中学数学内容，提高学生分析、处理数据的能力。

在数学教学中，有些问题可以考虑让学生在计算机上解决，现在已经有一些软件可以使用。例如，利用电子表格(如 EXCEL)等可以完成许多数学任务，如建立方程去解决分组问题，进行估算以及检验一个变量的变化对其他变量的影响等。电子表格在帮助学生探讨数量关系方面也是一个有效的工具，教师可以要求学生研究不同列的值，并总结出其中的数量关系。

在数学教材中，可以适当渗透一些编程的思想。学生掌握了解决一个问题的基本方法后，可以让学生编制程序利用计算机解决问题，把一个数学问题从一元推广到多元，从一维推广到多维。例如，在学习方程组时，学生可以通过编制程序，来解决一些多元方程组的问题。这样，学生就能把主要的精力放在基本方法的学习上，而不是更多地去关注运算技巧。

“希望工程义演”多媒体教学设计

教材分析：通过前几节知识的学习，学生已学会通过分析简单问题中已知数与未知数的关系，列出方程解应用题。列一元一次方程解应用题的难点在于根据题意找出能够表示应用题全部含义的等量关系、它同时又是解决这个问题的关键所在。所以，本节课仍然以生动的联系生活情境的方式，继续培养学生分析等量关系、列方程解决实际问题的能力。借助列表分析各个量之间的相互关系，更易于学生理解。通过“想一想”设计讨论问题，进一步使学生理解方程的解的合理性。有利于学生思维严密性的培养。

列方程解应用题实际上是一个“数学化”的过程。本节课以求解一个实际问题为切入点，让学生经历抽象、符号变换、应用等活动，展现运用方程解决实际问题的一般过程。帮助学生认识寻找等量关系是列方程解决实际问题的核心和关键，而我们有时可以借助图示或列表的方法去表达问题的信息，寻求其中的等量关系。

学校及学生状况分析 ：在前面的学习中，学生经历了“建立方程模型”这一数学化的过程，理解了学习方程的意义，初步掌握了运用方程解决实际问题的一般过程。但学生在列方程解应用题时常常会遇到以下困难，就是从题设条件中找不到所依据的等量关系，或虽能找到一些等量关系但不能列出方程。因此，教学中要指导学生借助图表整体把握和分析问题，引导学生多角度思考问题，寻找等量关系。

教学过程：

一、创设情境

多媒体显示场景

“希望工程”义演现场，两人对话如下：

A：观众真多呀！

B：是呀，这次演出共售出了 1000 张票。

A：筹了多少钱？

B：共筹得票款 6950 元，全部捐给了“希望工程”。

问：你知道成人票与学生票各售出多少张吗？

【教学说明：以动画的形式再现生活场景，让学生感受到数学就在我们身边，有利于调动学生的积极性和参与意识。】

二、探索研讨

1. 议一议：

(1)从动画中，你可以得到哪些信息？

(2)在这个问题中包含了哪些等量关系？

学生汇报：

已知量：成人票价 8 元/张、学生票价 5 元/张、成人和学生总票数 1000

张、成人和学生总票款 6950 元

未知量：成人票数、学生票数、成人票款、学生票款

等量关系：成人票数＋学生票数＝1000 张　　　　　　　(1)

成人票款＋学生票款＝6950 元　　　　　　　(2)

【教学说明：让学生将实际问题抽象成数学问题，找出其中的已知量、未知量和等量关系。】

2. 为了明确各个量之间的相互关系，我们可以列出下表：

	成人	学生
票价(元/张)	8	5
票数(张)		
票款(元)		

【教学说明：引导学生把数学问题用图表语言来表达，借助表格整体把握和分析各个量之间的相互关系。】

3. 幻灯打出：

(1)设售出的学生票为 x 张，填写上表。

由此，可列出方程：＿＿＿＿＿＿＿＿

解方程，得 $x=$＿＿＿＿＿＿＿＿

因此，售出成人票＿＿＿＿＿＿张，学生票＿＿＿＿＿＿张。

(2)你还有其他设未知数的方法吗？

【教学说明：让学生先独立完成，再组织学生交流各自设未知数解决问题的办法，并用多媒体呈现学生的各种解题方法，使他们体会设未知数的方法不同，所列方程的复杂程度一般也不同，因此在设未知数时要有所选择。】

4. 想一想：

如果票价不变，那么售出 1000 张票所得票款可能是 6930 元吗？为什么？

【教学说明：通过对这个问题的讨论，进一步使学生明确必须检验方程的解是否符合实际。】

5. 练一练：

课本第 171 页，随堂练习，第 1 题。

三、回顾与反思

1. 在本节课的学习中，你遇到了哪些困难？你是怎样解决的？

2. 通过这节课的学习，你有什么收获？还有什么疑问？

【教学说明：培养学生反思自己思考过程的意识，让学生自主地对所学知识和思想方法进行归纳和总结，从而形成自己对数学知识的理解和解决问

题的方法策略。】

四、作业

课本第 171 页，习题 5.9，第 1，2，3 题。

点评：多媒体在现代教学中应用非常广泛，但往往有“人灌机器，机器灌人”之嫌，很多时候都只是起到一种演示的效果。在新课程实施中，多媒体教学技术不能只作为学生演示的工具，而应该成为改变学生学习方式的有效手段。本课教师做了一些尝试，首先，教师运用多媒体演示“希望工程”义演现场，让学生身临其境，深刻感受到“希望工程”的重要作用。也为学生学习新知创设了问题情境，让学生的学习由被动变成主动；其次，新课学习中，教师运用多媒体展示学生自主探究成果，生动、形象、直观，让学生的成果直接呈现出来，激发了学生学习积极性，使多媒体成为改变学生学习方式的有效手段。

反思之乐

教师你“姓”什么？

今天课堂上收到了学生写给我的一封信，全文如下：

敬爱的老师：

你好！我是周晓芝。我可不可以跟您谈谈心？

老师，我本来是想这学期读完后就不读了，但有个人，她总是不断地鼓舞我，她就是我的二妹。她跟我同届，在二中读书。但我从不自卑，因为我有个善解人意的妹妹，自从我们俩不在同一所学校读书，我好像缺少了动力，失去了学习的兴趣，成绩更是一落千丈，上课都不能专心听讲，落下了差不多一年半的功课。

星期六，我跟妹妹谈了一上午的心里话，她又让我燃起了读书的欲望，让我终于认清了现在我应该奋斗的目标，让我从迷雾中解脱出来。但我却有些徘徊不定。老师，您知道吗？我从初中开始，就对理科很恐惧，特别是数学，后来连化学、物理两科也连累上。我也不知道为什么，只要一看到应用题、方程式，我的脑子就一片空白。不过中考很幸运，虽然理科都不及格，但最终还是考上了。现在面临的是高考，我想学好它，将来可以上好的大学，但却不知从何下手，说来我真的很惭愧，很想撞墙。我连数学基本的都不会，更何况还有整个高一落下的课程。

所以，我想问老师一声，您还愿意教我这个愚笨，但还想学的学生吗？

老师，我很高兴我可以勇敢地跨出这一步，向您敞开我的心扉。

看了这封来信，我感慨万千。这个学生在我印象中，听话，但基础很差、数学思维能力很低、平时不活跃。说实话，对于班上许多类似的学生我一直在想办法，可苦无良策，心中一直有愧。平常两个班的数学教学已经够累了，哪有多少时间对她个别辅导？可面对她那颗滚烫的心，我绝不能置之不理。该怎样帮助呢？借此平台希望能得到大家的指导和帮助。

新课改背景下的教师素质观

今天，人们对教师的要求是很高的，呼唤教师专业成长，家庭和社会对教师饱含期望，所以，在教育服务时代当教师很不容易。

曾记否，在人们对教师的赞扬中，不乏"教师是人类灵魂的工程师"，"教师是辛勤的园丁"，"教师有一桶水，才能给学生一杯水"。随着教育时代的变化，教师的角色不仅是单方面的要求，而是师生的共同成长，教师完全应该像天上的月亮，照亮别人脚下的路。做教师，要有思想，有胆识，有能力，会教书，有口才，富文采，甘清贫，乐奉献，能容人，人情味，有书卷气……这是卢志文校长对教师的几点希冀。

教师好似河边的摆渡人，风里来，雨里去，甘清贫，乐奉献，师生共同在知识的长河中搏击，当学生在享受成功的时候，教师悄悄地、无声无息地回到岸边，期盼着，等待着，与另外的学生一同成长。我想，甘于清贫，乐于奉献是教师应有的精神风貌。有多少时候，教师在那里默默无闻地努力着，有多少时候，教师轻轻地点一下头，微笑着离开。"挥一挥手，作别西天的云彩。""捧着一颗心来，不带半根草去。"多么真实的写照。在学校发展之际，负重拼搏，尽职尽责地逐步地实现自己的诺言。

教师好似一尊佛，笑口常开，笑容满面，能容人，很民主。教育，实质上是爱的教育，需要教师走进学生的情感世界，营造民主教育氛围。诚然，爱心是一个教师的最起码的素质，做到对学生有人情味，能容忍孩子，学会期待。但光有爱心是远远不够的，爱代替不了民主，缺乏民主的爱是一种扭曲的爱，不是真正的爱。教师把一腔激情洒向每一位学生，充满真诚的人道主义情怀，热爱儿童，尊重儿童。

教师好似风，为学生带来漫天的天籁，认识这个丰富的世界；有时好似一阵清风，为孩子拂去身上的尘埃，让孩子们轻松地迈出人生的前几步；教师有时好似长风阵阵，拂动孩子的衣衫，助孩子们"直挂云帆济沧海"。教师要有思想，有能力，会教书，极富口才和文采，让所有孩子诗意地生活和学习。教育，促进学生成长和成熟，教师要做到培养目标明确，具有前瞻性。学会了解和分析儿童，用科学的方法，满足孩子成长的需要，去触碰孩子那颗跳跃的心灵，真正做到水面无痕，在孩子心中荡起一圈圈涟漪，我们选择的小石子，应当不轻不重，恰到好处。

教师好似一个智者，满身书卷味。读书，让人更加睿智；读书，使我心中更加明亮，让我感到肩上的责任更加重大。教师是智者，用自己的心灵去点缀孩子的心灵；用自己的智慧去启迪孩子的智慧，在知识的长河中，引领孩子溯流而上，两岸旖旎的风景，是教师为孩子们送上的最丰富的精神佳肴，在长河入海处，正是姹紫嫣红，风光无限……

这个例题好神奇!

北师大版数学新教材七年级(上)第 70 页编入了这样一道例题:

例 3　有一张厚度是 0.1 毫米的纸，如果将它连续对折 20 次，会有多厚?

下面是植基中学第 141 班的课堂记录:

师：同学们，像这样一张薄薄的纸连续对折 20 次会有多厚呢?(师边说边对折手中的纸，学生练习本上的纸)

生：这么厚。(用手比画)

生：我想比数学书厚。

生：差不多 1 米厚。

……

师：动手折一折，然后和你的同伴交流。

(学生动手折纸，边折边和同伴说开了)

生：我们这组折了 7 次就折不下去了，因为纸太小了。(学生笑)

生：我们从上面的图看出对折一次后一张纸变两张，对折 2 次后变为 4 张，对折 3 次后变为 8 张……而由前面细胞分裂可知道连续对折 10 次就是 2^{10}，那么就变成 $2^{10}=1024$ 张纸，这时有 0.1 米多厚($0.1\times1024=102.4$ 毫米=0.1024 米)，然后再对折 10 次会超过 1 米厚……

生：我们这组同意他前面的说法，但最后的说法不确切。因为一张纸连续对折 10 次会变成 1024 张纸，而我们的数学书有 210 版看作 100 页，那么就有 10 本数学书那么厚，(边说边拿同伴的书做实验)它们约 10 厘米厚，再对折一次就会有两个这么厚，然后每次增高一倍，再经过 10 次后会比我们的教室还高……

师：比我们的教室还高?!(用赞许的目光看着他)

生：我们这组已算出来了。(边说边上台写)

对折 10 次后的厚度为：0.1 毫米 $\times 2^{10}=0.1\times1024$(毫米)$\approx0.1$(米)

对折次数　10　11　12　13　14　15　16　17　18　19　20

大致厚度(米)0.1　0.2　0.4　0.8　1.6　3.2　6.4　12.8　25.6　51.2　102.4

那么连续对折 20 次后会有 100 多米厚?

生:100 多米?不可思议。(很吃惊的样子)

生:我们这组赞同刚才第 6 小组的说法,我们认为:(上台写)

折的次数	1	2	3…	10	…	20
纸的张数	2	4	8…	…	10	24
表示为	2^1	2^2	2^3	2^{10}	2^{20}	

2^{20}就是 20 个 2 相乘,用计算器算出来等于 1048576,就表示一张纸连续对折 20 次后会有 1048576 张纸那么厚,而每张纸厚 0.1 毫米,那么一共有:

$$0.1\times1048576=104857.6(\text{毫米})\approx105(\text{米})$$

生:$2^{20}=2^{10}\times2^{10}=1024\times1024=1048576$(同伴补充)

生:啊,一百多米呢!几十层楼高!

生:不可思议,30 多层楼高,是我们教学楼高的 8 倍呢!(教学楼共 4 层)

生:太神了,我得把这个有趣的事情告诉爸爸妈妈,他们一定想不到。

生:2 的幂增长速度好快好快!

生:数学的魔力真大!

……(课堂已达到高潮)

我不骄不躁,微笑着享受。在众多教学故事中,我撷取了以上片段,是想证明我对于数学教学的不邂追求与永不满足。就像苏霍姆林斯基所说:“没有不想成为好孩子的孩子。”作为教师这个职业亦是如此,只是有些人在不断探索中迷失了自己或者说得到的乐趣过少,而我恰属于极其幸运的人。我很快乐,因为有这么充实难忘的教学生活,有这么多同伴的帮助与宽容。最后,我愿意用“热爱并享受”来总结我的工作心情,因为热爱而专注,因为专注而成长,因为成长而快乐,因为快乐而享受。

四、走在现实与理想的教育路上

姓　名：胡伟红

所在学校：开福区沙坪中学

从教年限：23 年

最喜欢看的书：《约翰·克利斯朵夫》

最喜欢的休闲方式：阅读

我喜欢教师这一职业，正如我在一份家书中所言："有的人一生都在变换自己的职业，到头来没有一个职业是自己喜欢的，所幸的是我的第一个职业便是自己喜爱和执着的。"

我喜欢数学，"0，1，2，3，4，5，6，7，8，9"这几个简单的数字和一些神奇的数学符号为我们拼凑出了一个极具魔力的数学王国。

我喜欢学生，走进他们，亲近他们，尽我的所能去帮助他们，我便收获着最幸福的感动。

我喜欢课堂，喜欢讲课时的自我陶醉，喜欢被学生欣赏的感觉，喜欢学生为做对题而欢呼。

成长之路

（一）

很幸运在教育生涯中最美好的年华，在共和国日渐强大的繁荣之际，我迎来了中国教育史上一件大事——新世纪国家基础教育课程改革。这次改革，是以数学教育工作者为先锋的理想主义者，秉持以人为本，追求教育的民主和科学的理念，试图在打破教材垄断(或过分集中)的基础上，找到消解应试教育僵局的途径和方法。

十多年的风雨兼程，十多年的艰辛探索，无数教育工作者的奋发努力，社会各界的大力支持和密切关注，课程改革的美好愿景正逐步深入人心，理想教育的先进理念正逐步落实与实现。

作为一名数学教育工作者，回首十多年来的课改之路，心生感激，心涌自豪，百感交集，千言万语，长留祝愿；奋力前行，坚强探索，呕心沥血，千山万水，水到渠成。

（二）

课改之初，相关的教育行政组织了长达近一个星期的教育理念培训以及相关新教材的培训，这些培训给我的触动很大，更加激发了自身关于教育，尤其是对数学教育的思考，这种思考在从事教育工作以来一直陪伴我，过去如此，现在如此，将来更如此。在此，我愿意将自己的观点和思考写下来和大家分享。

1. 创新或创造的思想或行为是无须刻意培养的，教育工作者要做的只是不要过多、过度干涉或干预罢了。

我始终认为，创新或创造是人与生俱来的品质，广义的教育是其更多获取信息的平台，老师和家长只是学生成长的指导者（有时还算不上）和见证人。与生俱来的好奇心是人学习与探索的原动力，当我们的教育在更多地关注好胜心（不断地排名次或鼓励超越在强化）的时候，好奇心便悄然隐退，功利化所带来的虚荣在满足了老师或家长的面子的同时，也就离教育的目的或本质渐行渐远，我们已出发很久，但不知道为何而出发。

2. 数学教育，尤其是基础教育阶段数学学习的目标，当是学生数学兴趣的培养。

科学家（或思想家）说：兴趣是最好的老师。我以为，人世间最好的教育是自我教育，而兴趣是一种持久的推动力，让自我教育越趋长久而完善，超越功利而历久弥新。

数学课程标准（2012版）中提出：学生是数学学习的主人，这是很有远见而明智的想法，虽然让心中残留专制思想的老师并不喜欢，但在事实上这是中国数学教育史上一次历史性的突破，不管这个理念在书本上，乃至现实中留存了多少年。

只有当学生成为数学学习的主人的时候，数学才可能激起他（们）的好奇心，好奇心才可能引领他（她）产生对数学的兴趣，也最终让数学真正好玩，真正成为学生获得快乐的源泉，从而增强人生的幸福感和厚重感。

3. 教育，当然包括数学教育，最基本或者最根本的目标是实现让师生在幸福快乐中成长。

伟人曾高屋建瓴地指出：共产主义是为了实现人的自由而全面的发展。身处初级阶段的我们，幸福快乐地成长作为一个理想目标不为过，所有的学习和探索当是快乐的，这样说是指精神层面，也只能是精神层面，否则我们不能向大自然中其他物种高傲地宣称，人类是万物之灵。

在数学教与学的过程中，师生之间合作的品质、民主的品质尤为重要，学习的乐趣是一个不断开发和建构的过程，保留学生思考的时间和空间对教育（尤其是现实教育）而言是非常迫切和必须的。

课程改革多年过去了，我们仍需强调回归生活的常识，回归教育的理性，回归人的自主和自尊，除此之外，我们无法找到通往幸福快乐的坦途。

同样，没有师生幸福快乐地成长，奢谈教育的成功无异于痴人说梦。

4. 教育（当然包括数学教育）是一门艺术，而这门艺术更是一个不断创新和创造的过程，甚至能说，我们不会有永远完成的那一天。

老祖宗的智慧是惊人的，它穿越历史的长河告诫我们：十年树木，百年树人。当我们不断把分数不恰当地夸大或崇拜的时候，我们会因作为先人的后人感到汗颜而无地自容，在全球性的教育视野这面明镜中，照出了我们的浅薄和可笑。

教育工作者的生活可以说是幸福快乐的。知识不断的追求与探究，生动而鲜活的生命在好奇的感召下前行，数学老师每天会有那么多的惊奇、惊喜，甚至意想不到的收获与体验，从这个角度来说，这个职业也就成就了一种事业，让人成功、成长，走向日新、常新的妙境，“此中有真意，欲辩已忘言”。

（三）

九曲黄河十八弯，基础教育课程改革在稳步地推进，越来越多的师生在其中找到了教与学的乐趣，越来越多的老师也领悟或触及了教育的真谛，中间的反复也在常理之中，因为我们知道“黄河之水天上来，奔流到海不复还”，课程改革将引领中国教育一步一步走向美好的未来。

基础教育课程改革给了我许多行走在祖国大地的机会，我利用这机会为我们的教育做更多的思考和观察，也借这篇文章谈谈我的看法和认识。

走过很多地方，看到过许多老师和学生，听到过不同的声音和想法。

首先老师是纯真的，乃至纯洁的，他们是中国教育最忠实和坚定的守望者，因为他们的坚守，民族和未来会更加辉煌。

学生是纯朴的，乃至天真的，他们和世界上其他小朋友一样是聪明的、活泼的，也是坚强的。他们还是最乖的一群人，牺牲了无数的童趣和爱好，配合着成人的游戏——因为有的地方教育已经沦为了成人的游戏。

地域之间的差距是大的，甚至一校之间也人为地拉开差距。这种违背人性和教育常识乃至现代政治伦理的做法在有的地方还比较明显，我们暂时不能改变，但我想说出来。

我们的公共图书资源是稀缺而又滞后的，特别是农村，一个想读书的孩子要弄到一本书是有难度的，很多学校乃至地方的图书馆不仅是摆设装门面的，甚至是垄断的。我们知道，上学不一定是读书，但读书就一定是读书，我们不能降低读书的门槛，任何一个想读书的人都能迅速而方便地找到书，哪怕他(她)只是随便翻翻，这其实远胜于家长赶场子似的让孩子穿梭于各种以经济利益为最终追求的培训场所。

当然，正因为我们会有很多需要改进的地方，我们才会更加坚强，坚毅，秉持新课程的新理念，着力改变我们的教育，着力让我们的孩子的成长环境越趋完善与完美。

(四)

数学课程标准从实验稿到修订稿，也许是一个从更为理想到更为理性的过程，我们需要坚守教育的理想，我们也需要更加的务实，勇于面对教育的现状。

不管怎么说，教育，尤其是数学教育，对我而言始终是一件有趣的事情，当然更是一件重要而有价值的工作，我们所做的思考和努力或许于全局而言不能改变什么，但我们努力了、探索了、思考了，教育生命的意义和价值也就凸显出来了。

有人说，科学的探索是在一个漆黑的大地上(头上当然也不会有星光，真正的星光只存在于探索者的心中)手持一支冒着浓烟的松枝火把，照亮前面一步远的距离。对数学教育这门科学的探索而言又何尝不是如此，但只要我们心中有信念的存在，有理想的明灯，我们就一定能够沿着新课程所指引的方向奋力前行，乃至久远。

研究之旅

合作学习之“收”“放”两难

教师在开展合作学习的时候，存在以下几个方面的不良现象：第一，我们对这种全新学习方式研究太少，不论在理论上还是在实践上都先天不足，我们经常可以看到教师问题一提出，马上组织学生讨论，学生刚开头，教师又马上让学生汇报；第二，我们头脑中固有的观念和习惯还那样根深蒂固，很多教师不愿意将课堂还给学生，很多很有价值的问题没有组织学生合作学习，如在学习平移和旋转时，教师不能组织有效的小组学习活动，让学生在交流合作中理解平移和旋转的性质；第三，由于教师组织合作学习的水平有限，加之学生人数较多，我们也经常看到，合作学习时学生一团糟，教师也不知道干什么，合作学习的效果极差，我曾经在学生进行合作学习以后，对学生当堂的内容进行检测，能够全部做对的仅占47%；第四，教师在组织合作学习时，问题缺乏合作学习的必要，如在进行两个三角形相似的教学中，教师提出下面的问题让学生合作学习：(1)两个全等的三角形一定相似吗?

为什么？(2)两个直角三角形一定相似吗？两个等腰直角三角形呢？为什么？(3)两个等腰三角形一定相似吗？两个等边三角形呢？为什么？

因此，在并不太多也不太全面的理论指导下，我们的课堂表面热热闹闹，形式上花样百出，实质上心中没底。很多教师始终徘徊在“收”“放”两难之间。

之所以教师在合作学习中徘徊在“收”“放”两难之间，有以下两方面的原因：

(1)在课堂教学中产生上述现象表层原因是：我们对合作学习研究不够，实践不够，尤其是对大班制的情况下如何开展合作学习研究不够。深层原因是：教育作为一项系统工程，许多配套的改革还跟不上，单纯让课堂教学改革孤军冒进犯了兵家之大忌。

(2)合作学习开展不好的原因还有：一是教师没有掌握合作学习的实质，合作学习主要是增加生生互动；二是学生班额过大，也很难组织有效的合作学习；三是当前的评价让教师对合作学习望而却步。

“合作交流”的目的是让每个学生的脑子和手都动起来，弥补教师无法应对众多水平参差不齐的学生的不足，促进学生形成主动学习的愿望和积极参与的意识，成为真正的学习主体。因此，第一，不能搞大量浅层次、低水平的操作，例如不要动辄搞小组讨论，有些问题可以马上由学生回答的就无须进行小组讨论。第二，合作交流必须建立在明确分工、互助性学习基础上，组织工作要落实到位，不能搞形式上的合作，可以是异质分组(“组内异质”、“组间同质”)，这种分法的优势是快的组可以解决更多的问题，体现“不同的人在数学上得到不同的发展”。不管是哪种分法，合作小组内的每个成员一要有明确的任务，二要有愿意帮助他人的意识或精神境界。教师要在组织教学时逐步培养学生这两种意识。否则，形式上分组，几个同学围在一起，小组内无明确的任务，造成学习速度快的学生总是抢在前面回答，或者将教师讲解转换成学习水平高的学生对学习水平低的学生讲解，掩盖后进生的学习不投入或不深入，给人以“表面的积极性”和“一切顺利”的假象，造成新的两极分化。这与“合作交流”的本意是违背的。“合作交流”既要“合”，也要“流”。不能造成新的“一人做，众人观”。第三，合作交流必须建立在独立思考的基础上，即使有了明确分工，每个个体也必须认真对待自己的“任务”，先认真“想一想”，认真“做一做”，然后再参与小组讨论，没有经过个体精思而匆忙展开的讨论如无源之水，表达见解既不成熟，也不具备深度，更谈不上创见。第四，要提供足够的时间和空间让学生充分展开讨论，若刚一开锣，就草草收场，急于归纳总结，容易造成学生对问题的探究浅尝辄止，挫伤参与的积极性。第五，教师要对学生活动进行有效监控和及时引导，不能听任学生脱离教学重点进行争执、谈论与学习无关的话题，培养学生善于倾听、补充、否定别人意见的好习惯。

实践合作学习纪实

一

马上就要开学了，天气还是这么热。书桌上摆着一堆与课程改革相关的材料，课标呀，课本呀，通识资料什么的，随着电风扇的转动时开时合。我这几天一直思考着这样的问题，课堂教学怎么搞，它与以前的教学有什么不同。我最感兴趣的合作学习又是怎么回事。

窗外是星光下朦胧的田野，远处是人家闪烁的灯光。我反复翻看着肖川博士撰写的《让学生在自主、合作、探究中学习成长》一文——这是我手中唯一与合作学习有关的文章。

我又回忆起学科培训时看的两堂录像课，一堂是宁夏灵武老师上的课，内容是负数的引入，然而从形式到方法，都是很传统的，和我们以前上课没什么区别；一堂是石家庄老师上的课，内容是一元一次方程的应用，教师能放手让学生探究，从题目的难度看学生的水平觉得有些玄乎，并且也没有什么合作成分，单枪匹马干得多，也看不出有更多的可供参考的东西。

看来我们得走自己的路，在合作学习的理念下去摸索，特别是注重自己的实践经验，做着瞧吧！我这样安慰自己。

二

新学期开学了。

我急于找到同年级同科的几位任课教师，找个时间凑在一起研究，一下子各种看法意见都冒出来了。

有的说："班上人这么多，怎么搞？老师怎么组织，不累死才怪。"——你也不能说他讲的没道理，班组人数多的问题至今还是一个不可逾越的障碍，一个不容忽视的国情，迫使我们做更多、更仔细的思考和实践。

有的说："纪律怎么办？学校领导怎么看？就你班上课乱哄哄的。"——也有道理，传统的课堂对纪律的要求是有一套的，对教师在这方面的要求更高，如果谁说一句"某老师管课堂纪律管不住"，给人的印象是此公无能力，有不称职的嫌疑。看来敢触这个雷区还非得有吃螃蟹的勇气不可。

有的说："学生合作学习，探究不出来，太费时间，不如教师将形成的结论讲出来，留下大量时间进行训练。"——这种课堂很传统，事实上传统的好数学课中，有一条就是：是否有足够的时间让学生训练，而且是反复地训练。

有的说："你这么做，谁知道将来怎么考试，万一学生考不好，怎么办?"——这可是至关重要的问题，从应试教育中走出来的教师，个个都有点像惊弓之鸟，评价的问题是关键中的关键，牵一发而动全身，更何况，现在是专家也好，还是行政领导也好，谁也没给教师吃一颗真正意义上的定心丸。

这些看法和意见其实都很实在，我一时也找不出解决的方法。

然而，通过几天的通识培训和学科培训，我始终坚信我们所遵循的教育思想和理念是科学的，是真正站在国家和国族利益上看问题，不管怎么样，不论出现什么问题，我们总会有办法解决的。

一个很偶然的机会，我看到一本书，就是由肖川、王文宝主编的《打破神话——解读〈学习的革命〉》一书。其中关于教学和合作学习的论述给予了我很大的启发。

三

山重水复疑无路，柳暗花明又一村。

从《打破神话——解读〈学习的革命〉》一书中我读到合作学习的重要代表人物，美国明尼苏达大学"合作学习中心"的约翰兄弟关于小组合作学习的理论。重新印证了肖川博士关于合作学习的文章，我总算有了大致的思路。

第一个环节是组长的选择，至今想来还相当有趣，那天天气很好，虽然是秋天，不是很热，我进课堂之后做了一番宣传动员工作，着重讲了现在小组中的组长角色与原来组长角色的区别，以及开展合作学习的意义和益处等。

当时我不想用选班干部的方式选组长——这毕竟已经不同于传统意义上的"官"了，而且他必须由一个有服务意识、积极主动的同学来做。

更何况，从实际上看老师和同学都不可能给某个同学一个先入为主的印象，因为大家都是从全乡镇各个不同的小学来的。再者，从理论上讲，教师不能作为所谓高高在上的权威而存在。如果让学生有一次选择和表现的机会，其教育价值将是很明显的。

于是我说："这个组长的确定，我们采用毛遂自荐的办法，前七个举手的同学担任组长。"——我这样做以防一下子许多人举手，我不好确定。因为毕竟只有七个组，而且哪个人当组长也就那么一回事。

一分钟过去了，两分钟过去了，教室里出奇的静，可就是没有学生举手。——我期望的现象没有发生。窗外是万里晴空，棉絮样的白云丝丝缕缕点缀蓝天，是那样幽深和高远，令人神往。

也许是发现老师有些为难了，总算有一只手举起来，又有一只了。有的同学在左顾右盼之后终于坚定地举起了手。我发现了一个问题：怎么举手的都是男同学。

“我相信我们的女同学也是很棒的，一定会有人愿意当组长的。”我在一旁加油打气。

好了，总算有一个女同学举起了她纤细的小手，虽然眼睛中还流露一丝胆怯。我举起了大拇指，笑着鼓励她，一数已经有了七个组长。

这节课第二个有趣的现象被我发现了，前一段时间上课时有几个看上去胆子比较大的男同学和女同学都没有主动举手当组长。这是为什么？我也一直没有找机会问他们，因为我想：无论如何我得尊重每个人的选择，不能以我个人的标准和要求去看待每一个人。

四

组长的培训开始了。

我利用整个中午的时间，让七个组长坐在办公室开始了我的培训工作。在以前的教学中我也指定过数学组长，也找他们开过会，这一次特意留心了一下各个组长，确实，他们的工作积极性，参与的热情是很高的，开会时，对情况的介绍都蛮活跃的。以下是我的组长培训班提纲。

(1)组内相互帮助，组与组之间实行竞争评比，评比包括三个方面：课堂、作业、考试。

(2)学会表达、学会倾听、学会宽容、学会容纳不同的见解和意见，而不是为了对抗和争输赢，是为了问题的共同解决，而不是声音越高越有理。

(3)学会协调，组长最重要的责任是协调组员之间的关系，保证小组合作学习的正常运行。

(4)让每个组员成为强者。因为每个人肯定都有他的优点，在他优点的范围内肯定是最棒的。

(5)组织好小组内的自评生活会，定期总结反思小组的做法，调动组员的积极性。

(6)组长负责收集每个组员的优点，至少五条。

五

组长确定好，组长培训也进行好了，原以为分组是一件很容易的事情，没想到分组时却发生了一场风波，差点儿让我这个做老师的下不了台。

关于分组，我首先想到按传统的所谓“好、中、差”进行分组，这样各组的实力不至于不均衡，以利于以后各组评比工作的开展。

这“好、中、差”究竟差别在哪里呢？望着这一群成熟不足、稚气有余的孩子们的脸，我凭什么把他们分成“好、中、差”呢？从这一段时间的课堂表现来看，有性格外向的，活泼好动；也有性格内向的，文静平和。

从课堂发言来看，两种性格的人各有千秋，前者迫不及待，想到就讲，甚至没想好就讲的也有；后者从容沉稳，不轻易发言，而一旦举手总有他们独特之处。

从理论上讲，我也不能草率地给学生贴标签。每个孩子都是平等的主体，他们的差异是客观的，然而他们的人格不仅是平等的，而且是优秀的和堂堂正正的。

从感情上来说，我更不能接受人为地将孩子分为三六九等的这种现象，那样做从大处讲缺乏人性的表现，从小处而言是对我本身已为人父的侮辱和玷污。

我想，没有一个做父母的内心深处不认为自己的孩子是最优秀的，除非他们不是一个称职的父母。

其次，我想对学生是否可以按他们所居住的地域来分，通过调查之后，发现从人数上而言根本行不通，有的地方多，有的地方少。另外，还有一个现象，那就是同一地方来的学生可能就是来自同一个小学。如果将他们分为一组，也有不利的一面，因为毕竟知识背景和社会背景太相似了。

最后我想，学生们已经有了一段时间的接触和相互了解，从他们的谈话来看，他们之间的关系比我想象的要融洽得多。那么是不是在组长不变的情况下，规定几条分组原则，让他们去自由组合呢？

基于这样的考虑，我向他们宣布了几条分组原则，并且说：如果不按这个原则进行，我将保留处置该组的权力。

分组的原则是：(1)小组的人数 6～8 人，不能少于 6 人，不能多于 8 人。(2)小组的男女同学比例基本为 1∶1，或接近 1∶1，不能悬殊太大。(3)各位同学有自由选择组长的权利。组长无权拒绝某个同学的加入。(4)不能有同学游离于小组之外或另起炉灶自成一组。(5)各位同学的加入按自愿的原则，不得受他人的指使或干涉，但不能有不参加小组合作学习的情况发生。

第一天第一节课我布置所有的学生利用两天的时间找到各自的组。第三天上课前，我还在想：这下好了，这节课我至少可以在形式上实现小组合作学习了。然而，实际的情况却大大地超出了我的意料。

我提前几分钟来到教室，一问学生，小组的组合根本还没完成，还有将近 10 个同学没到小组中去。好家伙，学生中已经有等级观念，有人告诉我：某某、某某就是没人要，别人不喜欢他。

上课了，我按捺住心中的气愤，很平静地询问各组组长的情况，而后重申了分组的原则。

可以说，在我的干预下，分组发展还算顺利，8个同学已经有了着落。一个同学还是找不到组。接下来有同学举手问了我一个问题："胡老师，您不是说任何人不得干涉同学加入小组吗？"

很明显，这是在将我的军，我梳理一下思路说："不错，这个任何人也包括我。但是，我是不是有协调处理该问题的权力呢？"

这实际是应付了一下，看来还有更细的工作要做。现在最大的困难是余下的这个同学的安排。

这个叫春花(因为众所周知的原因，文中人名均系化名)的同学一直在我的注意力之内，因为从进这个班级开始，我就发现她性格非常的内向，平时"议一议"时间也是规规矩矩坐着不动，从不与周围的同学进行交往。据班主任任老师反映，课余活动时间她也很少与其他同学交往。课堂上从没有主动回答过问题，作业情况也相当的糟糕。

但是我从来没有讨厌过她，相反，上课时更多地投以关注的眼神。刚开始，她怯生生的，很胆小的样子，慢慢地，能够把眼神投到黑板上来。此外走到她旁边时，发觉她还是在认真地做，然而给我最深的印象，她是太不爱言语了。有时候，课余想和她交谈，一个问题问了几遍也得不到一个完整的答案。

还有一件事给我的印象尤为深刻，那次是兄弟学校和教研室的老师来我班听课。春花同学因为坐在教室的最后一排，可能与听课教师接触的机会会多一些，课间十分钟，数学课代表秋叶跑来找我，满头大汗，气喘吁吁地跟我讲："胡老师，你把春花同学的座位调到前面一些吧。"

"秋叶，座位不能调。胡老师最反对作假。我想，你们更多的是要想办法怎么样去帮助她。她完全可以和大家一样快乐地学习。你说是吗？"我回绝了秋叶的要求。

想到这儿，我明显的有些激动，我说："同学们，每个同学都是重要的，也许大家为了小组的利益，有过这样的想法，以为一个班级有四五十个同学而忽视或忽略一两个同学是无所谓的。但不能，绝不能这样。我是做父亲的，我也有孩子，我的孩子也在学校读书。要是我知道我的孩子在学校班上被同学和老师冷落或忽视，甚至忽略，我会怎么想，我会怎么看。从为人父母的角度来说，我告诉大家的是这样一句话：我心中的痛苦将如刀绞箭穿，无可名状。大家都是做孩子的，肯定知道父母对自己的疼爱关怀，正所谓："慈母手中线，游子身上衣。临行密密缝，意恐迟迟归。谁言寸草心，报得三春晖。”的确啊，对每一个家庭而言，每一个孩子都是百分之百的重要。”

听我这么一说，课堂出奇的安静，刚才还在左顾右盼、交头接耳小心议论的同学都一个个屏声凝神地望着我。

“胡老师，我们组欢迎春花同学的加入。”一个声音打破沉寂，然后一个同学站起来，显然她有些激动，不等举手就先说了，我一看是课代表秋叶。

“春花同学，你有什么意见吗？你同意吗？”我望着春花，得征求她的意见呀。

春花站起来，先是摇头，随后是点头，马上又坐了下去。这个问题总算解决了。

关于座位的摆放，根据教室的情况，最后和同学们一起定下来，就按照中间三组，旁边各两个组的形式。

六

古人云：纸上得来终觉浅，绝知此事要躬行。俗话说：看事容易做事难。

开展合作学习首先的难度是来自备课。按照合作学习的要求，合作的前提必须是问题可分解，要保证小组内每个人都有事情可做。

于是，第一步，我精心选择有利于进行合作学习的教材，很快《有理数的加法》这一节课被我选中。

我当时是这样考虑的：有理数的加法在实际情形中可分成以下几种情况：(1)正数与正数相加；(2)负数与负数相加；(3)正数与负数相加。而第一种情况基本上可以不讲，实际可供探究的只有后两种情况。第三种情况中又可分解为绝对值较大的负数与绝对值较小的正数相加以及绝对值较小的负数与绝对值较大的正数相加。

然后我根据以上的思考，在情境引入之后，分别设计几组有理数加法的计算题，准备在小组探究之后，让他们总结规律或法则，而后将各自的结果在全班汇报。

由于经验不足，我将每一种类型的计算题交给一个组研究，从而导致有的组能轻松解决问题，有的组很久还不能得出结论。

在实际的教学中，全班汇报交流阶段，各组均派出了表达能力强的同学上台讲解，由于时间把握不好——主要是小组探究总结的时间过长，也由于一开始任务的分配有问题，没有让各组的同学都经历有理数加法计算的几种情况，所以给接下来的教学带来了一定的麻烦。

但是有了第一次的教训，我第二节课采取了补救措施，将前一节课的总结交流延后，而将原来的研究任务重新分配，让学生们对每一种情形有一个了解的过程。在此基础上，开展全班的有理数加法法则的交流。

虽然学生们总结出来的方法还比较幼稚，没有课本上的规范和专业，但毕竟是属于他们自己的东西，更何况他们经历了一个思考、探索的过程，从智力、思维的角度来看，这些训练理所当然有它的教育价值。

当我写到这儿的时候，窗外已经是课程改革之后的又一个深秋，秋雨蒙蒙，漫山遍野，看上去给人一种扑朔迷离的感觉。

七

第二难是实践，备课是难，教学中每一个具体的操作无不给教师带来一种全新的挑战。

人是很容易受习惯影响的，学生也不例外，对于座位的摆放，作为老师不能以为做了安排就万事大吉，你得在上课之前亲自上教室去督阵。

那场面挺热闹的，笑声、叫声、骂声、拖动桌椅声、争吵声，整个教室弥漫在一种杂乱无章的噪声中。同时，学生之间的矛盾，小组之间的小摩擦也不时出现。此外，性子急的很快找到了该摆的位置，性子慢的从从容容，甚至还蛮有趣地一旁看着，仿佛这熙来攘去的人群与他毫不相干似的。

有时候，上课铃已经响了，课已经开始上了，忽然有同学举手了：“老师，我的书不知哪个同学拿了。”

或者是：“老师，某某将我的书包藏起来了。”

也有这种情况：“老师，某某讨厌死了，我不愿意和他坐在一起。”

现在回过头看，那可是一段不堪回首的磨合期。

八

小组建设又是一件难事，开始的时候，教师对合作学习都不是十分清楚，更不要说学生。小组长之后的事情是对组员的培训和训练，向学生讲清各自的任务，也就是对角色进行定位，激发大家的学习兴趣和热情，讲清合作学习的好处。同时以课堂监控和课余汇报相结合的方式，定期召开小组长会议，及时了解情况，有针对性地开展工作。

对小组合作学习的观察采取掌握大局一周或一段时间重点观察一个组的情况，并认真做好记录，掌握第一手材料，不仅有利于今后评价工作的开展，同时也有助于培养学生的自我约束，自我管理的能力。

下面是对某组一周的观察记录。

组次________时间________

姓　名	周一	周二	周三	周四	周五	结 论
×××	A	B	C	A	A	A
×××	D	A	C	A	C	B
×××	B	D	C	B	C	C
×××	A	A	D	A	A	A
×××	D	E	B	D	C	D
×××	E	B	C	C	B	C
×××	D	E	D	A	E	D

注：A：积极参与；B：较积极；C：参与；D：一般；E：不积极

九

你说备课难、实践操作难，这可是有形的东西，而且有的事情经过一段时间习惯了就没事了。我看最难的是一种无形的东西，教师从高高在上的讲台上走下来之后，他们该做些什么呢？

专家跟老师说：你要有一个“等待时间”，你必须对某些问题进行“延迟判断”。

而实际的情形是不论是“等待”还是“延迟”都要一定的“技术”。这个度怎么把握，很多次可以说是话到嘴边却又不得不往回咽。有时候，心里矛盾极了，教学进度完不成怎么办？

因为从传统的教学中来，一直没能训练好一双进行有效课堂观察的“慧眼”。站在合作学习的课堂或者说在动态课堂中缺乏有效把握全面的能力。我的第一感觉是：摸着石头过河。

毕竟，新的挑战给了教师新的机遇，给教师的职业发展提供了无限可能的空间，随着时间的推移，我发觉有两项原则必须时刻记在心中。第一是激励性评价原则，也就是将激励评价贯穿于日常教学的始终，不能认为只在期中或期末才有评价，或者单纯认为只有试卷或考试才叫评价。没有对学生的激励，就不可能有学生持续参与的热情，没有与学生平等相处的姿态，就不可能有持续合作学习的动力。第二是不能缺乏职业耐心，合作学习只有坚持做下去，才会终有“时至骨自换，功到自然成”的情况发生，多些从容，少些浮躁。

十

其实布置完任务后去观察学生是一件相当有趣的事情。男同学先是一副胸有成竹的样子，接下来可能演变成一个思考者；女同学则是目光执着地盯着要解决的问题，随后再左右张望，希望发现可以商量的同伴，当发现每一个人都在做自己的事时，马上还原成原样；性格外向的跃跃欲试，迫不及待，很想将自己还不太成熟的结论与同伴交流，当发现教师制止的眼神时，调皮地伸一下舌头继续进行自加工；性格内向的沉静、凝思、若有所悟。

当布置议一议时，仿佛“风乍起，吹皱一池春水”。整个教室像水开锅了一样，大家都那么希望尽快地把自己的发现与同伴一起分享，遇到兴奋和有争论的时候，笑面如鲜花、红脸如关公，真是各具情态。

课外的小组合作时有一次让我最为感动。那是学习完剪纸，作业是分小组分区域装饰教室。当我在上课前走进教室时，我是彻底地感动了。且不说那神态各异的动物，那栩栩如生的花卉，那想象奇特的漫画，那形象逼真的造型等，单就每组画面的布局协调，颜色的调制，就让我这个做老师的为之汗颜。真该好好感谢课程改革，让我这么彻底发现了学生的聪明和聪明的学生，我感到太幸福了，一种职业的自豪感油然而生。

十一

与传统课堂相比，合作学习的课堂可能多了一点形式上的无序，例如说没有绝对的安静，没有整齐划一的规矩和言听计从的纪律等，但带来的变化却是可喜的。

首先，学生不盲从书本和教师，敢于挑战权威。

举个例子，八年级第一册《数学》第二章《四边形性质探索》第 5 节《中心对称图形》中“议一议”第(2)题：下面的扑克牌中，哪些牌的牌面是中心对称图形。扑克牌有红桃 2，黑桃 9，方块 J，黑桃 8，梅花 3。

因为教师教学用书说“黑桃 8”是中心对称图形，我也没仔细思考。

上课时，我让学生考虑这道题时，不论我怎么引导、启发，学生始终认为黑桃 8 不是中心对称图形。

后来我仔细一看，才知道教师用书上的答案确实错了，而我也盲从了，幸好学生纠正了我。

其次，学生之间，特别是小组之间的同学能够相互帮助，共同提高。

有好多次小组学习的过程中，我发现秋叶在完成了自己的任务后都在耐心地帮助春花。对于春花的进步，我感到最明显的一次是她的一次主动举手回答问题，以下是我的课后原始记录：

这是一个值得大书特写的日子。这一节课，春花同学主动地举手回答了问题，而且答得好，答得对。所有的同学为她鼓掌喝彩。

上课的内容是梯形，我布置了这样一个数学活动。每个同学在课堂练习本上做一个梯形，并尽可能多地写下与梯形有关的知识，而且全班相互交流各自的发现，在全班举手汇报时，春花的回答是："我发现了梯形的上下底互相平行。"

最后，学生的求知欲、创造性、创新意识在不断增强。在课外小组活动中，我布置小组合作出一张数学手抄报，有一个组做出来就非常独特，他们采集了一组蝴蝶标本制成了一组由动物标本制成的轴对称图形，非常别致、美观。

十二

晴空一鹤排云上，便引诗情到碧霄。

师生关系在传统的课堂中一直是比较别扭的，然而在合作学习的课堂中，学生对老师的帮助却是很大的。

在教计算器那个部分的时候，作为教师的我，就发觉很多同学对计算器功能的了解比我强多了。此外，在剪纸的教学中，我也发现，许多同学的手工艺也是顶呱呱的，教学相长在这里有了最有力的证明。

其实，我觉得最重要的是师生关系的改善对教师本身的影响是空前的。从我所接触的参加课改的教师来看，他们身上更多地体现一种积极向上、乐观的精神。这是不是由教学方式和学习方式的根本转变带来的呢？时间将做出回答。

窗外的深秋，阳光明媚，又一个丰收的季节以它独特的魅力展现在人们面前，青山隐隐，秋水盈盈。

弯弯曲曲的小路很长、很长……

合作学习路还很长

班级人数众多，这将是我国教育，特别是课堂教学不得不面临的现实问题，开展合作学习，这也是我国的基础教育课程改革提出来的摆在每一位一线教师面前的新课题。如何在大班制下有效地开展合作学习，我们认为应当做到如下几点：

第一，思想认识在前，观念转变在前，培训在前。一种全新的教育教学理论能否为广大教师所接受、所掌握这是直接关系到教学方式能否发生转变的关键，合作学习的思想和观念一定要让老师深刻理解、理解透，并真正内化为他们自身思想的一部分。所以必要的、形式多样的、易于为师生所接受的培训要多开展，让他们有一个从不熟悉到熟悉的过程。

第二，理论联系实际是关键。有了对新的教育教学理论的认识和把握还不够，还必须在实践中再认识、再创造，正如我们常说的，理论是灰色的，而生命之树常青。只有通过实际中的实践，我们才能更加丰富和理解理论，从而创造性地用于我们的教育教学之中。

第三，明确开展合作学习的内容是搞好合作学习的重要环节。合作学习作为一种学习方式，也是一种教学手段，在实际的教学中，如何选择开展合作学习的内容对教师是一种挑战。一般说来，那些有一定深度的问题，具有探索价值的问题，更有交流价值的问题(特别是它们的答案不是唯一的)等都可以作为开展合作学习的素材。

第四，明确师生在合作学习中的角色定位是搞好合作学习的前提和保障。师生在合作学习中扮演着什么样的角色这个问题不能不引起我们的重视，任何角色的错位或越位都将影响着活动的正常开展。一般说来，合作学习中教师应该是学生学习的组织者、参与者和指导者，而不是旁观者，更不是高高在上的“专制者”。

第五，合作学习的基础和前提是学生独立自主的学习。任何有价值的合作交流都必须是在合作者各自独立思考的智慧结晶的基础上进行的。那种追求形式热闹的“伪”合作交流应当逐渐退出我们的课堂。

第六，有效的评价调控是开展合作学习的保障。在大班制下的合作学习，教师必须随时将评价(包括激励性评价在内的各种评价手段)置于日常的教育教学之中，随时调控学生的行为，使之处于正常的活动范围之中。

第七，开展合作学习不应当只局限于课堂教学之中，教师应当为学生创造有利条件，让班级中的学生，甚至一个学校中的学生经常性地开展课外的合作学习，组成各种兴趣小组，深入研究他们共同感兴趣的各类问题，从而从更深、更长远的角度构建学生持续学习的能力和动力，使得合作学习的教育价值得到更大的发挥。

正如在前面的教学实践中所写到的那样，开展合作学习以来，我们认为最大的收获，在其他的教学方式中没有看到，也不可能看到的，就是我们的师生关系得到了前所未有的改变，师生关系的和谐达到了一个新的高度。这可以从近年我区初中学生的失学率大幅降低(由实施新课程之前的30%左右到现在的2%左右)中可见一斑。

当然这是一个不太好量化的问题，只是参加实验的师生一种切身的感受和体会。如果这能够算一种成效的话，那么这应当是我们最希望看到的成效。正如最近有人提出来，师生关系也应当作为教育教学质量的一部分，而且是相当重要的一部分。从这个角度来看，新课程实验以来，教育教学的质量是提高了，而且是一种深层次的提高。另外，学生的合作意识和合作能力得到加强，学生在课内与课外所表现出来的合作意识和合作能力令人惊叹，特别是在进行课题学习时，所表现出来的合作解决问题的意识和能力，使我们信心百倍，合作学习促进了每一位学生的发展。

此外，开展合作学习以来，的确也产生了一系列困扰我们的问题，正如在开始中所说的我们并没有解决问题的全部，下面的一些问题仍然值得我们继续深入地探究，直至做到尽善尽美。

1. 如何采取科学的教师评价机制促进教师观念和行为的转变？

2. 如何选择科学的评价机制评价学生开展合作学习的成效？

3. 社会、学校、家长如何科学理性地看待一种新兴的学习方式？

反思之乐

惊 喜

现在想起那堂课的教学，心中还有很多种感情交织在一起：不安、惊奇、惊讶、喜悦、甜蜜，真可谓令我百感交集，思绪万千。

“镶边与剪纸”是《数学》(北师大版)七年级下册第七章《生活中的轴对称》第六节的内容。它的主要目标是：在制作剪纸镶边的过程中，进一步理解轴对称及其性质，发展空间观念，培养实践操作能力；在欣赏中国民间剪纸艺术镶边图案中，体验轴对称在现实生活中的广泛应用和丰富的文化价值。

上课前，我看着教材，拿着剪刀试了又试，拿着纸折了又折，心中一点儿底也没有。怎么办呢？我反复琢磨新教材和《教师教学用书》，寻找解决问题的突破口。一个念头在我的脑海中闪现：学生是学习的主体，放手让学生去做，定会给我惊喜。而且在实际教学中，我经常发现：许多学生的动手能力比我这个当老师的强多了。

记得在上七年级上册第一章《丰富的图形世界》的时候，可以说作为老师的我是“一空二白”，“空”是指头脑中还没有成熟的、内化的新课程理念，对课标的理解更是肤浅；“白”是指手中没有任何可用的教具和学具。然而，作为全国首批参加实验的老师，我们并不怕困难，整个七年级的数学老师聚集在一起研究如何解决问题。

最后，我们发动学生，师生一齐动手用泥土、瓜果做出了各种立体图形，没想到，这么做还真管用，不仅学生兴趣浓厚，而且老师也教得轻松。至今想来，那章看似可能很困难的教学竟然成了甜蜜的回忆和成功的尝试。

现在遇到的情况更棘手，我一边请教学校中的这方面有专长的老师，临时学几招同时将他的作品以及从图书室查到的相关图片“据为己有”。心想：这下该没问题了吧！

带着期盼我走进了126班的课堂，将我收集的民间镶边与剪纸图案提供给学生，如“喜”字、窗花等，请他们欣赏。学生们各抒己见，气氛热烈，发现了我们教师没有发现的有关轴对称的一些特点，说到了很多关于制作镶边与剪纸的技巧，此时我已胸有成竹。

第二个环节数学活动："做一做"，让学生经历一个"想"与"做"的过程。很快学生们拿出准备好的纸、剪刀动起来了，教室里一如平时各具情态：男同学一副自信，胸有成竹，女同学沉稳从容，细致平和；性格外向的做的时候还不时和旁边的同学交谈几句，把新的发现、收获或者是体会告诉同伴，性格内向的边做边沉静凝思，若有所悟，而后又很快动起来，一种时刻变化着的动态美和静态美构筑了教室中一道亮丽的风景线。

我带着剪刀和纸边走边观察，发现一些手艺娴熟者，我得再跟他们学几招。

我走到一个同学身旁，看到他已经做完了。我对他说："教老师做一做如何?"他很爽快地答应了，又很耐心地从怎样折纸，而后怎样剪纸都给我讲了一遍，我学着做了一下，还真是那么一回事。经过同学们紧张的劳动，一幅幅精美的图案展现在大家的眼前，我不失时机地引导学生进入下一个环节。

第三个环节是数学活动：作品展示交流和问题探讨。我请同学们将自己的作品展现给大家看，并向大家介绍自己的方法，我发现他们的方法好多出乎我的预料，同学们一个个神采飞扬，尽情展现自己的才能。这个时候，我惊奇而且激动地发现，原来我的学生都可以成为我的老师，他们做得那么好，动作快的学生剪了三条、四条，动作慢的学生也完成了自己的作品。在他们的手里一朵朵鲜艳的"菊花"，一只只翩翩起舞的"蝴蝶"等动植物栩栩如生，他们的作品形象而生动，创造性地应用了轴对称图形的性质，学生的潜能真是不可限量，你给他一个平台，他会给你一个奇迹。我鼓励了他们一番之后真诚地说："同学们，你们很了不起，比老师强多了，我只知道剪一点点简单的东西，而且还是刚才跟大家学的，你们给我的惊喜终生难忘，谢谢大家!"此时，望着那一双双饱含喜悦的眼睛，一张张写满笑意的脸庞，我感觉到自己的眼睛有些湿润了。

布置作业的时候，我突发奇想：平时的作业都是交上来，由我一个人欣赏，像今天这样的作业(作品)应当由大家来欣赏。于是我跟学生说："这个剪纸作业就不用交了，明天早晨来的时候，各组组长负责选择教室的一个角落或找一个窗户，将自己组的作品粘贴在一起，我上课前会到教室来和大家一起欣赏、评价，好不好?"一时间，学生们情绪高涨。有效果了，走出教室时我想。

第二天，我准备上课，还没到126班，就被另一个平行班132班的同学拦住，他们问我："胡老师，126班是不是有什么大喜事？"

我说："怎么啦？"

他们说："你看他们的教室布置得像新房似的。"

"真的？"我快步走到教室一看，同学们都三五成群地站在各组的作品前品评议论，而教室里每个角落、窗户、门都布置得千姿百态、喜气洋洋。我兴奋地看了一圈，压住内心的喜悦——这个时间，我看到许多学生都望着我，而我并没有立即发表自己的看法。可以说，我是太兴奋了，我急于把我的喜悦带给其他老师。我赶紧走到办公室对班主任说："太妙了，太美了，你发现你学生的杰作没有？"

"看到啦，我这儿还有更美的，你看。"接着，班主任老师拿出学生们做的手抄报、绘画作品给我看，真的是琳琅满目，美不胜收，当时我的心情已不知该怎么形容，走出办公室，望着满目的青山，绿中带着黄色的稻田，我想，我们沙坪中学的学生真是优秀，我都教了十多年书了，怎么今天才发现呢？如果我们继续顺着"老师教，学生学"的思路走下去，我可能一辈子也看不到学生的优秀和优秀的学生。等一会儿上课时，我一定要大声地充满激情地对全体学生说："你们真了不起，太棒了！这是我教学生涯中最幸福的时刻！"

第二天，我跟校长、教导主任建议说："我们沙坪中学和其他农村中学一样只是硬件差了一些，但我们的孩子却很优秀，学校有条件的话，一定要想办法办一个学生作品陈列室，他们的才华不能让岁月埋没了，他们需要鼓励，需要有人赏识啊！"

在我的教学生涯中，忽视学生是主体的现象时有发生，但在今后我会时刻关注学生，为学生创造性的发挥提供舞台。

"好胜心"还是"好奇心"

现代数学教育思想告诉我们：学数学就是"做数学"。"做数学"的特征就是让每一个学生都参与数学，即一定程度上积极地参与发现工作，并在很大程度上通过猜测来实现，这就需要学生具有强烈的探索愿望、不懈的探索精神和一定的探索能力。究竟"好胜心"和"好奇心"哪个更能激起学生的探索热情、养成学生的探索习惯、培养学生的探索能力呢？我认为显然是后者。

几千年的儒家文化鼓励读书人"为今生今世建功立业而奋斗"，读书的目的很明确，有兴趣要读，没有兴趣也要读，形成追求"现世功业"的考试文化。于是，"争高分"促进了"好胜心"的发展。在数学学习中，"好胜心"教人一味地去追求分数，使人满足于老师教的现成数学，这种数学是由数学家事先组合好的，只有数学家们才知道每个部分如何配合，每一部分的用处又是什么，但学生却不懂这些知识的秘密，因而对学生而言，所获得的只是"一堆毫无意义的孤立的砖块"，根本不了解"这些分析的砖块最终究竟要建造成什么样的大厦"，但这些"孤立的砖块"可以帮助学生得高分，获得的"砖块"越多，越能满足其"好胜心"。但这样又怎能培养孩子们追求真理的探索意识和创新精神呢？

而"好奇心"则让学生学会思考，养成爱动脑筋、主动思索的好习惯，凡事都要想一想"为什么""后来呢"，这样正可以培养其探索真理的意识和情感，更能发展其创新精神和能力。

举一个例子来说明：下列是某月的月历：

		1	2	3	4	5
6	7	8	9	10	11	12
13	14	15	16	17	18	19
20	21	22	23	24	25	26
27	28	29	30	31		

提问：阴影方框中的 9 个数之和与该方框正中间的数有什么关系？

学生立即会计算，结果表明这 9 个数之和是正中间的数 15 的 9 倍。

再问若将阴影方框移至下图，又如何？

		1	2	3	4	5
6	7	8	9	10	11	12
13	14	15	16	17	18	19
20	21	22	23	24	25	26
27	28	29	30	31		

通过计算，学生会得出相同的结论，于是，他们就会好奇地猜想：这种关系对其他方框也成立吗？"好奇心"会驱使他们去尝试用代数方法进行证明：设中间的数为 a，则阴影方框中的 9 个数分别为：

$a-8$	$a-7$	$a-6$
$a-1$	a	$a+1$
$a+6$	$a+7$	$a+8$

求出此 9 个数之和为：$(a-8)+(a-7)+(a-6)+(a-1)+a+(a+1)+(a+6)+(a+7)+(a+8)=9a$，正好就是正中间的数 a 的 9 倍！"好奇心"进一步驱使他们思考：这种关系对任何一个月的月历都成立吗？答案是成立！同时，"好奇心"继续推动他们进一步猜想：如果阴影方框里的数是 4 个，又有什么规律呢？16 个呢？25 个(将月历 31 后面的数继续下去)呢？等等。当他

们分别得出结论以后，会惊喜地发现：奇数、偶数得出不同的规律！奇数时，几个数之和就是中间数的几倍；偶数时，对角线上的数之和相等。通过思考，还会发现一些其他规律。再推而广之，若将此表每行 7 个数(第一行可少)无限列下去，此规律是否都满足呢？若由每行 7 个数改成每行 5 个、6 个、8 个、9 个……又有什么规律可循呢？“好奇心”促使同学们不断地探究下去，不断地深入，不断地发现，不断地创新！

新加坡在教育上的口号是：会思考的学校，爱学习的国家。所谓“会思考”，即是自己发现问题，然后积极主动地去思考问题，力求自己解决问题。“好奇心”正能使人做到这一点！而“好胜心”只能使人去思考别人提出的问题，这种思考具有一定的被动性，很难创新；只有“好奇心”才能催人积极主动地去思维、去发现、去创造，长此以往，何愁没有创新！

五、让数学课堂涌动生命的灵性

姓　名：彭越
所在学校：长沙市清水塘小学
从教年限：14 年
最喜欢的书：《卢勤教育文集》
最喜欢的休闲方式：阅读　音乐　打球

让灵性牵着生命走
你会找到属于自己的一片自由时空
在灵性主宰的时空里
你会抓住绝美的音符
你会看到精美的线条和典雅的韵味
你还会领略到经典的文字

——艾宝琴《让灵性牵着生命走》

成长之路

让灵性牵着生命走

这是一首无名小诗，细细读来，让我感到有灵性的生命是一种有超越的生命。能抓住属于自己生命灵性的人，超凡脱俗的智慧就会惠顾你，只要你给她留下一片洁净的土壤，她就能驻足在你的心田。一直以来，这首小诗就如一碗"心灵鸡汤"，沁人心脾，余香满溢，让我在面临挫折和失意时，得到鼓励和慰藉；让我在面临成功时，对未来充满希望。

我出生在一个普普通通的工人家庭，多才多艺的父母对我的潜移默化的影响以及在教育上对我的重视，还有我所接触过的众多优秀教师对我的培养，使爱唱爱跳、组织能力颇强的我很早就在内心埋下了做教师的种子。随着时间的流逝，我对教育的向往之情也越来越深。1995 年我成功地考入宁乡师范学校，进入了梦寐以求的师范校园。在宁师古老的银杏树下，我崭露头角，担任学生会干部，勤奋好学，全面发展，成为年级中的佼佼者。经过三年的努力，我最终以优异的成绩毕业，被择优分配至长沙市开福区。怀着对教育事业的无比崇敬，更带着父母对我的真诚祝福和企盼，我坚定而从容地踏上了这三尺讲台。在教育这片净土上，转眼间我已经辛勤耕耘了 14 个春秋。不论是数学教学，还是校本课程的教学，我都非常享受这份快乐。我的讲台渗透着我对学生的情和爱，凝聚着我对教育事业的无比自豪和挚爱的深情，它记录了我这14年来的艰辛与奋斗、幸福与收获的工作历程。我崇尚教育事业，热爱这片土地，因为这里有令人感动的课堂，这里有天真烂漫的笑脸，这里有渴望知识的目光，这里有让我感悟、令我反思成长的为人之师的人生价值观。

以“勤”开启教改之窗

我是幸运的，在踏上讲台的第三年就碰上了这场“为了每一位孩子的发展，为了中华民族的复兴”的基础教育课程改革。作为一名青年教师，能参与到新课程改革的实验中，这既是一种挑战，也是一个良好的机遇。这里，有更多的新东西需要探索，有更多的未知领域需要开发。感谢学校领导的厚爱，让我担任课改实验数学教师，使我在教研教改这一块肥沃的土地上茁壮成长，使我对新时代教育有了更执着的追求。

通过参加通识培训，我对课程改革有了全新的认识，观念上有了转变，理念上有了创新。我认真研读数学学科的课程标准，树立以人为本，促进发展的教学观，人人是才，因材施教，全面发展的人才观，学生是学习的主人的学生观，建设开放而又富有活力的基础教育课程的课程观。就在参加课改的这三年的时间里，我付出了比他人更多的努力。我以主人翁的姿态做课程的建设者，不断地开发、利用课程资源，创造性地使用教材。另外，我努力改变学生的学习方式，让他们做到自主、合作、探究学习，探索能激发学生学习主动性和创造性教学过程和方法，使教学过程真正成为师生对话、互动发展、教学相长的过程，成为学生不断构建知识、能力、方法、习惯的过程。

这样一个过程里，孕育着许多的温馨与美丽，堆积着许多令人感动、令人回味、令人反思的故事，它们使我在新课程中不断地开拓，不断地创造，把握生命里的每一分钟，放飞教育的理想。

以“情”接触数学校本之路

2002年5月，我赴吉林参加了第二届全国义务教育(小学)数学课程与教学改革研讨会，会上刘坚处长、孙晓天、马云鹏等教授的精彩报告让我受益匪浅，这是继2001年8月通识培训后对我的教育理念的一次强有力的洗礼。会中，我印象最深的一句话是“数学校本课程是实践以人为本的新课程理念的一个崭新阵地。它在内容上应该不同于学生的课本知识，形式上也要有所突破，过程更应该不拘一格”。

早就听说过“校本课程”，可这么近距离地接近它还是第一次。在专家们的解读下，我知道了校本课程是相对国家课程、地方课程提出来的。它是课程管理行政主体化的一种表现，是课程管理权力的一次再分配。它的具体含义是：学校的领导、教师、学生及课程专家等在对学生需求进行科学评估的基础上，充分利用当地社区和学校的课程资源而开发的多样性的、可供学生选择的课程。校本课程是基础教育课程改革的组成部分，是实施素质教育的有效途径。喜欢教数学的我燃起了一种开发孩子们喜欢的数学校本课程，给孩子们一个有趣、难忘的数学童年的愿望。满载着收获，我回到学校，开始了教学的全新跋涉。

以"诚"培育数学校本之花

为了更好地促进学生思维能力的发展，开发学生智力潜能，促进学生的素质全面提高。我把"数学思维训练"作为校本课程的一项内容，并进行了深入的探索和研究。思维训练课旨在培养学生进行初步的分析综合、比较、抽象概括，对简单问题进行判断、推理，逐步学会有条理、有根据地思考问题，提高学生思维能力。我将这门校本课程命名为《数学思维体操》，我深入地钻研思维训练的内容与方法，根据学生的年龄特点和认知水平，制定了切实可行的思维训练方案，同时在实际思维训练课中探索着方法的可行性，不断总结以便收到良好的教学效果。我所教的孩子都非常喜欢这门学科，也在我的课堂上享受到了无尽的快乐。通过思维训练课既培养了学生学习数学的兴趣，开发了儿童身心潜能，树立了正确的思维方式和学习观，又为有效学习打下良好的基础。送走了一届学生，我又开始了数学校本课程的新的尝试，开发了《数学游戏》这门课程。这门课程也给我带来了无尽的思考和收获，使我对数学更加富有生命的灵性。

以"韧"结出成功之果

在这些年里，我一直安心工作，认真钻研业务，虚心学习，教学成绩显著，现担任学校数学教研组组长，省数学常任理事会会员。回想十几年的成长历程，每一个足迹，每一滴汗水，每一分收获，就像我所深爱的数字和数学符号一样，记录着自己艰辛而幸福的成长之路。我刻苦钻研教材，领悟到怎样将一个知识点最简单地教给孩子，我幸福！我不厌其烦地给一个个孩子面批着作业看到他们茅塞顿开，我幸福！我热情如火地与同事讨论某一个有关教研教改的问题，享受那种津津乐道、各抒己见的体验，我幸福！我精心设计的课，获得学生们的喜爱，获得专家、同事们的赞赏，让课堂充满欢声笑语，我幸福！我夜里挑灯撰写的论文变成了铅字，我幸福！我苦读诗书，获得自考大专文凭，完成函授本科的学习，我幸福！……享受着幸福的同时，我的头上戴上了开福区数学"明星教师"的光环，身上披上了全国"2006

年度新世纪小学数学”优秀教师的荣誉，并作为“长沙市优秀教师”荣获三等功。正是由于我开发的数学校本课程开展得有声有色，教研组的校本教研和组本教研活动开展得丰富多彩，我领导的数学教研组被评为市“共产党员示范岗”、市数学先进教研组，并成功地承办了区级校本教研的展示活动。

研究之旅

等你，在不经意之间

开发《数学游戏》这门课程的灵感，源于一次问卷调查。四三班是全校闻名的调皮班级，因为班主任频繁更换，学生学习习惯、自主性都不强，数学成绩中下水平，很是让学校领导、老师们头痛。学校领导将这样一个落后班级交给我，就是希望我扭转乾坤，让孩子们在小学生涯的最后三年里有所改变，孩子们都能合格毕业。接手这样一个班，我既要以“彭大将军”的威严来震慑他们，又要显出个人的人格魅力来感化他们，想办法让他们重新接受数学，喜欢学习。于是，我对全班学生进行问卷调查，问卷题型分为封闭题和开放题两种。发放了 54 份问卷，共回收 53 份有效问卷。从本次调查的结果来看，在问到学生最喜欢哪种学习方法时，有 54％的学生提到“游戏”；学生在判断“你会在课外时间去加深对有趣的数学知识的认识和理解吗”时，有 22％的学生选择“无意见”，36％的学生选择“同意”，42％的学生选择“非常赞成”。同时，很大一部分学生对数学的作用及重要性认识不足。有 44％的学生认为在日常生活中，只会“偶尔用到数学”。

在开放题“希望现行的教材中加入哪些内容”的调查中，很多学生希望加入一些有趣的内容和提高动手能力的内容。如“加入生活中常用的与日常生活紧密联系的数学例子，以便让我们更深刻地认识数学，而不只局限在狭隘的课本知识里面，如果有必要还可以增加一些数学游戏”。学生提到最多的一个词就是“趣味性”。结合这次问卷调查的结果，我开设了《数学游戏》这门校本课程，旨在激发学生学习数学的兴趣，让学生体会学数学的重要性，促进学生对数学文化的了解，促进不同的学生在数学上有不同的发展；同时发展学生对数学的良好的情感与态度。

读你，需满腹经纶

古往今来的数学教育的理论和实践都已证明游戏对于数学教育具有极大的价值。对此，马丁·加德纳曾经作了相当正确的评价：“唤醒学生的最好的办法是向他们提供有吸引力的数学游戏、智力题、魔术、笑话、悖论、打油诗或那些呆板的教师认为无意义而避开的其他东西。”数学游戏是一种运用数学知识的大众化的智力娱乐活动，它寓数学问题于游戏之中，让人们在做游戏的过程中学到数学知识、数学方法和数学思想。由于数学触角几乎延伸到人类的一切科学文化领域，因此在未来的信息化的社会中，被称为“大脑体操”的数学游戏将发挥越来越大的作用。

数学即游戏的观念在19世纪数学变为一种职业以后仍然在发挥作用，实际上这种观念一直持续到现代。在此，引用爱因斯坦于1918年4月所讲的一段意味深长的话：“许多人爱好科学，是因为科学给了他们异乎寻常的智力上的快感，对于这些人科学是一种特殊的娱乐；还有许多人之所以把他们的智力奉献给科学祭坛，为的是纯粹的功利。如果把这两类人都赶出神圣的殿堂，那么，这里的人就会大为减少……”爱因斯坦的这段描述“在科学殿堂活跃的人们”的话同样也适用于数学。著名数学家哈代曾说：“激励数学家做研究的主要动力是智力上的好奇心，是谜团吸引力。”正如希尔伯特所说：“问题就在那里，你必须解决它。”正是这种永不满足的激情吸引了大批的人献身于数学，从而导致了大量问题离奇地绽开数学的嫩芽。可以说数学在其成长和发展中一直伴随着游戏的精神。

数学游戏以其雅趣的形式“娱人”，以其丰富的形式“引人”，以其无穷的奥妙“迷人”，以其潜在的功能“育人”。古往今来，数学教育的理论与实践都已证明游戏对于数学学习有极大的价值。正如布鲁纳所说：“游戏活动是生命的自由表现，它是生活乐趣。”我结合理论学习和教学实践，尝试从以下儿方面将数学游戏引入校本课程课堂，从而让数学更“好玩”。

看你，凭思路清晰

这样一门全新的校本课程的内容设计，怎样才能彰显特色又行之有效呢？我在实施时保持着这样的思路。

1. 作为国家课程的注解或补充来设计数学游戏

由专家和学者们编纂的数学教材，蕴含了深奥的数学原理和丰富的数学思想，是有益于学生的终身发展的。教学时，教师要充分地挖掘教材提供的资源，来传承数学文化。

2. 组织专题。例如设计有关悖论的数学游戏

在校本课程开发中，教师要不断更新知识，不断吸收新的教学思想，采用现代教学模式，充实自我。只有这样校本课程的开设才能贴近学生，贴近生活，才能体现以人为本，才能与国家课程设置相适应。

3. 锻炼学生数学思维，激发学生好奇心和学习数学的兴趣的游戏

学生有了数学思维的习惯，就会不断激发起强烈的求知欲望和参与热情。在游戏中发现了问题，就会试图用数学思维方法去探索、解决，形成学习的主动性。数学游戏过程中可用一题多解、一题多联、一题多变、一题多

问，训练学生的发散思维能力、联想能力及思维的流畅性；采用多题归一，训练求同思维能力；用整体法解题，锻炼统摄思维能力；用反证法训练逆向思维能力；用等效法解题训练想象能力和立体思维能力；用多解择优，训练学生的批判思维能力等。

懂你，在堆砌之间

《数学游戏》校本课程安排怎样的内容学生才会感兴趣呢？实践证明，只有将传统和创新相结合，才能满足孩子们学习的需要，激起他们更多的智慧与才干。

传统数学游戏

1. 七巧板

七巧板是启发儿童智力的良好伙伴。它不仅能够把儿童对实物与形态之间的桥梁连接起来，在培养幼儿的观察力、想象力、形状分析及创意逻辑上都有巨大的发展空间；它还能帮助孩子认识各种几何图形、数字、认识周长和面积的意义，了解毕氏定理。总之七巧板的好处简直是数不胜数，它还能丰富人们的想象力，开发人们的右脑，防止老年痴呆症。

2. 数独

数独是一款逻辑性很强的的数字拼图益智游戏，不仅具有很强的趣味性，而且对我们的大脑非常有好处。老年人经常玩数独，可以使大脑处于一种兴奋的状态，有益身体的健康。成年人经常玩数独，可以保持大脑的年轻。小孩子经常玩数独，可以锻炼大脑，提高逻辑思维的能力和智力。同时，数独也是一种对智慧和毅力的考验。明看山穷水尽，却始终坚信会有柳暗花明，即使不断遇到挫折，却依然乐此不疲。在这看似简单的小小一方九宫格上，用自己所有的想象力、逻辑推理和创新思维，去感悟游走在成功与失败一线间的体会，它为我们提供了难得的体验机会！

3. 魔方

玩魔方是一种高雅的健身活动，它可以锻炼人的手脑并用能力，对培养人的动作技能都十分有效；可增强人的记忆力，丰富空间想象力；可培养人的耐力和毅力，训练手眼协调，提高记忆力。魔方的还原过程是一个观测、动作、思维集于一体的过程，而在快速还原过程中必须保持注意力的高度集中，手部运动的协调及思维的高速运转。魔方的练习是对意志的磨砺，它有竞技运动的一般特点且对于思维能力有极高的要求。转魔方多为手指运动，而这种肢体末端的运动对全身的内循环都有促进作用，有益身体健康。

创新型数学游戏

1. 折纸游戏

折纸的游戏，折纸的对象是一个正方形的纸张，留在正方形的纸张上的折痕揭示出大量几何的对象和性质。

2. 火柴游戏

火柴游戏就是两人一起玩，先置若干支火柴于桌上，两人轮流取，每次所取的数目可先做一些限制，规定取走最后一根火柴者获胜。

3. 河内塔游戏

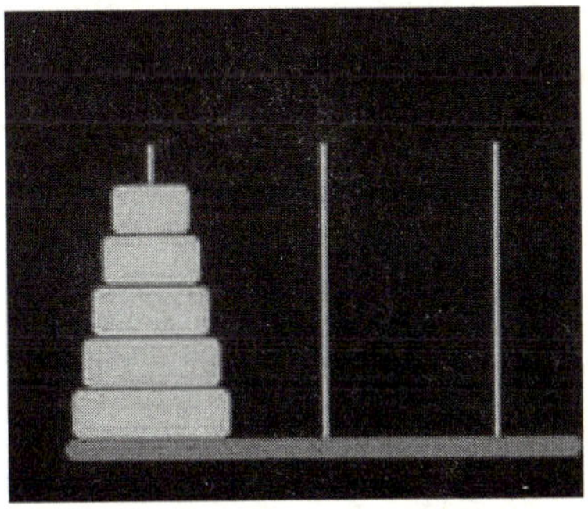

河内塔(又称汉诺塔)是一个源于印度一个古老传说的益智类游戏。传说上帝创造世界的时候做了三根金刚石柱子，在一根柱子上从下往上按大小顺序摞着 64 片黄金圆盘。上帝命令婆罗门把圆盘从下面开始按大小顺序重新摆放在另一根柱子上。并且规定，在小圆盘上不能放大圆盘，在三根柱子之间一次只能移动一个圆盘。

笑你，如永远的春花

《数学游戏》校本课程的开设，使孩子们学数学的兴趣与日俱增，学习习惯逐步养成。“感人心者，莫先乎情。”对数学教育来说，游戏的方法并不能代替一切，但如果在正规严肃的教学方法之外多为学生提供机会参加一些游戏，或至少提供一本好的数学游戏选集，即在教学中掺入游戏的精神，那么数学教育将会起到事半功倍的效果。游戏可以使任何水平的学生都从自己的最佳观测点面对每一个题材。学生除了学到数学的内容，体验数学的思维方式，还可以培养正确的学习态度：不同的思路、创造、动力、兴趣、热情、喜悦……在几年的实践与积累中，我发现“数学游戏”校本课程有着很大的魅力，其在数学教育中的有效性主要表现在以下几个方面：

1. 数学游戏是数学内容获得的有效方法之一。因为游戏为不同年龄层次的人提供了这样的机会——通过具体的经验去为今后所必须学习的内容做准备。例如，折纸的游戏，折纸的对象是一个正方形的纸张，留在正方形的纸张上的折痕揭示出大量几何的对象和性质：相似、轴对称、中心对称、全等、相似形、比例，以及类似于几何分形结构的迭代。折纸的过程也极具启发性：开始用一个正方形(二维物体)的纸张来折一个立体(三维物体)。如果折出了新的东西，那么折纸的人就把这个立体摊开并研究留在正方形纸上的折痕。这个过程包含了维数的变动。一个二维物体到三维物体，又回到二维，这就跟投影几何的领域发生了关系。

2. 数学游戏能传播和发展数学。在传播数学的过程中，数学游戏发挥了独特的作用。以游戏的形式表达数学思想比纯粹宣讲数学理论更易让大众接受。另外，某些数学游戏蕴含了深奥的数学原理和丰富的数学思想，使许多大数学家也为之着迷。

3. 数学游戏有利于学生数学思维的培养。数学游戏作为智力游戏的一种，在启发人的创造性思维方面有着重要作用。数学游戏问题的解法常常独辟蹊径，可谓“山重水复疑无路，柳暗花明又一村”。这极大地活跃了人的思维，扩展了解决数学问题的方法。例如，计算机游戏可以发展几何的空间感觉和意识；某些棋类或字母游戏提供了公理系统的体验，从而使游戏成为学生从具体过渡到抽象数学证明的桥梁。通过游戏也会使学生体会到数学的另一种精神：数学不是一门一成不变的课程，数学知识也不是绝对的真理，“数学是人类心灵的自由创造”。或者说数学思想是人的想象力的虚构物和创造物。数学世界独立于我们的现实世界，尽管它和现实世界以不可思议的对应联系起来，并成为人类认识自然界和认识人类社会自身的有效工具。这正是数学的奇妙所在。

4. 数学游戏可以培养学生正确的数学态度。这一点主要体现在两个方面。一方面，游戏是培养好奇心的有效方法之一，这是由游戏的性质决定的——趣味性强、令人兴奋、具有挑战性等。好奇心又为探索数学现象的奥秘提供了强大的动力。如果学生没有对于这门学科的强烈兴趣和探索未知问题的好奇心，那么数学学习将是一项艰苦而缓慢的工作。许多数学家开始对某一问题做研究时，总带着与小孩子玩新玩具一样的兴致，先是带有好奇的惊讶，在神秘被揭开后又有发现的喜悦。

5. 数学游戏可以培养学生集思广益、勇于创造的研究态度。数学游戏的课堂有适于学生主动参与、主动学习的活跃的课堂氛围，能使学生主动参与课堂教学探求知识，更好地发挥学生学习的主动性、协作性与创造性，从而培养学生的创新能力。小组合作学习模式可以产生“头脑风暴”，达到集思广益的效果，促进学生集体创新思维能力的形成，同时还可以提高学生的团队合作精神，提高学生交流沟通能力和公众场合的语言表达能力。学生在游戏时优势互补、相互支持、配合信任、接受分工，其智慧得到最佳体现，积极态度得以形成。

用你，应互相扶持

任何两个有关联的事物之间都是有相对性的，合理地发挥其优势，就能让对方得到更多的扶持。数学和游戏，原本两个独立的概念，碰撞在一起，也能激起炫美的火花。

1. 数学中玩游戏

课堂教学主要是学习知识，游戏是学习知识的载体。如平移、旋转、对称的知识，可以利用俄罗斯方块游戏，让学生在快乐的氛围中完成对知识的探索。俄罗斯方块是一种非常简单的游戏，而其中蕴含了平移、旋转、对称等空间知识。教学时可让学生先睁开眼睛自主玩(低级)，然后升级到蒙着眼睛由别人指挥着玩(高级)。因为只有上、下、左、右四个方位词是不能在指挥和执行中达到游戏平衡的。于是就发现了要配合默契，要达到快速准确，必须明确说明是下几格，左几格才行，也就是方向和步数兼顾才行，从而在玩游戏中知道了图形的变换的知识和技巧。

2. 游戏中学数学

和学生一起玩数学游戏，最主要的是要在玩中把数学知识渗透给学生，把数学多样性介绍给学生。让学生在玩中恍然大悟——啊，这也是数学？原来这里还有数学秘密！数学真是无处不在！数学真是好玩！如玩莫比乌斯带。这条神奇的纸圈，就像变魔术一样，学生会先想，一个纸条剪开当然是两个分开的纸条，一动手却发现猜错了，“为什么?”学生就会产生疑问！这时候观察、重做等都是学生急不可待的事情。第二次再猜的时候不像第一次那么草率，看了又看，想了又想，才说出自己的看法，动手实践后又是出乎意料……就这样克莱因瓶被第一次以数学的身份带到了学生的眼前，学生还会认为数学只是加减乘除吗?

爱你，要善于表白

通过数学游戏对于解决问题的效能研究，我觉得数学游戏经验有助于儿童创造能力的发展，有助于学生集中性思维和创造性思维的发展。数学游戏中以物代物的成分就是一种儿童的象征性思维活动过程。这一过程伴随着感知、概括、回忆、想象等复杂的心理思维活动。这种以物代物的象征思维的发展暗含着儿童抽象逻辑思维的开始萌芽为文字等高级象征能力的掌握奠定了基础。

我的策略

(1)数学游戏的开展要有明确目标。我们提倡课堂中采取游戏化教学，其目的在于更好、更有效地完成教学任务。如果为了活跃课堂气氛，盲目地、毫无目的地进行游戏化教学，将会导致课堂的混乱，其结果只能是徒劳的。所以，在进行游戏教学时，我们要将游戏目的与教学内容、教学目标有机地结合起来，使游戏的每一步都围绕教学内容与教学目标展开。

(2)数学游戏的开展要与多种教学手段相结合。每一种教学方法都有其优点，也有其局限性。因此在数学游戏开展的过程中，应该充分认识各种教学方法的特点，取其所长，避其所短，多种方法相结合。

我的情感

任何一种数学游戏活动的进行都蕴含着锻炼和发展儿童能力的条件。数学游戏能激发学生的学习动机，具有趣味性、互动性、挑战性、奇幻性，故能引发学生高度的学习热情。数学游戏具有竞争性及激励机制，学生可以与自己进行比赛，也可以与其他游戏者进行比赛，通过竞争可以提高学生的学习兴趣。数学游戏也能够适应学生的个体差异。学生的个体差异在教学中普遍存在，让每个学生都获得充分的发展是教学的重要目标。数学游戏能将教学任务从低到高设置不同的等级，适合从低到高不同的学习水平，可满足每个学生的需要。冰冷的态度、严厉的批评、单一的说教，都会关闭学生的心灵，甚至引起学生的逆反心理，老师的手段既需要“弹钢琴”似的巧妙，也需要春雨润物般的无声。三年后，参与“数学游戏校本课程”的孩子们以班级数学成绩年级第一的优异成绩毕业，开始了人生新的旅程。

我的田野笔记

我沿着足迹寻找幸福

有人说，教师的生命像一个长长的句子，艰辛是定语，耐心是状语，热情是补语；又有人说，教师的生命像一个根号，一沓沓作业本为他的青春无数次开平方。其实这些都只说对了一半，因为，对于幸福的教师来说，教育并不是牺牲，而是享受；教育不是重复，而是创造。我无时无刻不享受着教育的幸福，数学教学不再是简单的知识学习的过程，而是师生共同成长的生命历程，它五彩斑斓，生机勃勃，活力无限。我们只有创造一个开放、自由的学习空间，敏锐捕捉富有生命气息的教学资源，通过师生互动、生生互动的思想碰撞，才能促进智慧和健康心理的生成。这样，教学才会涌动着生命的灵性，课堂才能成为学生放飞心灵的天空。

精彩，缘于美丽的瞬间

在第七册数学书上有一道这样的题：你能借助 2 号杆把 1 号杆上的珠子移到 3 号杆而不改变珠子的上下顺序吗？最少移动几次？移动规则如下：(1)每次只能移动 1 粒；(2)大珠子不能放到小珠子上面。如果 1 号杆子上有 4 个珠子呢？

这样一道题，深深地吸引了我，在翻阅了一些资料之后，我将这个数学游戏作为校本课程的一个课例带领孩子们进行探究。

我将河内塔问题的来源用神话故事的形式呈现出来，“古印度的教塔里有三根金刚石的棒，从上到下有64个从小到大排列的盘子，庙里的僧人要按照神的旨意将第一根柱子上的盘子按照大小顺序搬到另一根柱子上，每天只能搬一次，大盘不能放在小盘上。可以利用其中的一根作为辅助”。孩子们对这个问题很感兴趣，但又摸不着头脑，都猜测着僧人们多少天可以搬完。有的孩子猜是64天，有的孩子猜是100天，还有的孩子猜是1000天。看着孩子们既好奇，又无从下手，我顺势提议通过玩游戏，来揭开“河内塔游戏”的神秘面纱。

我拿出事先准备的四个大小不一的圈，向学生介绍游戏规则，从简单的情形出发来研究这个游戏。

一个圈、两个圈的移动是那么的容易，孩子们操作起来都觉得非常的简单。轮到三个圈时，孩子们觉得有点难了。小泉第一个发言，他用了5步，先把小圈移到B棒上，再将中圈移到C棒上，接着把小圈移到中圈上，然后把大圈移到B棒上，最后把C棒两个圈移到大圈上。看似很自然，但马上有同学发现了他违反了游戏规则，因为一次不能移两个圈。小泉的方法虽不成功，但给大家带来了一些灵感。维康马上在他的方法上进行改进。第5步先把C棒的小圈移到A棒上，这样中圈就可以移到B棒上。最后只需把A棒的小圈移到B棒的中圈上。

4个圈的移动更是激起了孩子们思维的波澜。通过举一反三，在不断的游戏中，孩子们得出要移动15步的结果，并且获得了如下的信息：

圈数(个)	最少移动数(次)
1	1
2	3
3	7
4	15

在小组的交流活动中孩子们发现了规律，移动的次数，从1次到3次，增加了2次，从3次到7次，增加了4次，从7到15次，增加了8次，增加的次数都是翻倍的。也就是把前一次的次数乘2加1就是后一次的次数。这样的发现真的是太了不起了，我给予了孩子们很大的赞赏。

“那按照这样的规律，5个圈、6个圈、7个圈需要移动多少次呢?”

“31次、63次、127次”同学们应声而出。

“那么僧人搬动64个盘子需要多少天呢?”由于时间的关系，我没有带孩子们一个一个地推算，而是直接用课件出示答案：18446744073709551615

天，按照这样的规律搬完金属盘，大概需要505390249亿年。我告诉大家，这就是1883年，法国数学家Edouard Lucas提出的河内塔问题。

课后，我对这堂课进行了深刻的反思，这堂课之所以学生感兴趣，乐于参与得益于这几个方面：

(一)开发课程资源，挖掘课程亮点

实践证明，只有能唤起学生积极参与欲望的教学才是成功的教学。教材中提供了一些数学文化，如何传承和发展，要靠教师有一双慧眼，有一颗灵动的心。教师要充分挖掘其中隐含的活动的、探究的、开放的因素，原本枯燥乏味的题目，就可以变成生动又有趣的游戏。教师设法引导学生动手、动脑、动口，调动学生多种感官参与认知活动，使他们在具有丰富感知的基础上，理解掌握知识和技能，才能提高课堂教学效率。

神话故事的引入将孩子们带入了一个神奇的世界，使孩子们满腹悬念，疑趣相生。从简单的情形出发来探究数学游戏的规律，使孩子们不仅感受到了游戏的轻松快乐，而且学会了解决问题的方法，做到了知趣相容。这样的过程，实现了课程资源的最大价值。

(二)注重动手操作，促进自主学习

“实践出真知。”实际上，教师所传授的知识都是前人在实践中得到的。所以我们也应该让学生在学习知识的同时，用实践来验证知识，在实践中获取知识操作的过程就是知识应用的过程，也就是形成技能的过程。动手操作是学生实践的主要形式之一，学生学习数学只有通过自身操作活动和主动参与，才可能是有效的。在数学教学中适当引导学生动手操作，使学生多种感官参与知识的认识活动，使学生在具有丰富感知的基础上建立正确的概念，有利于知识的理解和掌握，而且能有效地培养每个学生主动积极的学习态度，充分发挥学生的主体作用，从而训练学生的智能素养，使他们形成良好的认知结构。河内塔游戏，其圈的移动变化过程是相当抽象的。如果没有学具的操作，孩子们光凭想象是极其困难的。孩子们通过移一移、画一画等感性活动，使抽象的知识具体化，大大地加快了思维的进程。这样脑手共用的过程，既帮助学生突破了难点，又培养了学生的自主探究精神。

(三)“平等对话”，营造和谐的课堂生态

克林伯格说得好：“在所有的教学中，进行着最广泛的‘对话’……不管哪种教学方式占支配地位，这种相互作用的对话是优秀教学的一种本质性的标志。”这种“平等对话”，并不能简单地理解为语文课堂上的师生问答，还意味着师生共同参与、倾听、表达、探讨、沟通、评价、欣赏、分享，强调的是师生心灵的相互沟通，每个人都有所“听”，有所“思”，有所“说”。师生之间相互尊重、信任，在对话主体各自向对方的“精神敞开”和“彼此接纳”中，围绕有关内容，进行理性的碰撞和情感的交流，通过多向沟通，共同学习、共同分享对话的收获。在数学游戏活动中，当学生的思维出现混乱时，总有其他同学善意的提醒，以及共同积极的思考。在发现移动圈的规律时，大家又都能享受喜悦，分享成功。

博爱，最是那一低头的温柔

当教师就是这样，就连平时以喉咙好而自居的我居然也嗓子哑了，孩子们也真算懂事，课堂上我轻轻地说话，他们也静静地倾听、轻轻地回答，就连我做一个小小的手势，他们也能很快地领会其中的含义。两天下来，我的喉咙还是哑的，无法将我激情的语音脱口而出，无法让孩子们听到我往日铿锵的声音，真有点烦！今天的课堂上，总觉昔日乖巧聪明的陈金龙老是两只手不知捏着什么，东张西望的，我有点生气，这个时候，小家伙居然还敢让我“烦上加烦”！“陈金龙，你给我站起来！”我破着嗓子，忍不住激动地喝了一声，孩子们都看向他，他的脸顿时涨得通红。“你，你在干吗？为什么不认真听课！老师都已经这样了！你还不听话，你在玩什么？”我不管三七二十一，劈头盖脸地将他数落一番，只见他支支吾吾：“我……我……”半天才把左手展开，“喉片！”我心里“咯噔”一下，“老师，昨天我和妈妈一起去买的，给您的！”陈金龙鼓起勇气说出了心里话：“本来下课时要给您的，可在办公室没看到您！您讲课的内容我都听懂了！”我感觉脸上一阵火辣。众目睽睽之下该怎样收回刚才的愤怒接受这片美好的心意呢！我接过喉片，转过身来，在黑板上写了七个字：“谢谢，老师爱你们！”接下来的课又是在安静而有序的情境中进行的，那忽闪着的一双双美丽的眼睛是最好的祝福。

感谢孩子们在我生活中留下这样一个小片段，平时对他们的爱心教育在我的身上得到了收获，同时，我也反思，评价一个孩子的行为不能根据教师的心情而定，要给孩子制造一个良好的教育环境，教师的言行切忌在了解学生不充分的情况下就来就事论人。正如德国教育家第斯多惠要求的“教师只有当你不断地致力于自我教育的时候，你才能教育别人”。

在教育这片净土上，我以饱满的热情，不懈的努力，满载着知识与力量，如痴如醉地播撒着爱的阳光。在校本课程的开发与研制中，我与学生共同学习，共同成长，校本课堂涌动着生命的灵性，留下了智慧演绎的诗篇，奏响了心灵流动的乐章。校本课程的深入开展，使我占据了一个个制高点，逐步实现着人生理想。这门丰富多彩、异彩纷呈、生动活泼的课程，也将以其自主性、开放性、实践性和探究性为教学实施提供一片更广阔的天地，使学生在成长的过程中，拥有更多的美好记忆！

六、在数学教育中学会“舞蹈”

姓　名：张凌云

1992 年 9 月至 1995 年 7 月在 湖南第一师范学校 就读

1995 年 9 月至 2005 年 7 月任教数学

2005 年 9 月至今在长沙开福区清水塘小学工作，任教数学

最喜欢的书：《静悄悄的革命》《教育是慢的艺术》

最喜欢的运动：爬山　羽毛球

任何事情缺少激情，就像喝白开水一样，淡而无味；而一旦注入激情，即便不那么完美，也会富有感染力，充满动人的力量。

成长之路

猛然醒悟，爱上数学

历史已经证明，而且将继续证明：没有相当发达的数学文化的国家是注定衰落的，一个不掌握数学的民族也是注定要衰落的。（齐友民先生语）

……

一个优秀的数学老师站在讲台上，他就是数学！他的身上应该自然散发着一种独特的数学光华与气息，一种源自理性、智慧、思辨的内在气质。

当在《小学教学》中看到这段话，我被深深地震撼了，仿佛突然明白数学教学的价值所在，心情豁然开朗，一种无以言表的职业自豪感从心底油然而生。从那时起，我开始狂热地喜欢数学，喜欢上数学教学。此后，我多次拜读这段话。每次读完，总是心潮澎湃，心情久久不能平静，很长时间都沉浸在数学教学的喜悦、兴奋之中。也由那时开始，我把自己的激情与热忱都开始倾注在数学教学之中。

充满激情，热爱数学

欧洲有一个民族，他们见面打招呼的方式很特殊：“你有激情吗?”今天我才明白了他们这样问候的深远意义：只有当你有激情的时候，你才会愿意

付出，才会主动付出，而不在意回报。爱情是这样，生活是这样，工作亦然。

"只有教师自己被数学所感动时，他才能自觉地、不失时机地用数学的魅力去打动学生"(摘自《小学数学》)。工作中，我发现一旦开始倾注自己的激情，原本单调、枯燥的教学就变得有滋有味起来，人也变得充实而快乐！

教学中失误也好，成功也好，全部被我当成生命的一种经历，一种有益的体验。随着心态的转变，认识的变化，我也不再斤斤计较一时的得失。

我将这精神贯穿在平常的教学之中。每学期我都坚持上教研课、公开课，上课我敢于暴露自己的问题，面对自己的不足。我不抱怨、不畏难，勇敢挑战自己，磨炼自己，努力提升自己的教学水平。《比赛场次》让我明白有效引导的重要性；《组合图形的面积》使我懂得展示方法多样化的同时要注重方法的优化；《打电话》《棋盘中的数学》让我理解"解决问题"中"策略"的深远意义；《报数游戏》让我知道教学应具有的深度……

多次的试教，上课，也让我渐渐明白：上公开课、研讨课，不是为了哗众取宠，不是为了争一时名利，而是应该反映你对教材、教法的思考，让学生更懂得数学，更热爱数学。简而言之一句话：办实实在在的教育，做踏踏实实的人。

教学相长，共同进步

在学习《世界数学通史》时，我发现数学在某个地域高度发展时，当时一般都有相对比较宽松的政治环境、人文环境。自由的环境给了数学家充分发挥自己智慧和才干的机会，思想上的自由促使了数学的高度繁荣。我把这点体会融入平常的教学之中，尽力提供一个民主、和谐的课堂氛围，引导学生把所想、所疑的问题及时说出，确保学生有一个畅所欲言的宽松课堂。

久而久之，学生敢于在课堂内提出自己的问题，愿意表达自己的疑问。随着学生疑问的不断提出，讨论的不断深入，从中我也受到启发，获益不少。如：

三角形有稳定性，还有什么图形有稳定性？

数据：1，1，1，2，2，2 中的众数是几？

圆周率等于周长与直径的比值，为什么它却是一个无限不循环小数？

能写出两个数，使它们相除的商等于无限不循环小数吗？

$23\div x=7\cdots\cdots2$ 是方程吗？

……

随着学生一个个问题的提出与解决，我完善了自己的知识体系，弥补了自己知识上的漏洞，也让我更好地理解了数学知识。在教学中，很多次经历也让我相信：自己解决不了的问题，学生可以解决，甚至可以解决得很漂亮，很有创意。

虚心学习，博采众长

“虚心使人进步。”这是我牢记并恪守的名言。

从教数学以来，我时刻提醒自己要虚心，虚心别人才会愿意帮助你，自己才会获得进步。我一直谨怀一颗谦虚之心，真诚地向有经验的老师学习。

记得第一次上研讨课，老师们给我提的意见多达二十几条，我都认真一一记录。对我能理解的，我尽快予以“消化”；不能马上领悟的我会常常再翻看这些意见。也许是天资比较愚笨，有的意见我到两三年后才明白。领悟时间虽然长，但当我突然明白时，那种豁然开朗的感觉让人难以忘怀。事后，我会从心底非常感谢那些给我提过意见的人。从学习和顿悟中，我逐渐寻找出自己的一个优点：我能从一个老师提的意见中看出他的一些教育思想，并以此比较自己与他的差距。

广泛阅读，增强底蕴

“尽可能地多读书吧！”张文质教授发出这样的倡议。

书能增长见识，滋养心灵。为了拓宽自己的知识面，我有意识地开始读一些自己感兴趣的书籍，书籍的阅读让我备感充实，有些困扰也随之解除。如《世界数学通史》让我了解了一些数学问题的起源；《数学家的故事》让我开始明白数学教学的出发点和根本。

“如果您的教学能够很好地体现数学思维，您就是一个智者：您给学生带来了真正的智慧。然而，如果您的数学教学能给学生无形的文化熏陶，那么，即使您只是一个小学教师，即使您出身偏僻的深山或边远地区，您却是一个真正的大师，您的生命也会因此而充满真正价值。”（摘自《小学教学》）这是我很喜欢的一段话，它不断鼓舞着我，激励着我，使我在小学数学教学这块土地上快乐地耕耘，我明白自己的价值。希望有一天，我能在这片乐土上有更大的收获；也希望有一天，自己能走得更远……

研究之旅

如何开展发展性评价研究

我担任了六年级数学科的毕业监考工作。下了出租车，快速奔向教室，头脑中呈现的是学生安静地坐在教室等待我的场景。两分钟后，我到达“考场”。咦，还没来一个学生。这使我想起 1997 年担任小学六年级数学毕业监考工作时的情景：那时，要凭高分才能进入重点中学。每个考场的黑板上都写着“沉着冷静，考出佳绩”的字。原本轻松的心情，看到这些字便不知不觉地紧张起来。学生们顶着烈日，提前20分钟就到了考点。考试时教室非常安静，那气氛俨然高考一般。而现在学生们不再那么紧张了，也不提前来那么早了。来了的，每人手里拿着一瓶水，优哉地打着招呼。此时，学生已不再是经历一次人生的考验，因为到哪所中学是微机派位，这次考试成绩不能决定自己的“前途”。才2：27，还有3分钟，学生还在教室外聊天。我走出教室，吹吹风。

2：30，铃声响了，我开始发卷。学生拿卷后开始作答。我坐在一张椅子上，环视四周，只等90分钟后收卷。

半小时后，学生开始不断问我一些问题。这些问题打破了我平静的心，使我开始了思考。现在把这些花絮记录如下：

1. 题目：在2，1/2，2%，0.2这4个数中，2是(　　)数；1/2是(　　)数；0.2是(　　)数；2%是(　　)数。

一个学生拿着卷子，他填的答案是：2是最大数；1/2是第二大数；0.2是第三大数；2%是第四大数。

生：老师，这一题是写叫什么数，比如自然数，分数吧？(我点头)幸好我问一下，否则，我就会扣很多分了。

其实按他的填法也没错。可是，阅卷老师会怎样评呢？

2. 题目：判断：正方形、长方形和平行四边形都是特殊的四边形。

生：特殊的四边形是指什么？(我用疑惑的眼神望着他，他的问题让我觉得惊讶。)

生解释道：我们老师没有教过，我没有学过特殊的四边形。只学过长方形、正方形是特殊的平行四边形。(我没有回答他的问题，他嘴里念着什么回到了座位上。)

3. 题目：文文喜欢做植物生长实验，本星期一早上，文文量了自己种植的一棵花树，正好是154厘米，比上星期一长高了67厘米，上星期一这棵花树高多少厘米？

生：是这样做吗？(我看到他的算式是：154－67÷6×7＝78－　)(你认为呢？我望着他，发现他是个数学很好的学生，因为我曾经给他上过奥数课。)

生：难道是154－67，这么简单，还占6分，不可能吧？(我笑了笑，没有作声。这是一道二年级的数学题呀！)

4. 题目：有两盒长6分米，宽4分米，高2分米的长方体饼干盒。

(1)计算一盒饼干盒的体积。

(2)如果要将这两盒饼干盒包在一起，至少需要多大的包装纸？请你画出你选择的包装方式。

生 1：这是两盒的长，还是一盒的长？(她手指着“有两盒长 6 分米”中的两盒。)

“两盒的长都是这样。”我回答。她似乎明白了。“理解能力怎么这么差？”我叹了一口长气。

生 2：这道题要计算吗？(手指第二小题)“你说呢？”我微笑望着他。

生 2：“题目中没有说要计算。”他皱着眉头说。

是呀，题目的问题没有计算两个字，但是问需要多大的包装纸，不就是用我们学的数学知识来解决实际问题吗？不经过计算，结果又从何而来呢？

5. 题目：李老师的家庭是一个三口之家，家庭月收入是 2500 元。

(1)李老师家每月拿出多少元消费比较合适？为什么？

(2)下表是李老师家的月消费结构，请你算出每项消费所占的百分比？(表略)

生 1：这道题已经告诉我了，还问干什么？(他手指第一小题。)

生 2：这道题怎么做？老师又没教我？(他手指第一小题。)

我对他们说：“意思是你认为该怎么消费。”

生 1：我认为不要消费。

我点点头：“那也可以，只要说出合理理由就可以。”

生 2：那肯定会扣分喽！

……

从学生的提问中，看得出他们答题时的小心翼翼，感受到他们思维的狭隘、面对实践题的束手无策、对开放题的茫然。90 分钟终于过去了，原本以为考完就没事的我，却思绪万千，心情久久不能平静。之所以有这么多感想，可能是因为我是一名课改实验教师吧！两年的课改，加之今天的监考，使我深切地感受到：教师的教育理念对学生的学习方式、思维方式，以及学生对自己的信心会产生截然不同的影响。它使我再一次深深感受到：课程改革势在必行。作为一名实验教师要不断反思自己的教学、育人行为，使我们的下一代在世界之林中具有竞争力！从本次考题中，可以深刻地感受到课改的气息，大量题目与生活联系紧密、注重学生用数学知识解决实际问题、注重学生的创造性发挥等。但是，只要我们稍加思考，不难发现，有些题是为了联系生活却不切实际，比如本文中题 3，结果是 87 厘米。粗看是联系学生的生活，可是有哪一种花树一星期能长 67 厘米呢？可见，要想联系生活，又想不脱离实际，还需要我们冷静地思考。

激励性评价伴学生成长

在学生已接触过简单统计表、象形统计图的基础上，我们组织学生在统计这一单元中识读简单的统计表，认识条形统计图，根据统计表中的数据进行分析，并做出一些简单的预测，还组织学生参加了简单的实践活动，经历收集整理数据的过程，并教他们在方格纸上画条形统计图。

对于统计这一部分内容的学习评价，我们首先曾依照传统测验的惯例，出了一份自认为挺不错的单元检测试卷，卷中无非是为学生或多或少地提供一些这样或那样的数据，让他们根据这些数据填表、画图，再回答一些老师提出的问题。这些试题密密麻麻排了两大版，按照以往的经验来说，这一次测试应该能够比较全面、客观地评价每一位学生对本单元的知识与技能的掌握。而测评的成绩出来以后，对学生、家长，甚至对教师本人都是一个最简单明了、最具有说服力的交代。但不知道为什么，总感觉作为监考老师的我坐在高高的讲台上，就像是一个自以为是的幕后操纵者，而坐在台下答卷的学生则一个个像是被操纵的傀儡，他们眉头紧锁，一脸的紧张与不安，小心地答卷，唯恐自己出错丢分；小心地护卷，唯恐别人抄袭到自己的答案，脸上完全失去了以往数学活动中曾有过的动人光彩，那一份曾让我自认满意的试卷仿佛就成了一堵生硬冰冷的墙，将一个个学生孤立起来，将一个个问题孤立起来，同时也将我们对学生的评价孤立起来。甚至，在我还没有批改试卷的时候，我就预感到本次传统测验的失败。果然不出所料，这边的检测成绩还没完全评判出来，虽然也有学生和家长前来询问(我可以从他们的脸上读到他们内心的忐忑不安)，但是还有更多的同学对这次检测结果，表现出一种消极的、被动地等待(我在与他们的交谈中读到他们的不屑与无奈)，我为此感到沮丧和不安，带着自己与学生的困惑，我开始同自己的伙伴交流，向自己的专业导师寻求帮助。我有幸从导师处借到并拜读了一系列有关“促进教师发展与学生成长的评价研究”的文献资料，还有幸在一次次学习例会中提出自己所遇到的问题并与本科及其他科目的实验老师交流；在交流中，我们发现，我们原来有很多东西需要从彼此身上摄取获得，我们在彼此的交流中获得了不少信息和灵感，虽说有的办法还不一定奏效，但至少我感觉，我们不再是“孤军作战”。我们为着同一个目标进行合作，走到一起。我发现，语文、生活、艺术等学科都或多或少地存在着不知道怎样才能有效地对学生进行评价的问题，通过学习交流我们一致认同“好的评价就应该是学生学习的一部分”“应当尽可能地在真实的、生动的生活情境中多元地评价学生的表现”“考察测评的内容要与学生的课内外生活紧密联系”“合作的学习方法应在测评中得到更好地推广”……最后，我们商议从数学背景切入，根据课程的综合化要求，有机地融合各个学科目标，尝试通过“种豆芽”这一学生颇感兴趣的真实的表现性活动测评，全面测评与发展学生的综合素质。

将不变的学科评价目标加以整合，冠以不一样的测评理念与方法，最终导致截然不同的评价结果。

老师发给每位学生三颗浸泡过一夜的豆子，在为期一周的活动时间内要求学生独自或分组合作照顾并观察这几颗豆子，待其发芽后，每天坚持测量豆芽的长度并记录下来。最后，要向老师提交一份豆芽生长情况统计表及相关的条形统计图，并结合生活课上掌握的“针对某一主题(或活动)展开观察实验的方法”，运用学生掌握的“自己身边的事物开展研究”的基本技能，完成一份相关或几份相关的“观察记录或讨论记录”；还能把自己经历的这一活动过程有条理、有详略地叙说出来，或用一段(几段)文字记录下来，让别人了解种豆芽的故事以及你的点滴收获，另外还要收集一些相关的图文资料(拍照、绘画、摘抄等均可)……以上活动材料最后以“活动记录袋”的形式上交，并将作为一份专题材料纳入自己的个人成长记录袋中。材料的真实完备与否，将直接影响你的本次测评成绩。

我们的评价标准是：获得“优”等的材料，必须是自己亲历活动全过程，收集并整理好真实的数据与信息。统计图表的数据填写要规范并与实际相吻合，观察记录要具体、细致，并有自己的特色，文章语句通顺有条理、详略恰当；有一定的图片或文字材料作为活动记录的补充。次之则有“良”、“合格”和“待合格”之分。

第一轮活动测评实况录播：

第一天：学生们一个个兴高采烈地捧着几颗豆子回家了。

第二天：我还没有进教室，就有同学迫不及待地跑来告诉我：“老师，我们的豆子脱壳，长芽了，最长的一颗豆芽有 5 毫米长呢!”……

第三天：我发现课间有同学在自发地围在实验园地比试谁的豆芽长得最快最长，胜利者一脸得意，还不失时机地向自己的密友面授“成功秘诀”。

第四天：学生的热情明显下降了，我粗略地统计了一下，有近 2/3 的人实验以失败告终，究其原因，可谓名目繁多：有疏于料理，干死的；有保管不慎，遗失的；更多的是，只看不记，没有及时做好数据测量与统计的……

第五天、第六天、第七天：实验宣告失败的人数在累加，我则不动声色，强耐着性子，期待奇迹的出现。

第一轮实验结束了，我按捺住内心的伤感，高举着仅有的两盆因呵护良好而长得生机盎然的豆芽走进教室，孩子们的眼睛齐刷刷地盯着我手中的豆芽，脸上的表情显得很复杂。当他们得知，这两份看似都成功了的豆芽实验，只有一份是合格的(因为另一份在实验中收集的数据遗失了)，他们开始坐不住了，纷纷站起来，表达自己的想法，我则不失时机地抓紧时间为他们讲了“陈景润”和“牛顿”等人的故事。最后，孩子们自己提出：在哪里失败了就要在哪里爬起来，“持之以恒”才能取得最后的胜利。那天，我看到有不少的孩子在自己的数学日记中写下感人至深的句段，他们给自己提出新的要求，也给我不少的启示与鼓舞，让我重又燃起热情，用更科学的实验态度、更有效的指导方式，与孩子们一道继续我们的测评，继续我们的学习。

虽然第二轮，甚至是第三轮测评活动中，仍有失败的(这些在孩子们的活动记录材料中有真实的笔记)，但我以为，我们的这次尝试是成功的。这不仅仅是因为他们亲历整个活动的过程，收集、整理到了真实的数据，并准确填写了相关的统计图表，还写了不少颇有个性特色的观察记录(有表格式的、有纯文字叙述的、有图文结合式的等)；当然，我们还收到了不少与“种豆芽”有关的精彩文章；他们或是配上孩子们自拍的照片，或是配上从少儿百科全书、从网上收集到的有关“植物的生长”的图文资料，组成一份最真实、最丰富、最具说服力的测评材料，让人真真切切地体会学生的成长与进步，我们的评价成为学生学习的组成部分。

测评活动材料摘录：

最灿烂的一笑：张维正同学手捧自己成功培育的豆芽，笑得格外灿烂。

最美丽的图画：(学生的想象画)枝繁叶茂的棚架上，长大的豆芽显得格外美丽，结满了金灿灿的豆子，扎小辫的姐姐和顽皮的弟弟提着篮子在收摘自己的劳动果实。

最规范的统计图表：(学生的统计图表)李奇同学自己绘制的豆芽生长情况统计表和相关的条形统计图。

最动人的期盼：我期望我的豆子是班里同学的豆子里长得最快最长的一颗豆子。

最煽情的道理：无论做什么事情，只要我们努力去做，就会成功。

最困惑的实验者：刘盼——我不知道为什么，老师发给我和同伴许天洋一粒缺了一小块的黑豆子，但是只要我们细心照顾，它一定也能长好。

最执着的追求者：朱媛媛——一遍、二遍、三遍……终于种出了一大盆豆芽。

最认真的学习者：刘钰——测评实验的第一位成功者。

最不可思议的梦：我梦见妈妈把我种的豆芽做了一盘菜——炒豆芽，好吃极了。

最合作的小组：雷曼仪、吴玥瑶、李奇、李捷勇小组(他们分工合作，最终取得实验的成功，还各尽所长、齐心合力办了一份实验专利)。

最与众不同的发现：我发现豆芽在前几天生长的速度差不多，但是后来越长越快，在第5天长得最快。

……

激励性评价伴学生成长。

反思之乐

学生的方法

"求一个数的几分之几是多少，用乘法。"这是学习分数乘除法中一个重要的结论。如12的$\frac{3}{4}$是多少？列式：$12\times\frac{3}{4}$。12的$\frac{3}{4}$按照分数的意义：将12平均分成4份，表示其中的3份是多少。根据这个意义列式应该是$12\div4\times3$。为什么是$12\times\frac{3}{4}$呢？

带着这个疑问我请教了几个同事，有这么几种回答：

1. 12的$\frac{3}{4}$可以看作$\frac{3}{4}$个12；
2. 重新认识分数的意义，再慢慢感悟；
3. 用图示说明(如教材所示)。

这几种回答我并不太满意：第一种说法中"$\frac{3}{4}$个"显得比较牵强；第二种回答就是我的疑问，因为根据分数的意义就应该列式为$12\div4\times3$；第三种直接得出的算式恐怕也是$12\div4\times3$。

怎么办呢？交给学生试试，看他们有什么创造性的见解。因为我一直有一个信条：相信学生，你的课堂就会有无限的精彩！于是我设计了这样一个问题：小强有12张邮票，小勇的邮票数是小强的$\frac{3}{4}$，小勇有多少张邮票？学生根据上节课的学习，很快列出算式：$12\times\frac{3}{4}$。肯定学生的答案后，我紧接着说："小强的$\frac{3}{4}$就是12的$\frac{3}{4}$，那12的$\frac{3}{4}$为什么用12乘$\frac{3}{4}$呢？请你们想办法说明为什么用乘法。"然后我将全班分成几个小组进行小组讨论。当学生进行汇报时，我真是大开眼界，几种说明都让人有耳目一新的感觉。这些方法分别是：

方法1：证明法：根据分数的意义列式为：$12\div4\times3$

$$12\div4\times3$$
$$=12\times3\div4$$
$$=12\times(3\div4)$$
$$=12\times\frac{3}{4}$$

方法 2：运用“复杂问题简单化”的策略（这是我在课堂内最喜欢运用的一种策略）：先将 12 改成 2，$\frac{3}{4}$ 改成 $\frac{1}{2}$。题目也就变成求 2 的 $\frac{1}{2}$ 是多少？2 的 $\frac{1}{2}$ 结果是 1。而 $2\times\frac{1}{2}$ 也等于 1。所以用乘法。（其实这种方法运用的是用结果反向验证算式）

方法 3：方程解法：（受第 2 种方法的启示，学生在这一种方法中用了第 2 种方法的数据。）

解：设小勇有 x 张邮票。

$x\div2=\frac{1}{2}$

$x=2\times\frac{1}{2}$

方法 4：逐份递加法（这是我最欣赏的方法）：每次分数的分子加 1，即增加 1 份，再增加份数的过程中去发现规律。

12 的 $\frac{3}{4}$；

12 的 $\frac{4}{4}$：$12\times\frac{4}{4}$（$\frac{4}{4}$ 即将之平均分成 4 份取 4 份，也就是 12 的 1 倍，12 的 1 倍列式为：12×1）；

12 的 $\frac{5}{4}$；

12 的 $\frac{6}{4}$；

12 的 $\frac{7}{4}$；

12 的 $\frac{8}{4}$：$12\times\frac{8}{4}$（$\frac{8}{4}$ 很容易看出表示的是 12 的 2 倍，12 的 2 倍列式为：12×2）。

12 的 $\frac{4}{4}$，12 的 $\frac{8}{4}$ 都是用乘法，那么其他的四分之几都应该用乘法。

这种方法的发现让我倍感激动，每每向其他同事提及总是自豪之情溢于言表。时至今日，我总觉得它的价值不仅仅是证明了用乘法，而更是将乘法的意义扩展至分数、整数、小数各个领域(因为分数分子的递加、递减可以形成整数、分数、小数);更是实现了分数的份数同倍数之间的联系，同时演绎出一种由特例到一般的归纳方式。这些方法的得出，再次使我深信：相信学生，给你精彩!

关于0的讨论

“不对，0不能做被除数。”一个学生语出惊人。这个学生在我班上数学成绩不错，思维活跃，数学方面在班内很有影响力。他出人意料的回答、肯定的语气，让不少学生陷入了沉思，有的开始悄悄翻数学书……

“不是，应该是0不能做除数。”很快有人表示反对。

这个学生刚一坐下，教室里马上有了议论声。见此情景，我故意等待了片刻，然后问：“那到底是0不能做除数，还是不能做被除数呢?”可以说这个学生的回答彻底改变了我的教学设计，我原先设计是在学生回答出0不能做除数后，然后让学生自己阅读书上的证明过程，有疑问再进行解释。因为毕竟在三年级的时候，就学过“0不能做除数”这个知识点。因为学过，我没有想到有人会说“0不能做被除数”。他的回答对我来说是个意外，但我也明白这在课堂上是可遇而不可求的。在另一个班上讲同一个内容时，就没有人提出这样的问题，课堂上总感觉少了一些什么。课后，在反思这次教学时，我仍为自己在教学中关注了学生的自主思考，感到一丝窃喜。

“0作为被除数可不可以呢?我们来看这个数式：0÷2=□。□里面可以填几呢?(学生很多猜测是填0。)那你们能不能用我们刚学过的知识验证一下，你能把它变成另外一种形式吗?□×2=0。□里面是填几呢?(学生异口同声地说填0。)”

“下面我们来看0做除数会怎样呢?2÷0=□，将这个算式变成乘法是□×0=2，这时□里可以填几?(学生思考一会儿后都说填不出。)大家填不出，也就是说找不到答案。那为什么找不到答案呢?(因为0乘任何数都等于0，不等于2。)”

“0到底是不能做除数还是不能做被除数?”我高声问道。“0不能做除数。”学生响亮地回答。

课上到这里，我感觉已经水到渠成，心里长舒了一口气。本以为这下可以放心进行下面的教学了，这时一个女生又举起了手。

“张老师，刚才除法是用乘法说明的，那乘法是不是可以用除法来说明呢?”

“什么意思?!你继续说。”我不置可否。

“您看，2×0=0变成除法算式是0÷0=2，根据刚才所说的：0不能做除数，所以……”这个女生“所以”后面因为一时没找到合适的词语，所以没有表达完整。我想她可能是想说“所以这个算式不能成立，那怎么能说明 2×0 等于 0 呢?”时隔一年多，回过头再来看，这个女生提的问题应该说相当有水平，很清楚地记得：我当时就愣住了。

“另外，根据 0 除以一个非 0 的数应该等于 0，不会等于 2。”她见我没有回答，马上又说。

我想了想，对此做出了这样的解释：“乘法有交换律，交换因数的位置，它们的积不变。2×0=0×2，0×2=0 变成除法算式：0÷2，0 除以任何非 0 的数都等于 0。”

这个女生似懂非懂地坐了下去，当时我很庆幸自己找到一个比较有信服力的说法。可是不久后，当我再次想起学生的提问，心中又充满了疑惑：除法可以用乘法来证明，为什么乘法却不能用除法来证明呢？我用的交换律来说明的方式合理吗？还是数学书上的证明方式有其局限性？

“叮……”随着优美的铃声响起，下课了，有关 0 的讨论也停止了，但关于 0 的疑惑在我脑中却久久挥之不去……

七、读懂学生　快乐前行

姓　名：李妙娃
所在学校：开福区四方坪小学
从教年限：23 年
最喜欢阅读的书：《读者》《第 56 号教室的奇迹》
最喜欢的运动方式：听音乐　爬山

成长之路

（一）

家中有两个当老师的阿姨，从小我都在学校里长大，很多人都以为我是哪个老师家的孩子。小时候也常和小伙伴玩这种游戏：找来一块木板和几支可以写字的笔，自己当老师，找几个娃娃或几个小朋友坐在下面当学生，给他们上课，当时在我们纯真的心中，教师是"上帝"，是"先知"，是崇拜的偶像，因此大家都玩得乐此不疲。就这样，在耳濡目染的熏陶及我朦胧的理想驱使下，我的中考志愿填报了湖南宁乡师范，为自己的教师梦走出了坚实的第一步。三年后，18 岁的我回到原来的母校当了一名小学老师。

（二）

其实我很想说，教师就是教师，是一个永远与孩子一起学习一起成长的人。

记得那是我第一次上课，一群可爱的小孩，他们用好奇的眼睛和试探的心来认识周边的一切。踏上讲台，第一次站在前面说："小朋友，你们好！"心里感觉还是很别扭。可是当听到孩子们用清脆、整齐、响亮的嗓音说："老师好！"心里那一刻就如被清新的泉水叮咚叮咚地敲着。

由于刚踏上工作岗位，学校为了让我们尽快地熟悉环境、完成角色转换，对我们青年教师进行了一系列的培训。只是那时的我初出茅庐觉得这种培训没什么意义，总希望老教师给一个明确的、具体的做法或模式让我参照就可以了，这样既省劲，又不费心，教材的处理、教学环节的设计、课后练习的安排等，无从下手的困扰没有了，每天上完课感觉是那样的轻松，那时的我以为教学就这样简单。

可是，渐渐地我发现自己的课堂缺乏活力、了无趣味，除了少数几个孩子在比较认真地听讲之外，其他孩子表现出很淡漠的样子。每当我提问问题的时候，下面几乎都是一片沉默。这样的教学效果当然不好，我十分沮丧却束手无策。再去听其他教师的课，看到人家课堂上那热烈的气氛、活跃的场面，那时的我感到很不解：一样的知识，一样的讲解，为什么效果却差这么多呢？记得曾经听过这么一句话：教师和教师不同，孩子和孩子也不一样，不同班级的孩子，有不同的学习特点，教学是一个互动的过程，需要教师根据具体情况加以变通和取舍。别人的教案和课例，只能作为一个参考，教学还是得有自己的东西啊。

带着这样的认识，我开始投入到学习中去，开始学着去听取别人的意见和想法，开始学着去转换自己的角色，开始学着去设想在教学活动中可能出现的问题，开始学着去进行课后反思，开始与孩子们一起进行游戏、互动和交流，开始走进孩子的世界感受他们的快乐与忧愁。于是就经常听到孩子们说："老师，你今天穿新衣服了呀，我妈妈也给我买新衣服了。""哇——你们看今天老师穿裙子了。""老师，我想和你拉手。""老师，你今天怎么不给我们讲故事听了。"还经常会看到三四个小朋友坐在一起，然后各自拿着自己喜欢的书本说着自己书里的小故事。有小朋友会跑过来和我说："老师，老虎喜欢我的，大灰狼也喜欢我的，它们都不会来咬我！"围坐在旁边的小朋友也赶紧补上几句："它们也喜欢我的，不乖的小朋友它们才去咬。"这一幕幕，让我觉得孩子的天真并非只是天真，他们也有自己的想法和意见，只不过在他们的世界里，自然界所有万事万物都是活的，他会觉得小花枯萎是因为花儿生气了，他们会很天真地和娃娃讲悄悄话，这个时候我们就会发现孩子们的思维变得活跃了，变得丰富了，变得有个性了，没错，他们在进步，他们在成长。

从与孩子格格不入到一起游戏、一起玩耍、一起快乐，我觉得我和孩子在一起成长，虽然我比他们大，虽然我是他们的老师，但如果在我的世界里少了这些孩子，也许我的生活就不再那么有色彩，写到这里，我忽然想起一首儿童歌曲，我想用它来延续我的梦想："我有一个美丽的愿望，长大以后能播种太阳。播种一个就够了，他们会结出许多许多的太阳…… 到那个时候世界每一个角落，都会变得温暖又明亮！"

教师是在课堂中"学会教学"的，是和学生一起在教室里成长、进步的。课堂是我们教育思想生长和实践的土壤，这是我们教师成长和发展的规律。教师只有在课堂中才能丰厚自己的教学底蕴，提升自己的教学经验，在教学发展中求得不断拓展。

（三）

教师成长的最好方法就是学习，学习，再学习。"学而不厌"体现的是教师的不断进取。作为一名有理想、有追求的教师，只有做到“学而不厌”，才能保证教学的源头活水，才能创造有生命、有活力的课堂。

1997年因参加一系列赛课活动被区数学教研员盛建武老师推荐向全区展示，后加入到长沙开福区教研室主体教育实验数学班培训。在培训期间经常得到名师和专家的指导，有了与学员之间的相互交流、切磋的机会，使自己对教师这个职业有了重新的认识，在数学教学的心理学知识、科研的方法、课堂教学的艺术形式方面都获益匪浅。

在以后有了出去学习的机会，有幸聆听了吴正宪老师、黄爱华老师、华应龙老师、张齐华老师、徐长青老师等名师的讲座，欣赏到他们课堂教学的风采，我佩服他们那种严谨的工作作风、求真务实的科学研究态度，以及他们敢于兼容各种教学观点的宽广胸怀。而他们在课堂教学中那种闪烁着智慧光芒的个性化教学更显示出名师的风范，给我留下了深刻的印象。尤其是在听了吴正宪老师《估算》这节课后，对怎样看待估算的价值，及教学中怎样把握估算的教学有了明确的方向，并把我的收获整理成文章，多次获得论文奖项。学习的收获和体验伴我在教学中成长！

“估算”是小学数学计算教学中的一项内容，也是数学教育界一直认为的一个相当重要的数学技能。新课标在第二学段“教学建议”中指出：“估算在日常生活与数学学习中有着十分广泛的应用，培养学生的估算意识，发展学生的估算能力，让学生拥有良好的数感，具有重要的价值。”

随着科学技术变迁日益加快，信息大量涌入社会，人们的工作节奏和生活节奏被大大加快。人们在日常生活中进行估算的次数逐渐地增多，如外出购物时对要付钱数的估计，考试结束后对可能得到的分数的估计，走进一个会场对会场中可以容纳的人数的估计等，都要用估算的方法。因此估算能力越来越成为现代社会一种必不可少的基本素养。

什么是估算呢？它是种解决问题的策略。也是一种无须获得精确结果的计算，是个体依据条件和有关知识，通过观察、比较、判断、推理等方式对事物的数量或运算结果做出的一种大致的判断。它表现出较强的直觉化、跳跃化与内隐化特点，其所得结果也只是在一定范围内对答案的估计。

估算教学也一直是我们数学教师讨论的焦点。学生升入二年级就开始接触估算的知识，但学生的估算意识普遍不强，相对估算，他们更喜欢精算，或者“为估而估”，而不是在实际的问题情境中合理选择估算的方法。长此以往，尽管学生年年学估算，但还是不会合理使用。

新课标明确要求：

1. 估算教学就是培养学生的近似思想、估算意识在教学中教师要把“估算意识”作为重要的教学目标，用估算检验结果，遇到问题让学生通过分析、选择是“估”还是“精”，并不是看到“大约”就估。在教学中教师要让学生感受“估算”的价值，学会“估算”的策略与方法。

2. 体验具体估算策略

3. 估算的评价

(1)不需要统一的标准。无论学生用哪种方法只要能解决问题就行。

(2)不需要统一的答案。

如何上好估算课、如何帮助学生树立估算意识、如何培养学生的估算能力这一系列问题一直困扰着大家。小学数学名师吴正宪老师是这样解决“为什么要估算?”以及“用什么方法估算?”这两个问题。

吴老师播放了一个小朋友青青随妈妈去超市购物的视频，共买了5件商品，妈妈遇到的难题是：她带了200元钱够不够? 问在下列哪种情况下要用精确计算，哪种情况下用估一估?

A. 当妈妈试图确认200元钱是否够用时；

B. 当售货员将每种食品的价钱输入收银机时；

C. 当妈妈被告知应付多少钱时；

D. 当销售员数妈妈所付的费用时。

这样学生很快就明白当售货员阿姨要把价格输入电脑时，要用精确计算，如果青青想知道妈妈带的钱够不够，可以用估一估的方法。这一环节，利用现实、具体的生活情景帮助学生理解估算意义——“估算”是解决生活问题的需要。也就是解决“为什么要估算?”这一问题。

学会估算方法，吴老师以曹冲称象这个故事来教学。

六次称石头的质量如下(单位：千克)：

次数	1	2	3	4	5	6
质量	328	346	307	377	398	352

你能估计出这头大象有多重吗?

让学生独立估算，汇报交流，与精确值对比，不断反思自己的估算过程与结果。

学生的方法是多样化的：估小：$300\times6=1800$

估大：$400\times6=2400$

中估：$350\times6=2100$

大小估：$300\times3+400\times3=2100$

四降五升 330＋350＋310＋380＋400＋350＝2120

凑估：300×7＝2100

精：328＋346＋307＋＋377＋396＋352＝2106

吴老师在讲估算教学时，还说了一个小故事。

一次她在接待日本估算专家时，请他估算称象问题中的象的重量。日本专家是这样估的：300 加 300 等于 600，再加 300 等于 900，再加 300 等于……就这样估出得 1800 千克。

当时吴老师就问专家："您为什么把 398 也看作 300 不看成 400 呢?"专家耸耸肩说："你不就是让我估估吗？我就是估估呀。"吴老师接着问："照您这样算也就是 6 个 300，您为什么不用 300 直接乘 6 呢?"专家说："我喜欢这样算，我就这样算呀。"

从这件事我们受到启示：估算就是估算不是精算，根本没必要算那么准；只要策略、方法正确，孩子们想用什么方法就用什么方法，孩子们完全有自主权！专家都这样，何况是我们的孩子们呢？

（四）

在我教学成长的过程中，与青年教师一起学习也使我受益颇丰。虽然在这项工作中自己是以指导教师的身份出现，但是在整个过程中我与每位年轻教师都是相互启发、共同成长的。有了这样的机会，不管每次指导他们上哪一节内容，首先我必须自己把握住教材，所以我会更加深入地钻研教材，明确教学要求，把握好教学的重难点，使得我对教材的把握更精确到位。由于年轻教师思维活跃，有时处理教材提出的方法更为巧妙，令我自叹不如！有一次，在研讨《平移和旋转》这节内容时，本节课的一个教学重点：数一个图形平移的格数，这也是本节课的教学难点。数一个图形平移格数所用的方法"找对应点，找对应线"学生能够掌握，往往是学生在数格子时数错，不是多数，就是少数。这里正是我平常在教学生时无可奈何的地方。这时，和我一起交流的覃老师说道："那我们在数格子的时候，让学生数一格在上面写上数字 1，数到两格就标上数字 2……这样，应该就不会再数错了。"经过她这样一说，我觉得她这个方法可以试试。结果我把她的方法用在教学上，学生数格子再也不是我头痛的事了。这不正是"弟子不必不如师，师不必贤于弟子"的道理吗？这个经历时刻提醒我，在今后的教学中要保持谦虚谨慎的态度，多向身边的老师学习，多向我的学生学习，相互切磋、教学相长才能保证自己的教学源泉不会枯竭。

（五）

古人说：积跬步，成百步。积累是十分重要的。全国模范教师窦桂梅说："一旦你有了发现并记录下来的习惯，你就沉淀了面对课堂忧患与艰辛后的澄明；就拥有承受课堂压力与困厄后的自信；就拥有了遭遇课堂失败和痛苦后的踏实。""如此，你的教学生活会跳出琐碎与无奈，拥有一种超越——用笔创造自己的教育生活。"

一名成功的教师，不是靠外在条件刻意造就，也不是靠层层评选才冒出来的，是在实践中不断积累、不断磨炼，渐渐被认可而形成的。成功教师的成长启示我们：不需要去研究大篇幅的文章，而要回归教学日记的崇尚。教学日记，是教师成长的点点滴滴，有了这点点滴滴的汇聚才会凝聚成滔滔的江水。

教师成长不是一节课的事情，而是贯穿教师教学始终的全过程，并在课后反思中生成。"学而不思则罔，思而不学则怠"。激活思维，开启反思活动。反思有了行动，就成了有源之水。多年的教学工作中都会产生点点滴滴的体会，或深刻，或肤浅，稍稍留心把它们记下来。积少成多，厚积薄发。

我的研究之旅

读懂学生认知起点，有效设计教学活动

一、课堂前测——读懂学生认知起点

美国教育心理学家奥苏贝尔说过："影响学习的最重要因素是学生已经知道了什么，我们应当根据学生原有的知识状况去教学。"为了尊重学生的现实起点，创建高效课堂，在课前进行单元准备性检测来了解学生的现实起点。

前测情况如下：

题号	一	二	三
正确率	70.59%	64.71%	68.63%
错误率	29.41%	35.29%	31.37%

从前测中发现，学生对"倍"的概念认识都比较清晰，从给出的图中学生能比较正确地找出倍数关系。但在第三题的答卷中，学生能根据原有的知识水平知道心形是五角星的3倍，但是没能把想法正确地表述出来。为此，必须进行以下教学研修：

首先，研读《课标》和教材。根据《课标》提出的："数学教学活动必须建立在学生的认知发展水平和已有的知识经验基础之上。教师应激发学生的学习积极性，向学生提供充分从事数学活动的机会，帮助他们在自主探索和合

作交流的过程中真正理解和掌握基本的数学知识与技能、数学思想和方法，获得广泛的数学活动经验。学生是数学学习的主人，教师是数学学习的组织者、引导者与合作者。"要求我们要认真分析教材，找准教学的起点，只有这样，才能准确定位教学目标，合理安排教学时间，使教学活动紧凑严密，发挥出课堂教学的最大效益。基于上述的考虑，我们把教学目标定位为：

1. 通过学生动手摆一摆的实践活动，使学生理解"求一个数里面有几个另一个数"的含义，建立"倍"的概念，初步掌握"求一个数是另一个数的几倍"的数量关系和解答方法。

2. 通过学习使学生经历将"求一个数是另一个数的几倍是多少"的实际问题转化为"求一个数里面有几个另一个数"的数学问题的过程，初步学会用转化的方法来解决简单的实际问题。

3. 使学生会用自己的语言表达解决问题的大致过程和结果。

教学的重点放在：使学生进一步理解"求一个数里面有几个另一个数"的含义。把"初步掌握'求一个数是另一个数的几倍'的数量关系和解答方法"作为教学的难点。

其次，设计教学过程时，力求为学生提供自主探究、主动获取新知识的时间和空间，充分让学生通过摆、圈、画、想、说、算等实践活动，感知新知和旧知的内在联系，在此基础上理解"求一个数是另一个数的几倍"的数量关系。教师穿针引线，适时点拨，帮助学生完成新知的主动建构。

二、有效教学活动设计

(1)突出主体性，让学生自主探究。激发学生的学习兴趣是让学生主动学习的重要前提。上课伊始，我们精心创设活动情境，吸引学生的注意力。他们带着帮"果宝宝比赛"的迫切愿望，积极地参与到观察、操作、比较、概括等活动中，并始终保持着很高的参与热情。当学生运用自己发现倍数的关系，帮助果宝宝成功解决了遇到的数学问题时，充分体验到了探索的乐趣和成功的喜悦，同时增强了团结协作的意识。

(2)突出实践性，发展学生的数学应用意识。要解决"求一个数是另一个数的几倍"问题，关键就在于教师能否采取有效的措施沟通学生已有的知识结构。在具体实施教学的过程中，正是以这样的起点做支撑，且根据低年级学生的思维特点，从直观形象入手，在简单的图片信息中让学生发现问题、提出问题，不仅便于学生接受和理解，还达到了较为理想的效果。因此在教师的组织和引导下，不但让学生通过自身操作活动，去真正理解"一个数是另一个数的几倍"的含义，即让学生理解"求一个数是另一个数的几倍"就是"求一个数里面有几个另一个数"，通过这种转化的方法沟通新旧知识之间的联系，体会数量之间的关系，并解决实际问题。还让学生从摆飞机的小棒图中收集信息，结合平时的生活经验去发现问题、解决问题。

例 2 的教学是从低年级学生的认知规律出发，通过演示操作，抓住教学关键，提出启发性的问题让学生思考，使学生在具体、直观、形象的情境中感知“求一个数里面有几个另一个数”，使学生的认识由感性上升到理性，实现了思维的一次飞跃。例如，在操作活动中，摆几架飞机老师并没有事先规定，学生在小棒根数允许范围内，喜欢摆几架，就摆几架，学生兴趣盎然地参与到操作活动中来。接着让学生观察同学摆的和老师摆的，以开放性的问题来试探学生，发现学生确实已经知道了用“谁是谁的几倍”来表述两个数量之间的关系。教师再顺水推舟，及时引导，让学生发现“知识背后的知识”。虽然这是动态生成的，但都是教师精心预设的，让学生品尝到“成功体验”。其后，让学生相互说一说所用的小棒根数之间和所摆出的飞机架数之间各有什么关系。突出两位同学所摆的飞机架数之间的比较和所用的小棒根数之间的比较，第一位同学摆的飞机架数里包含了两个 1 架，第二位同学用的小棒根数里包含了两个 5 根，也就是 5 的 2 倍。5 的 3 倍就是 3 个 5。巩固加深对倍的概念的理解，为解决例 3“求一个数是另一个的几倍”的实际问题做好认知上的准备。

例 3 的教学是让学生找出生活中“求一个数是另一个数的几倍”的数学问题实例，并解答。这样使学生深刻体会到数学与生活的紧密联系，有利于发展学生的数学应用意识，培养了学生对数学的良好情感。此环节放手让学生自己独立探索解决问题的过程中，学生有的用小棒操作解决，有的列式计算解决，在学生充分讨论交流的过程中使学生进一步理解了数量关系，掌握了解决问题的方法。在这一过程中，教师不是简单地传授方法，而是引导学生在经历解决问题的过程中探究发现解决问题的方法。教师在刚开始时没有强迫学生一定要用除法来解决问题，而是通过巧妙的设计使学生自主选择简捷的方法，一方面渗透了数学的简捷美，同时也充分尊重学生的个性差异和选择权，体现学习方式的根本变化。更重要的是让学生在充分感悟和体验的基础上，真正理解“求一个数是另一个数的几倍”的内涵。

(3)通过创设变化的问题情境，促使学生对“倍”的认识的内化和提升。让学生在动态的比较中获得对倍的深刻理解。

三、课堂后测——检测学生的认知结构

经过课堂的学习，学生已能理解“求一个数里面有几个另一个数”的含义以及初步掌握“求一个数是另一个数的几倍”的数量关系和解答方法。为检测学生掌握知识的情况，进行了课堂后测，后测情况如下：

题号	一	二
正确率	100%	98%
错误率	0	2%

通过前测与后测的对比发现：探析学生错误的原因，对于引导学生构建正确的数学概念具有借鉴意义，同时给我们的教学提供了一条思路，作为老师，当学生概念构建和学习发生困难时，不应该停留在不断地重复讲解和强调层面，应该回到知识的源头去，从学生已有的知识经验入手，多问问“你是怎样想的”，要树立“学生错误概念的暴露和呈现是教学的真正起点”的理念。教师只有根据学生的知识起点，顺应学生“最近发展区”的特点，才能有效地组织和开展教学，使学生错误概念获得根本性转变。

总之，新课程背景下新型的师与生，教与学的关系是教师反思的重要内容。我们的理想与现实、理论要求与行为过程、教学设计与最终结果间总会存在差异，教师更应该分析这些差异产生的原因，因为正是这种差异能激发我们思维的火花。做到了这些，我们在成长的过程中，收获就会丰厚些。

我的反思之乐

老师，我做好了

刚一分钟，佳礼同学就举起手：“老师，我做好了。”我又惊喜又烦恼。喜的是佳礼同学口算棒，一分钟就能算 10 道题。烦的是，很多同学没做完，大家都在望着他。怎么办？还是等等其他同学。于是，我只好对佳礼说：“做好了，再检查一下。”原以为佳礼同学会马上检查，没想到他迅速回答：“检查过了！”我只好放弃帮助“弱势群体”，来到佳礼身边，看看他到底做得怎样。咦，还真不错，全做对了，我及时表扬了他，并示意他“坐好”(为了让佳礼同学明确不是“做好”而是“坐好”，我还特意打了个手势)。佳礼同学很聪明，马上坐好。接着，又有几个同学举起手来，示意自己“做好了”。由于有少数同学未做完，所以，我只能对这些同学说：“做好了，就坐好。”(用手势表示)……总觉得这话不对味，可没别的办法呀！只有等待大部分同学“做好”，我才能引导大家一起讨论……

我相信，许多教师曾经经历过这样的故事。我也相信，许多老师都会让完成的快的学生们“做好了就检查一下，检查好了就坐好别讲话，也别玩东西。”这不是让那些发展较好的群体消磨时间吗？长期如此，这些孩子还有对数学学习的热情吗？不会，肯定不会。热情会在等待中消耗干净。反之，如果我们关注这些发展较好的群体，那些“弱势群体”(可能一分钟只做了一题)

又会怎样呢？我们又如何实现面向全体，让全体学生得到相应的发展呢？

显然做好了，再检查是矛盾的。所谓做好了，肯定是检查过了呀！对于“做好了，就坐好”，也是一种茫然。该如何处理这一状况，我也一直找不到答案。直到2003年1月，我有幸到桂林参加了师大版南方教材培训，聆听朱乐平教授的讲座恍然大悟。朱教授在讲座中指出：做好了，有四个含义，一是有答案了；二是检查了；三是想有没有别的算法；四是自己能否提出问题或编同类的题目。

对，就是这样，这才是真正的做好了。佳礼同学只是完成了前两步，还没有思考提出自己编题。如果佳礼同学能继续思考，那就使我有更多时间关注“弱势群体”，可以对某些学生进行有效指导了。因为，我不会再被那句“我做好了”而打乱心绪。要知道，让他们完成这四步，意味着那些发展较好的学生可以不断思考，不断解决问题，这是需要时间的。而这些时间基本能使所有同学完成第一步“有答案了”，让每个同学都能经历解决问题的过程。这样，既为发展较好的优势群体提供更广阔的思考空间，也保障了“弱势群体”的基本需求。我们毕竟是大班化教学(50～60个同学为一班)，我们的教学必须要面对全体学生，这样才能真正实现“上不封顶，下要保底”的目标。

从桂林回来，学生们恰好在复习准备期末考试。一到教室，我就把“做好了”的四个阶段写在黑板上，让学生细细品味，并牢记在心。那一节课，我没有听到“做好了”三个字，也有效帮助了几名弱势学生解决了一些基本问题，优势学生还提出了许多精彩的问题，编了一些有思考性的题目。那节课，我的心一直在和全体同学思考，我没有为“优生”的空等而内疚，也没有为学困生的无助而焦虑。我希望每位教师都能知道“做好了”的真正含义。

老师我学过分数

这节数学课的内容是学习分数的初步认识。我刚导入课题，就有几个同学急着举手要发言。

“老师，我学过分数。”

“我也学过。”

“你从哪里学的?”

“爷爷教我的。”

“噢。”我早已听说，经常有学生的家长利用空闲时间教给学生一些未学的知识，于是接着问他：“你能说说什么是分数吗?”

“就是……”

我笑着让他坐下。

接着又有同学发言：“分数很容易学。”

“我还知道$\frac{1}{2}+\frac{1}{2}=1$，$\frac{1}{3}+\frac{2}{3}=1$”。

“一定要分得均匀才是分数，否则就不能说是分数。”

学生懂得这么多，这是我备课前没有想到的，后来我才知道，这个班里有十来个学生是外班转来的，他们使用的教材与我们班的不一样。该怎么教呢？我必须迅速调整教学计划。

这时，一个念头在我脑海中闪过：让这些已经会了的学生来教教其他同学，既不让他们闲着，又巩固了他们的知识，锻炼了他们的口才，效果一定会更好。还有，备课时有一部分“动手做分数”的时间，也让他们来领着做，学生应该会很感兴趣的。于是，我先走到已会分数的那几个同学身边耳语一番，征求他们的意见，然后大声宣布：“现在，老师有一个想法，让陈平、周龙、吴昊宣来当大家的小老师。大家可以向他们提问题，他们也可以向大家提出问题。怎么样？”

“好！”

只有一个同学问道：“老师，要是他们答不上来怎么办？”

“你们说呢？”

“老师教我们。”

“其他的同学也可以回答。”

“大家的想法非常好，开始吧！”

“我想问：什么是$\frac{1}{3}$？”

第一个就问“$\frac{1}{3}$”，可能是刚才有同学先提到这个分数的缘故。

“我会。$\frac{1}{3}$就是把一个东西分成3份，其中一份就是$\frac{1}{3}$”。吴昊宣站起来说。

“还应该是平均分，大小不一样就不是。”周龙补充说。

“什么是$\frac{1}{4}$？”

“就是把一个东西平均分成4份，其中的一份就是$\frac{1}{4}$”。陈平说。

我微笑着点头，问学生们：“懂了没有？”

“懂了。”看样子，他们现在的兴趣比完全由我上课时高多了。

我提醒小老师：“同学们的课桌上摆着的纸片和彩笔，是干什么用的？”

“是学分数用的。请大家把正方形纸片拿出来，折成4份。”周龙赶忙站起来说，但他忘了交代“等分”，幸好学生们还是折成了各种各样的“四等分”。小老师们也在紧张地折，好像准备示范似的。

“小老师可以下位检查。”我及时提醒。

“折对了。”

“快点！”

“你折的每份不是一样大小。”

“好像有三种折法。”陈平自言自语。

小老师们不知接下来该干什么，我又得提醒。这一次我只走到吴昊宣身边小声说：“$\frac{1}{4}$该表示出来呀！”

“请同学们把其中一份涂上红色，红色的地方就是$\frac{1}{4}$。”

我补充一句：“红色的地方是谁的$\frac{1}{4}$？”

“是正方形纸片的$\frac{1}{4}$。”

课到这里，虽然没有进行得像我平时上课时那样顺畅，但学生的情绪比往常要兴奋得多。我请小老师坐下。然后问：“知道该怎么学$\frac{1}{5}$吗？把圆形纸片拿出来。”

“知道。”回答的声音很响亮。

学生们拿出纸片，却不知道如何将它五等分。

“会剪五角星吗？”我记得上周美术老师教过他们这个内容。

一部分同学受到启发，折了起来。我也开始给另外一些同学示范。

……

一节课很快结束了，我问学生：“学分数难吗？”

“一点也不难。”

“好玩。”

“老师，我们下节课学分数加法吗？”

我微笑着走出教室，暗自庆幸自己没有在已经有许多学生都懂得了这个知识时再去重复一次，否则，学生真的会“熟能生厌了”！感谢新课程，是它教给我关注学生的情感，关注学生的个性。我们在上课时，面对的是活生生的群体，经常会遇到各种各样的未曾预料的事情，这时，只要我们时刻记住以学生为重，以他们的情感态度为重，我们的教学就一定能收到好的效果。

八、追寻心中的地平线——我的数学教学之旅

姓　名：魏　芳

所在学校：江苏省常熟市实验小学

从教年限：22 年

最喜欢的书：《怎样培养真正的人》《把整个心灵献给孩子》

最喜欢的休闲方式：听音乐　运动

热爱生命

我不去想是否能够成功，
既然选择了远方，
便只顾风雨兼程；

我不去想能否赢得青睐，
既然钟情于玫瑰，
就勇敢地吐露真诚；

我不去想身后会不会袭来寒风冷雨，
既然目标是地平线，
留给世界的只能是背影；

我不去想未来是平坦还是泥泞，
只要热爱生命，
一切，都在意料之中。

——汪国真

成长之路

《拉丁美洲——被切开的血管》中有这样一段话："我们要去追求一条地平线，要永远去瞭望这条地平线。我们向地平线迈进两步的时候，地平线总是向后倒退两步；接着我们再向地平线迈进十步，但是你又会发现，地平线向后倒退了十步。于是地平线似乎是永远够不着的，地平线似乎是永远到达不了的。但是，有追求的人，总是觉得地平线存在，他总是要去追寻这条地平线，因为他知道地平线存在的最高价值就在于：让人不断地向前、向前、

再向前。”心存目标，坚实行走，成长之路定会充满希望与力量！

蹒跚学步

22年前，带着懵懂的心情踏上讲台，那时的我心中充满了恐惧与疑惑。虽然在师范中知晓了一些教学原理，也懂得了学生身心发展的规律，但实践与理论的融合并不是一蹴而就的，其间可能会经历一道道坎。记得刚上岗时的顾此失彼，也记得因教学艺术欠缺而致课堂氛围的平淡无味。因此，“勤能补拙、笨鸟先飞”就成了我的座右铭。每天认真地“备课、背课、上课、补差”，遇到教学内容的疑难问题时，主动向有经验的老教师请教，直到弄懂为止；遇到教学艺术上的困惑时，虚心地走进老教师们的课堂，直到了然于胸。一直赞叹于他们的游刃有余，也一直感谢着他们的无私指导。于是，暗下决心，一定好好努力，争取早日能与他们一样坦然地面对学生，自如地应对课堂。

一个月以后，接到学校分管校长的命令，让我上一堂实践研究课。得知这个消息后，我辗转难眠，一是担心自己的教学水平，二是担心自己的课堂管理。正巧，我得到了去市属小学听课学习的机会，踩着自行车一路辛苦前往，沈老师精彩有序的一堂《9加几》至今仍铭刻在我的心中，精当的情境创设、和谐平等的氛围、流畅自如的教学流程，深深地震撼了我：此乃名师也！回来后，我依样画葫芦地设计、制作投影、反复试教。功夫不负有心人，那天的实践课获得了分管校长和听课老师的一致好评，孩子们的表现也特别出色。领导和同事们鼓励的话语、和蔼的笑脸为我的成长之路抹上了一丝亮丽的色彩。

有了这不错的起步，我对自己也是信心满满。在以后的教学历程中，每学期我都接到学校公开教学展示与交流的任务，每一次我都特别珍惜，格外认真。从教学的设计、投影的制作、试教后的调整、师生的磨合等方面进行细致深入地研究，力求体现最佳的教学效果。慢慢地，我似乎摸到了教学的一些门道，课堂教学与管理也有模有样了。

在一个人成长的历程中，起步非常关键，走好每一步更重要。哪怕是模仿学步，也要付出全部的努力，哪怕无所收获也要持续地默默积累，量的积累总会带来质的改变。

初入门道

经过两三年的历练，摆脱了最初的恐惧纠结与顾此失彼，能坦然地走进课堂，师生关系逐渐变得和谐融洽，教学也慢慢灵活生动了。恰逢90年代的课程改革实施，学校又把我推向了“实验班”，作为实验班的窗口教师，承担起实验与研究工作，于是就多了外出学习和实践的机会。我珍惜一次次的外出学习机会，专家们精彩的教学与侃侃而谈的洒脱冲击着我，让我深深地感觉到自己在理论方面的匮乏，于是自觉地订阅教育教学杂志，利用空余时间钻研和思考。《江苏教育》《小学教学参考》《小学数学教师》等也是经领导同事推荐的，专业杂志的阅读使我对其中的优秀案例产生了深厚的兴趣，那时尚无电脑，我就用摘录、剪贴的方式把喜欢的案例与理论收集在笔记本上。现在仍然要翻阅那几本泛黄的笔记本，回过头去解读那些案例与理念，又会多一层独特的理解与感悟。

主动的阅读为我的教学实践带来了新鲜的能量，反映在一次次的教学实践中，一些小小的创意设计往往来源于教育杂志，而这些不经意的运用竟然能使课堂焕发独特的活力；一些开放性练习的设计，也能激起学生的挑战热情，拓展学生的思维。学生也非常喜欢那些有趣的情境设计、挑战性的探究过程和层次分明的游戏式练习。尝到了一些甜头之后，我更加喜欢上了教育理论的搜索与借鉴运用。

此时，领导的一句话又点醒了我："小魏，你在教学方面发展得非常好，可以学着写写文章了。"写文章？我一惊，我行吗？在我的意识里，写文章是专家、名师的事，我只是一名普通的数学老师，只要上好课，教好学生就行了。但领导的提醒又时时浮现在我脑海里，终于我说服了自己，努力尝试着写文章。当时，没有网络，也不知道文章怎样写，论文的格式仅限于我阅读的那些教育刊物。于是，我从"模仿"开始，从文章的选题、架构、内容等进行艰苦地尝试与修改。清楚地记得自己的第一篇文章(其实不算文章)得到了市教研室的"上送文章"证书。但仅仅是这张证书，给予了我很大的动力，极大地鼓舞了我的写作愿望。于是，我学写一些短小的反思类文章，把自己教学中的得意之处记下来，也把自己教学中的失误调整之处写下来。一段时间后，我尝试着把自己写的东西整理一下，读来也非常有意思。一年以后，我再把自己的阶段积累分类串联组织，写了一篇稍微像样点的文章，很荣幸获得了市级的二等奖。这次的小小成功又一次地激发了我的学习热情与写作积极性。于是，在教学之余，我喜欢上了阅读与写作，喜欢上了观察与思考，教学过程中的得失、学生学习的情况、预设与生成的矛盾等，都成为我思考与记录的素材。就这样默默地学习、思考、记录，一段时间后，我发现自己的课堂教学水平也得到了又一次的提高，连续两次获得了片评优一等奖、市一等奖。1999 年我被评上了"常熟市小学数学教学能手"，也算是同行中的佼佼者。

教学与思考是一个教师成长过程中不可或缺的因素，是助推一个教师的有力双翼。正是借着双翼的力量我学会了主动学习，学会了独立思考，也学会了有效积累。

渐入佳境

“教学骨干”称号的获得，让我重新审视自己的现状：虽然在课堂教学上稍有成绩，但教学永远是一门遗憾的艺术，永远有更高的目标等待着我们去追寻；在教学研究上刚刚起步，对教学实践与理论应用的无痕融合更需要我付出艰辛的努力。于是，在我的心底默默地定下了今后的成长目标：首先，要更深入地学习理论专著，围绕某一主题展开持续性的观察与思考，力求有自己的研究中心与重点；其次，要找准理论与实践的最佳切合点，提升自己的课堂教学水平，力求“以理论夯实践”，“以实践厚理论”。于是，我潜心学习，着力实践，精益求精。

潜心学习，积淀成长的养分。学无止境，学而知不足。我加强对教育专著的阅读，接触到了“建构主义”、“结构主义”、“多元智能理论”、“后现代主义教育思想”等理念，也了解到了理念指导下的多维知识观、目的观、课程观、教师观、学生观、学习观和方法观；也让我走进布鲁纳、皮亚杰、奥苏贝尔、布卢姆等大教育家的教育理论与实践解读，广泛的阅读，让我的理论宝库变得更丰富，我的理论视野也变得更开阔。同时，我也不放松对教育杂志的阅读，在一篇篇实用性较强的文章中，我领略到了特级教师的课堂教学艺术和新颖设计，也感悟到了他们各具特色的教学风格和教学思想。另外，我还乐于虚心地与同行进行教学切磋，带着欣赏与批判的“双重眼光”走进课堂，分析现象，深入思考。学习是枯燥的事情，我学会有效合理地安排自己的学习时间，休息闲暇、教学空隙、临睡前夕，都是我阅读的最佳时间，或几小时，或几十分钟，或几分钟，哪怕一个案例、一条信息，都会成为我充实自我的良机。“空闲时间就阅读”，似乎成了我习惯的生活与工作方式。

着力实践，专注于研究的焦点。纸上得来终觉浅，唯有实践出真知。带着理论的底气走进课堂，能使实践更具意义与高度；紧扣研究的焦点展开探索，能使实践更具目标与价值。近十年来，持续对学生的“计算现状与能力”、“解决问题的现状与能力”、“空间观念的培养”等方面展开了观察与研究。从教材的编排、学生的学情、教学的着力点等处展开结构性解读和跟踪式研究。既着力于小学第一学段的起步教学，也聚焦于第二学段的持续推进，力求凸显教材特点，找准教学拐点，呈现典型案例，促进学生获得自主发展。除了自己的持续性思考与研究之外，还能带领数学组的同仁们一起记录困惑，互动研讨，共同提高。

精益求精，追寻心中的地平线。心存目标，方能定向前行。学习、实践、反思是一个教师成长不可或缺的三要素。孟德斯鸠曾说：“任何别人的建议或意见，都无法代替自己内心强烈的呼唤。从优秀走向卓越，你需要别人的建议、意见，但都无法代替你自己内心强烈的呼唤。"执行学习计划、践行理想课堂、积淀多维思考，就是我心中的"地平线"，也是我的教育理想。心怀理想，教育生活会更具宽度；精益求精，教育生活会更具深度；且思且行，教育生活会更具广度。自觉性地学习与思考，让我的课堂教学充满了灵动的生机，获得了江苏省小学数学优质课评比一等奖。我也先后获得了"常熟市小学数学学科带头人"、"常熟市教育科学学术带头人"、"常熟市名教师"、"苏州市优秀教育工作者"、"苏州市小学数学学科带头人"、"苏州名教师"等荣誉称号。

成功永远属于过去，成长之路上依然会充满荆棘与挑战，一如既往地保持学习的热情与思考的自觉，不断探索前行。无限风光在险峰，经历风雨方能欣赏那奇特与美丽！

我的研究之旅

传统应用题教学中抽象的数量关系分析、模式化的解题思路使学生无法透彻理解问题的本质，体验不到数学学习的价值，更无法想象解题策略与方法的掌握对于后续学习乃至终身学习的益处。大量机械重复的应用题教学使学生感到数学学习的枯燥与乏味。令人欣慰的是，新课改下的解决问题教学呈现了这样的改革趋向：注重问题解决与生活情境的结合，注重解题策略的多样化，注重学生个性的张扬，把学生的思考与理解引向了更宽阔的空间，为学生创造了更广阔的思维空间……但是，在新课改实施的过程中，情境的过度渲染、策略多样化的过度追寻等问题的存在，让我们一度担忧。凡事需讲"度"，任何事物的发展必须遵循其生长的客观规律，否则会失去其原有的价值。如何在传统与改革之间合理扬弃，是值得深究的一个问题。

扬弃，策略教学的应然选择

新课改中"解决问题策略"的教学也是一次"扬弃"的过程。扬弃，包含抛弃、保留、发扬和提高的意思。指新事物对旧事物的否定不是简单地抛弃，而是克服、抛弃旧事物中消极的东西，保留、继承以往发展中对新事物有积极意义的东西，并把它发展到新的阶段。因此，在解决问题的教学中，教师要深入解读教材、领会教材意图，充分了解学生已有的知识经验与习惯，找准提高学生解决问题能力的切入点，使学生积累起解决问题的策略，寻找传统与改革的最佳切合点，切实提高解决问题教学的实效。

（一）沉浮有度——解读教材为起点

教材是教学的依据，也是学生积累知识经验、形成解题策略与技能、进行思维训练的基本依托。培养学生解决问题的意识与能力，当以透彻解读教材为起点，力求做到“入乎其内”。即要系统地分析教材内容，把握数学知识之间的纵横联系，把教学内容放到相关的知识体系中，明确某一知识点在知识链中所处的位置，在充分理解后对教学要求做出准确定位。同时，还要仔细研读教材中的一词一句、例题插图、前后顺序、习题功能，斟字酌句，透彻领悟，以发挥教材的最大功效。

1. 领会教材编排的系统性与承接性

《数学课程标准》注重解决现实性问题，把数的运算与解决实际问题结合起来，这与传统应用题教学相比，有了根本的改变。纵观整个小学阶段的教材编排特点，一至三年级的教材中没有单独设置“解决问题的策略”版块，而是将“解决问题”教学融合在计算教学的过程中。一般是以“现实的问题情境”方式引出计算教学的研究内容，引导学生整理信息和提出问题，借助具体情境理解算理，积累算法。在学生掌握了必要的计算技能后又穿插安排相应的简单实际问题，让学生借助已有的计算技能与学习经验解决问题，计算教学与解决问题教学互相融合于教材中。我们在解读教材时，就要把握好某一部分的内容是以计算为重，还是以解决问题为重。

在低年级的教材中，一般以图文结合的方式呈现实际问题，由直观形象逐步引向抽象思考。一年级下册学习了“两位数加减两位数的口算”后，安排了这样的实际问题，意在引导学生读懂题意，并能将有用信息和相关问题进行有序组合，思考解题方法，寻求答案。

二年级上册学习了乘除法的意义后，编排了相应的实际问题，从教材编排的意图来看，仍用图文结合的方式引导学生运用乘除法的意义来解决实际问题，并尝试从不同的角度思考解决问题的方法，学会多维思维，不断拓宽学生的思路。

到了三年级，教材仍然较多地采用图文结合的方式呈现教学内容，但明显地蕴含着培养学生从多样信息中选择信息、整理信息的能力的意图。如三年级上册学习了“三位数乘一位数的笔算”后安排了这样的练习：

4.

（1）5包味精一共重多少千克？4包盐呢？

（2）6包糖和1包味精一共重多少千克？

纵观一到三年级的“解决问题”编排特点，或结合计算教学时运用，或安排在计算之后运用，都没有单独设立“解决问题”的单元性内容，这也凸显了苏教版教材“算用结合”的编排意图，以培养学生在计算中应用、在应用中计算的能力。在教学时，我们要明确这部分内容应是以“用”为重，而“用”需以扎实的计算能力为基础，达到以用促算的目的。

从四年级开始，每册都安排了一个独立的“解决问题”单元：列表（四上）、画图（四下）、枚举（五上）、逆推（五下）、替换（六上）、转化（六下）。这些独立单元的设置，一方面是为了贯彻落实课程目标，另一方面也可以通过循序渐进的数学教学活动不断加强策略的形成，加深对策略的体验，使学生学会解决问题，深化自己对问题的独特理解，并由此形成解决问题的基本策略，体会解决问题策略的多样性。

苏教版教材在编排“解决问题”时遵循了“螺旋上升”的原则，低阶段的图文结合式问题，能激起学生解读问题的兴趣，同时引导学生经历分析数量关系、正确解答、反思与回顾的过程，初步形成基本的解题策略，逐步会用“分析法”和“综合法”解决简单的实际问题。而中高阶段的“解决问题的策略”的内容，重在引导学生探究某一种策略的解题模式，从而解决一类相关问题，在分析与对比中发现有效的解题策略，不断强化学生的策略意识。

2. 找准策略教学的支撑点与着力点

解决问题的策略是解决问题的计策与谋略，具体表现为对解决问题方法、手段的思考与选择运用。解决问题，特别是解决新颖的问题需要有策略，解决问题的策略又是在解决问题的活动中形成和积累的。学生解决问题能力的发展不是建空中楼阁，它需要一个立足点、支撑点，需要凭借有效的思维训练建立起学生发展的“支点”，进而发展学生解决问题的能力与素质。因此，在教学时，应充分挖掘教材的思维因素，培养学生解决问题的意识与能力。从最初的画图、列表到一一列举、倒推，到替换，“解决问题的策略”这一内容的教学整体呈现了由直观到抽象、由简单到复杂、由单一到综合的渐变趋势。如何引导学生在解决问题的过程中感受、领会替换的策略，初步学会运用策略分析数量关系、确定解题思路，并有效地解决问题，这都是我们要从认识与实践层面予以思考的。

如低年级的“简单实际问题”的教学，要紧密结合运算的意义展开。如上例 1 中，要解决“一个足球多少元?”这个问题，可以结合生活实际经验引导学生思考：55 元包含了两部分，一部分是足球的价钱，另一部分是找回的 2 元。可结合板书帮助理解：“? 元＋2 元＝55 元”，使学生清晰地理解要求足球的价钱就是求 55 元中的一部分，因此要用减法来解答。在解答后要及时引导学生检验答案的正确性：(53)＋2＝55 元，而如果用加法计算，那么一个足球就是 57 元，那么(57)＋2≠55 元。通过分析解答和及时的验证反思，使学生初步形成解决问题的基本思路：分析条件与问题之间的关系，正确选择算法解题，解答后还要及时验证反思。从这个过程来看，找准条件与问题之间的关系和解题思路的训练就是培养学生策略意识的一个支撑点与着力点，通过长期有目的地训练，学生的分析能力、解题能力以及反思能力才会慢慢形成。同时，低阶段积累的解题方法与习惯对后续的解决问题学习将起到顺延推进的作用。

到了中高年级，分析法与综合法已成为解决问题的基本思路，同时针对某一特定的数学问题又会有其独特的解题思路。如五年级上册的“枚举法”，是因为生活中有许多实际问题，列式计算往往比较困难，如果联系生活经验，用枚举的方法能比较容易地得到解决。因此，在教学这类问题时，要着重引导学生探索枚举的实质与方法，发现枚举的一般性程序，即如何做到有序思考、既不重复也不遗漏。又如六年级上册的“替换的策略”，是因为有些问题中有两个未知的量，直接解答存在困难，就需要把其中一种量转换成另一种量，从而使两个未知量变成一个未知量，使问题得到顺利解决。因此，在教学时要理清“倍数关系、相差关系”等本质，经历策略的自主探索过程，引导学生对“为什么假设、怎样假设、假设有什么好处”等进行深刻思考，从而积累解决问题的方法与经验。

（二）远近相宜——研究学生为基点

数学教学既要着眼学生当前的现实基础，又要放眼未来，为学生的长远发展奠基。解决问题策略的教学作为数学教学的一大内容，理应承担起促进学生发展的重任。学生是学习的主体，了解学生、研究学生、从学生的需要出发，就成了发展学生的前提和基点。教师要全面分析学生的思维水平和解题基础，在教学中要还原自己的解题过程，引导学生克服思维上的障碍，突破解题中的难点。

1. 把脉学生已有的认知起点

“教学的首要任务是发现学生已经知道了什么。”学生的学习是以原有的认知起点为基础的，学生的学习起点也就是学生学习的准备状态，是学生从事新学习时，原有的身心发展水平对新学习的适应性。包括学生已有的知识基础、认知发展水平、能力基础以及情感与态度方面的状态等。确定学生的认知起点是一切教学的出发点。学生的学习起点可以分为逻辑起点和现实起点，逻辑起点是指按照教材学习的进度，应该具有的知识基础；现实起点可以理解为学生学习新内容所必须借助的知识准备。在解决问题的教学中，理应分析学生的认知起点，找准教学的切入点，从而使教学更符合学生的实际水平与需要，使教学更具针对性。

如在教学六年级上册“替换的策略”时，学生应该具备的逻辑起点是分数乘除法的意义、分数乘除法计算、一个数是另一个数的几分之几与两个数之间的倍数关系等相关知识，这是教材的逻辑体系决定的。从学生的现实起点来看，学生差异性就很明显，有的学生已经能够自主运用已有的知识经验解决这类问题，能把两种未知量转化成一种未知量，求出两种量分别是多少；而有的学生面对新问题无法在自己的经验库中找到相应的解题策略与之对应，面对新问题束手无策。因此，教师在教学前要根据自己的观察与经验分析各层次学生的原有知识水平，也可以采用调查谈话等途径分析班级学生的层次与水平，设计符合学生发展水平的教学，使优秀学生吃得饱，又要使理解能力差的学生也吃得好，这就给我们的教学提出了更高的要求。因此，在教学中更要灵活调整，设计有针对性的教学：对于可以独立解题的同学，对他们可以提出更高的要求，让他们尝试从多种角度来思考，用不同的方法来解决问题，不断拓宽思路；而对于那些理解困难的学生，则要帮助他们学会分析方法，理解解题思路，掌握解题策略，找到解决问题的基本途径，而不是用同一尺度来要求层次不一的学生。

2. 顺应学生的思维方式

学生对于新的学习内容必然有一个“理解”和“消化”的过程，在学生先前的学习活动中，已经掌握了一定的数学知识的思维模式，而学生已经具备的思维方式，也是教师应该考虑的因素。良好的思维方式与习惯对学生发展起着促进作用，能帮助学生明确思考问题的方向，也能加深对问题的理解与灵活运用。

在分析题意时，有的学生喜欢借助直观图等辅助手段来帮助理解数量关系，有的则喜欢凭借想象等进行抽象思考；解答问题时，有的喜欢用算术解法解答，有的则喜欢用方程解答，所有这些都反映了学生不同的解题习惯和思路。我们要尊重学生的思维方式和习惯，给学生独立思考的时间与空间，使他们发挥自主性与独立性，鼓励他们选用最适合自己的方法来解决问题。俗话说：只有合脚的鞋才是最好的。在解决问题策略教学中，要鼓励学生用最适合自己的方法来解决相关问题，不断激发学生的解题兴趣，提高解题效率。

3. 挖掘学生的潜能与创造性

每一个学生都是具有创造性的个体。解决问题策略的教学应着眼于学生的"最近发展区"，充分挖掘学生的潜能，使学生在现有发展水平上得到最大限度的发展。面对同一个问题，不同的学生会有不同的理解，也会有不同的策略与思路，在教学中我们要给予学生思考与交流的机会，鼓励学生从多角度思考，不断拓宽思路，寻求最佳方案，以使问题的解决更有效，思维的发展更迅捷。

(三)和合有度——探寻路径为支点

纵观新课改以来的解决问题教学，往往只关注问题情境的创设，关注信息的多样呈现与收集，关注学生提问能力的训练，而忽视了基本数量关系的分析、解题模式的建立、解题策略的优化与反思。而这些恰恰是培养学生扎实的解题基本功、养成良好的解题习惯必不可少的环节。同时，这些解决问题的策略与方法也能为后续"解决问题"教学奠定坚实的基础。

1. 有序整理相关信息

顺利解决实际问题的首要条件是找准已知条件与所求问题之间的联系，要引导学生仔细阅读材料，先做到文通字顺，再做到读懂读透；从现实情境中自主发现条件、提出问题；能用自己的话复述题目；说出知道了什么，要解决什么问题；明确问题，理解现实情景。沟通复杂信息中的内在联系，找到解题的突破口和思考点。

例，四年级上册"解决问题的策略"：

面对这样一个信息复杂的实际问题，必须引导学生读懂题、收集和整理信息。首先，要给予学生解读文本的时间。引导学生细致地读懂题意，理顺条件与问题之间的关系，提取数学信息："每个足球 56 元，每个篮球 48 元。王老师带的钱正好可以单独买 6 个足球或单独买 8 个篮球。"而问题有两个：

“一个排球多少元?”“都买篮球能买几个?”只有让学生读懂了题意，找到了与问题相关的数学信息，方能顺利地进入分析与解答的环节。否则，接下来的解题也将会失去方向性，容易造成“思路混乱”。其次，要引导学生学会整理信息。让学生把相关条件与问题整理在表格中：

足球	每个　56 元	买　6 个
排球	每个　? 元	买　8 个
篮球	每个　48 元	买　? 个

通过这样的列表整理，把实际问题中相对杂乱的信息进行梳理，使之条理化、清晰化，便于抓住关键，凸显联系，为顺利解题铺平道路。

2. 准确分析数量关系

新课程实施以来，课堂上热闹的情境创设、问题发现等成为课堂的一大热闹场景，而对问题的本质缺乏深入地思考。在解决问题策略的教学中，我们要注重分析数量关系和解题思路的训练，使学生对问题的本质有清晰的理解，寻求解答问题的有效途径。

如上例中，在学生理清条件与问题之间关系的基础上，要引导学生准确分析数量关系：要求“每个排球多少元?”需要知道哪些条件？利用怎样的数量关系？唤起学生已有的解题经验积累：“王老师带的总钱数÷排球的个数＝排球的单价。”通过这样的引导与思考，学生明确了问题与条件之间的直接联系，从而发现了解题的关键，即要算出“王老师带的总钱数是多少?”这一间接问题，使问题的解决又向前跨进了一步。随即学生会发现，题目中并没有直接告知“王老师带的总钱数”，因此，又要寻找相关条件来解答这个问题。使学生的思维又指向“寻找与之相关的信息”，学生容易发现“6 个足球×足球的单价＝王老师带的总钱数”。从而正确建立起问题与条件之间的联系。至此，此题基本得到了解决。接着，教师引导学生梳理本题的数量关系：

(1)6 个足球×足球的单价＝王老师带的总钱数

王老师带的总钱数÷排球的个数＝排球的单价

(2)6 个足球×足球的单价＝王老师带的总钱数

王老师带的总钱数÷篮球的单价＝篮球的个数

根据这两个数量关系式的梳理，学生发现了所求问题与已知条件之间的内在联系，也发现了两个问题之间的相通之处，那就是都要先算出“王老师带的总钱数”。这是解题的关键，也是后续问题解答的依据。接着，可以在刚才表格的右边添上一列“用去 336 元”，使“中间问题”及时凸显出来：

足球	每个　56 元	买　6 个	用去 336 元
排球	每个　？元	买　8 个	用去 336 元
篮球	每个　48 元	买　？个	用去 336 元

经过这样的列表分析过程，不仅沟通了条件与问题之间的联系，而且也凸显了“间接问题”在解决问题中的价值，便于学生建构起对这个问题的数量关系的理解。

3. 适度拓展解题思路

学生已有知识经验与水平的差异决定着学生的解题思路与能力的差异。在解题过程中，要鼓励学生从多种角度来思考问题，不断拓宽学生的思路。

如六年级上册“用替换的策略解决问题”中：“用 2 个同样的大盒和 5 个同样大的小盒装满球，正好是 100 个。每个大盒比小盒多装 8 个，每个大盒和小盒各装多少个？”鼓励学生在解答时从不同的角度思考：

解法一：把 2 个大盒换成 2 个小盒，会少装 $2\times8=16$(个)，总数就会变成 $100-16=84$(个)。每个小盒可以装 $84\div(2+5)=12$(个)，每个大盒可以装 $12+8=20$(个)。

解法二：把 5 个小盒换成 5 个大盒，可以多装 $5\times8=40$(个)，总数就会变成 $100+40=140$(个)。每个大盒可以装 $140\div(2+5)=20$(个)，每个小盒可以装 $20-8=12$(个)。

解题思路的拓展可以使学生学会从不同的角度来分析问题、解决问题，从而使自己的思考更灵活，思路更开阔。同时，要组织学生对不同的方法进行比较分析，找到这两种方法的异同之处。如上例中，学生通过比较发现，两题的共性之处都是把两种不同的盒子换成同一种盒子，而盒子的总数不变。不同之处则是，第一种换法是“以大换小”，这时 7 个盒子里装球的总个数变少了；而第二种换法是“以小换大”，这时 7 个盒子里装球的个数变多了。通过不断地对比与分析，学生能从中找到问题的本质所在，切实提高解题效益。

4. 反思回顾过程方法

解决问题的教学要注重对解决问题过程与方法的反思与回顾，这是解决问题教学中不可或缺的一个环节。反思与回顾也可称为“验证”，可以侧重于以下几个方面：一是题目是否理解正确，二是解法是否合理正确，三是方法是否优化有效，四是问题能否拓展延伸。这四个环节应该是层层递进的，逐步培养学生形成反思的意识和能力。

如上例中，学生解答后应及时组织学生进行反思与回顾：第一，题意理解正确与否。把大盒替换成小盒后，装球的个数(少)了，盒子数(不变)；把小盒替换成大盒后，装球的个数(多)了，盒子数(不变)。第二，解法合理与否。用现在的总数量除以现在的盒子个数，就是每个大盒(小盒)装球的个数。第三，解法是否合适？解题时什么地方需要特别注意？通过对两种方法的比较分析，学生能够发现两种方法之间的本质区别：以大换小，总数少了，盒子数不变；以小换大，总数多了，盒子数不变。抓住“变”与“不变”的本质，使学生对题意及思路的理解更清晰完善。同时还要检验答案是否符合题意：即2个大盒装的个数加上5个小盒装的个数是否等于100个？引导学生把答案代入题目中检验：$2\times20+5\times12=100$(个)。第四，如何拓展思考。有的学生还能用方程来解。设每个大盒可以装x个，那么每个小盒就可以装$(x-8)$个。列出方程：$2x+5(x-8)=100$，求出$x=20$，即是大盒装的个数，用$20-8=12$(个)是小盒装的个数。或者设小盒装x个，方程为：$2(x+8)+5x=100$，求出$x=12$，即是小盒装的个数，用$12+8=20$(个)，是大盒装的个数。最后，学生对替换的本质感悟深刻：不论是用哪种方法解答，都是把两种未知量替换成一种未知量。

5. 科学训练掌握策略

解题策略的形成并非一蹴而就，需要经过一个循序渐进的内化与吸收过程。科学的训练是培养学生形成扎实的解题策略的重要环节。通过科学的针对性训练，帮助学生把握问题的思考路径和基本解题模式，建构起个性化的解题经验。

如上例中，在学生初步感悟了“替换的策略”后，及时出示相应的练习题，用习题组的形式出示练习，不断丰富学生的策略意识，积累解题经验。

(1)相似性习题：

①妈妈买来3盆玫瑰和2盆含羞草，一共用去27元。一盆玫瑰比一盆含羞草贵6.5元。玫瑰和含羞草每盆各多少元？

②一辆卡车运矿石，晴天可运16次，雨天每天只能运11次。它一连运了17天，运了222次。问：这些天中有几天下雨？

相似性习题可以让学生及时运用所学策略解决问题，在解决问题的过程中进一步清晰解题思路，明确解题路径，积累解题经验。

(2)对比性习题：

①妈妈买来3盆玫瑰和2盆含羞草，一共用去25元。一盆玫瑰比一盆含羞草贵5元。玫瑰和含羞草每盆各多少元？

②妈妈买来3盆玫瑰和2盆含羞草，一共用去32元。一盆玫瑰的价钱

是一盆含羞草的2倍。玫瑰和含羞草每盆各多少元？

③1元硬币和5角硬币共20枚，共值15元。两种硬币各有多少枚？

对比性习题的设计可以唤起学生相似的经验，但在实际解决过程中又会激发学生变换思考角度，寻求相应的解题思路与策略，同中求异，异中求同。这里设计的三道对比性实际问题，策略稍有差异，但本质都是“替换”，都要把“两种不同的量替换成同一种量”；不同的是第1、3小题的两个量之间存在着相差关系，第2小题的两个量之间存在着倍数关系。在解题前就要引导学生清楚地分析问题的本质，运用恰当的策略。

(3)拓展性习题：

①一只松鼠采松子。晴天每天可采20个，雨天可采12个。如果一连几天共采了112个，平均每天采14个。这几天中有几天是晴天？几天是雨天？

②班级买了12支钢笔和18支圆珠笔，共付57.60元。已知2支钢笔的价钱和3支圆珠笔一样多，每支钢笔和圆珠笔各多少钱？

③某次数学竞赛共20题，评分标准是：每做对一题得5分，做错或不做一题扣1分。小华参加这次竞赛，得了64分。小华做对几道题？

拓展性习题可以不断拓宽学生的思维角度，变换思考的角度，丰富解题的方法与经验。第①题中因为总天数未知，要根据“如果一连几天共采了112个，平均每天采14个。”算出一共采了8天。再把题目转化成“一只松鼠采松子。晴天每天可采20个，雨天可采12个。如果一共采了8天。这几天中有几天是晴天？几天是雨天？”第②题钢笔与圆珠笔之间的关系未知，需要根据“班级买了12支钢笔和18支圆珠笔，2支钢笔的价钱和3支圆珠笔一样多”这两个条件梳理出替换的依据。第③题需要根据“每做对一题得5分，做错或不做一题扣1分。”发现对一题与错一题之间的差是“5＋1＝6分”，而不是“5－1＝4分”。这也是理解这个问题的难点所在。通过这些拓展性的题组练习，不仅开阔了学生的眼界，而且也使学生积累了更丰富的解题经验，沉着面对更复杂多样的问题。

唯有扬弃，方能超越。扬弃，就是要继承传统经验，吸收先进理念，领会教材意图，把脉学生基础，选择合适教法，实现对传统教学的超越。要继承传统应用题教学中的一些好的经验做法，如注重数量关系的分析，注重解题思路的训练，注重结构训练，注重多样练习的设计。在继承传统的基础上，还要注重现实需要创设实际问题情境，引导学生从数学的角度收集信息，提出数学问题，注重对解题策略的感情、体验、提升。从而不断丰富学生的问题意识和策略意识，切实提高学生解决数学问题的能力。

我的反思之乐

教学之旅也是和孩子们一起思考、一起成长的过程。反思具有“实践性智慧”的一种性质，其主要是“行动导向”：从本质上说，就是行动中的认知，它是建立在经验、对经验的反思和理论知识的基础之上的。教学反思是一种思考的途径，通过这个途径，我们能够继续从事教学学习和自我学习，同时，教学反思也是我们学习的中心。

记得在一年级和他们一起学习“9 加几”时，印象极为深刻。在课前，调查了孩子们对这些内容的掌握情况，了解了孩子们已有的知识基础；在课堂上，适当改变了书本例题的呈现方式，采用了猜测、推理、比较的方法，引导他们用自己的方法来学习、交流“9 加几”的计算方法。

缘由——课前调查

昨天，我印发了一些口算题，主要是 10 加几和相应的减法，另外还出了几道 9 加几的题目，目的是想了解一下我班孩子已有的知识基础，以更好地调整自己的教学思路，让他们学习自己喜爱的数学。反馈的结果让我对他们刮目相看，有好多孩子已经会算 9 加几的题目了(主要归功于现代家庭的超前家教)，我顺便还请了几个不同层次的学生把他的想法说给我听，当我听完他们的想法时，不禁为他们的独特想法叫好！因为他们都有自己独特的方法，而且还颇具代表性。因此，我把本课的目标定位于：(1)让学生把自己计算“9 加几”的算法进行交流展示，培养他们的语言表达能力；(2)引导他们在交流、合作与倾听中经历算法多样化的过程；(3)会在多种算法中选择适合自己的方法，逐步引导算法的优化。让他们从小就学会从多种角度来思考问题，并会在多中求优，以提高自己的计算能力。

思考：目标定位对于一堂课来说具有“导航之灯”的作用，如何把握学生的学习起点，对于确定教学的目标有着导向的作用，同时对于教师的教与学生的学具有同等重要的作用。学习起点包括逻辑起点和现实起点，逻辑起点是指按照教材的进度，学生应该达到的基础；现实起点就是指学生在展开新的学习时所必须借助的知识准备。通过课前调查、摸底，了解到班里的孩子大多数已会计算“9 加几”的题目，而且思考方法具有普遍性，计算得也相当不错。在基本了解了学生的学习起点后，我对本课的目标稍作提升，把重点定位于：让学生说一说，你是怎样算的，你的方法跟别人的方法有什么不同之处？通过对比，现在你喜欢用什么方法来计算“9 加几”？为什么？确定了这样的目标，在组织教学时，重点围绕目标组织他们展开学习与交流的活动。

过程——展开探讨

课始，在黑板上写了10＋1＝?，谁会算？学生都举手了，我就让平时口算有点困难的学生来试一试，结果他算得很好。我又在10＋1＝的后面写了10＋2＝?，让学生来算一算，算得也很好。接着写了10＋3＝?，学生也能很快算出得数。这时，我问："你们猜猜，接下来，老师要写什么?"学生不假思索地顺次说着：10＋4、10＋5、10＋6、10＋7、10＋8、10＋9、10＋10，我都把它们有顺序地一一板书，并让学生算一算，并及时表扬："猜得真准，跟老师想的一样!"小朋友们可高兴了，积极性大增。接着，我对着上面这些题依次写出9＋2＝?，9＋3＝?，问道："下面老师要写什么了?""肯定是9＋4，…，9＋9"学生边说，我边写，有的学生边说算式，得数也脱口而出了，我也没有制止，一口气把这些算式整齐地写完，看着孩子们一副完全猜对的得意劲，就顺势指着9＋2，提问："你是怎么算出来的？谁愿意把你的方法交流出来？先自己小声地说一说，再在小组里说一说你的算法，比比谁的方法既简便又算得快!"孩子们先独立思考，然后在小组里说着自己的算法，我也参与了几个小组的学习，发现他们每个人的方法都很独特，显然他们是经过了自己的思考，正在努力地展示着自己的方法，大约过了3分钟，组织全班交流，孩子们的方法很多，也很独特：

生1：我知道10＋2＝12，9比10少1，9＋2就是11。

师：谁听懂了他的方法？再来说一说？

生2：他是说10＋2＝12，9＋2比10＋2少1，就是11了。

师：他的方法真好，用已经学过的方法来算9＋2，你听得真认真！把他的意思表达得很清楚。谁还有别的方法？

生3：2里拿1出来放到9那里，就满10了，2拿掉1，还剩1，现在就是11了。

师：谁听懂了他的意思？再来说一说。

生4：他是先看9还缺1就是10，从2里拿出1来给9，它还剩1了，10＋1＝11。

师：这位小朋友听得真认真，说得也很好！那我们就用准备好的小球来摆一摆，验证一下他的说法对不对？(让学生以小组为单位动手操作验证，并组织学生及时评价)

师：谁还有跟他们不一样的算法？

生5：9＋1＝10，9＋2比9＋1多1，就是11了。

师：他的方法可以吗？谁愿意来说一说？

生6：也可以，他说的是，9＋1＝10，9＋2就是11。

师：小朋友真爱动脑筋，大家的方法有些不同，我们来整理一下……你喜欢用哪种方法算9+2呢？那么9+3你想怎样算呢？……9+4呢？……

这时想发表自己见解的小朋友就更多了，在一次次的交流与评价中，初步在孩子们的头脑中建立起了“9加几”的算法模型，形成了自己的基本方法，让他们用自己喜欢的方法算了几道，效果还不错。

接着，我着重引导学生对刚才的几种方法进行对比，做出选择：“你最喜欢哪种方法，为什么？”(如9+4)有的孩子说喜欢从4里拿出1给9，就凑满了10，4就变成了3，10加3就是13；有的孩子说喜欢把9加4看成比10+4少1就是13了；有的孩子说我记住了9+3=12，就能知道9+4=13了；我及时鼓励了他们，并组织学生对比、分析：“哪种方法能很快地算出9加几的题目？”通过再次的对比与分析，他们做出了方法的确定：选择自己认为能很快算出得数的方法运用到自己的计算中……

思考：在了解了学生的学习起点(“数数”的方法适合算得比较慢的学生；“凑十”的方法更适合于思维能力较强的孩子；运用“10加几”来推算“9加几”的方法很巧妙；运用“会算的题目”来推想更灵活)，确定了本课的学习目标后，适当改组本课的内容安排，尝试由“10加几”引出所要研究的“9加几”，在说理、对比的过程中展示学生的思维过程，并注重方法的点拨和选择，让孩子们选择适合自己的方法，并通过实际计算检验自己的方法是否是最合理的，在不断地运用、对比中逐步学会调整、选择最适合于自己的方法，慢慢地学会运用这种方法来进行计算、逐步提高计算水平。在学习过程中，当孩子们把自己已有的算法告诉同学和老师的时候，他们不仅在享受着自己的知识，同时也在享受着学习给自己带来的快乐与骄傲，特别是当自己的方法得到同伴的认可时，那种愉悦的心情是无法形容的。在数学学习的过程中，他们不仅得到了知识的丰富，也得到了情感的满足，这样的学习过程是孩子们喜欢的！

结语：倾听孩子，让我知道了他们的认知基础和真实需要；走近孩子，让我感受到了孩子们的思考过程和个性差异；融入课堂，让我体会到了与孩子们一起探索的快乐；经历过程，让我听到了孩子们成长拔节的声音。亚里士多德说：“人是追求目标的动物，只有当他寻找并为目标努力工作时，他的生命才有意义。”自觉成长中的我们，不仅应该回首过去，看清自己来时的路；也应正视现在，明白自己正在做的事；更应心存目标，向着明亮那方，永不停止前行的脚步。

九、吾当温柔，却有力量——我的教育梦

姓　名：杨皇英

所在学校：长沙市宁乡县五里堆中学

从教年限：9 年

最喜欢的书：《卡尔·维特的教育》《我的事业是父亲》《看见》

最喜欢的休闲方式：篮球　郊游　上网

温柔与力量，就像两个神话，曾经或是现在，抑或是未来，神话就是美丽而动人的，或是很轻易地被人们遗忘，或是很清晰地被人们记住。为师的我，正在默默续写这柔情的神话！

成长之路

之前我的一个女同事的爱人这样赞美她："世界上有两种人最伟大，一种是母亲，一种是教师。而我老婆两者皆是，最最伟大。"当时我羡慕中夹杂着感动，尽管老公不曾这样赞美我，但我也最最伟大，因为我也为人母、为人师。

为母三年，为师九年。九年，弹指一挥间；九年，回首漫漫路。

九年的时间，可以讲一个很长的故事。我的九年，是曾经嘴软、心软却总是要装出很硬的样子，到现在得力于平静，强硬于温柔的蜕变故事。

初为人师

可以坦白地说，学生时代的我是一个没有什么远大理想和志向的人。究竟为什么要当老师？我也说不清楚。只记得家人常常对我说："当个教师吧！风吹不着，雨淋不着，还受人尊重。"在填报志愿时我填报了湖南城市学院师范专业，毕业后成为一名中学数学教师。

当我第一次走进教室的一瞬间，印象特别深刻，63 双眼睛瞪得特别的圆，特别的大！是惊奇？是怀疑？还是……我的确说不清楚了。我只记得教导主任将我领进教室的那一刻，心慌意乱的状态是无法用语言来表达的。我的脸涨得通红，终于鼓足了勇气，用第一天晚上准备好的开场白自我介绍道："我……我姓杨，今年刚从师范学校毕业，希望能够成为大家的好朋友。"话音刚落，一阵热烈掌声响了起来，让我平静了几分。同时，我发现掌声中夹带着几声尖叫声、起哄声。突然，我发现了几个特别高大的"孩子

王”！看来，教学生涯上的一场“暴风雨”就要来临了。这几个“捣蛋鬼”一定会给我的教学活动上演一场“精彩闹剧”的。

果然不出所料，第一次调座位，我把座次表写在黑板上，让他们对号入座，哪知他们不但不动还齐拍桌子呐喊：“威——武——”让我的眼眶里蓄满了泪水，之后打架、骂人、破坏公物、上课吵闹……一幕幕校园闹剧的镜头在一段时间里全上演了！考验我？还是看不起我这个刚走出校门的新老师？

怎么办？怎样才能彻底地改变这种局面？几天几夜，我都难以入眠，满脑子都在呈现班上“闹哄哄”的场面，感觉真是好失败呀！

于是，看书、请教，我开始尝试了。不是说“严师出高徒”吗，我便采用了下马威、敲桌子、罚站、抄书等简单而粗暴的方法进行树立威信。咦，还真的奏效了许多呢！或多或少地“镇”住了许多调皮学生。应该说，这些捣蛋的孩子在我的威严之下，一些放肆的举动是有所收敛的。可是，好景不长，隔三差五又“故伎重演”了！

想温柔却还硬气，想使力却无处着力！气愤！苦恼！郁闷！唉，无奈之后还是无奈！

交心立威

是啊，看来要想在学生中树立威信，仅靠这些威严是远远不行的。换个位置去想，在自己读书学习的这几年中，什么样的老师会受我们学生的欢迎呢？对，受学生欢迎、有威信的老师一般说来都是学生从内心里敬佩的，而不是那些仅靠谩骂和威胁得来的所谓“威信”。教学管理还是要讲究艺术的，应该要从了解学生、走进学生心里，先成为他们的朋友，再成为他们的老师吧！

出于这样的想法，我开始真正地接触学生了。了解学生的爱好，理解学生的心情，让学生能够接纳我。我利用了大量的课余时间收集有关学生课外活动资料和素材，设计了几个学生喜闻乐见的活动游戏，如开心笑话会、联欢会等，使得我班上的学生最盼望的就是每周的班队活动课了。因为每节班队课都有新的活动花样，充满了快乐，充满了笑声……

在轻松愉快的笑声中，我找到了自信，树立了威信。亲其师，信其道，学生也渐渐地喜欢上我的数学课了。

为师初喜

答应学生的事情，对学生承诺的话一定要想办法兑现，这也是一个教师树立威信不可缺少的手段。大家知道，学生是需要鼓励的，每当他们获得点滴进步的时候，我都会及时地鼓励他们。尤其是对后进生的鼓励，我会特别关注的。因为平时对后进生大部分老师都是批评得多而表扬得少，后进生的心里存在着的自卑感就特别强烈。每当后进生取得比较明显的进步时，我都不失时机地表扬和鼓励他们，很多时候还买一些学习用品奖励他们的进步。

记得有一次，我答应学生：如果大家在一周的时间里，全班同学课内没有一个人违反课堂纪律，课外没有人违规捣蛋，星期天我一定带大家到野外“秋游”，去香山冲。当时，我只是随口说说，因为在我教的这样的班级里一下子转变过来，要想在一周内没有人违规一定是不太可能的。可是，令我惊讶的是，全班同学竟然像变了样似的，纪律超常的好！只要他们听到我的脚步声，教室里就显得特别的安静。同时课堂上表现得特别的活跃，特别的守纪律，课堂教学效果特别地好。更令我惊奇不已的是，本周的课内外竟然没有出现一起打架、吵架事件，甚至连骂人现象都没有了，这可是破天荒的！到了周末，我可是要兑现诺言的。正当我想履行对学生承诺的时候，才知正逢家父 50 大寿。这可怎么办？推辞不去吧，学生们一定会扫兴的，会觉得我不守信用，让自己失去了信用；去吧，又对不住父亲。还是以守信用为重吧，再怎么样也不能让学生觉得杨老师是个不守信用的人！于是，我就当机立断决定和大家一起游香山冲了。在和学生一起活动的过程中，我接了个母亲来的电话，让“调皮大王”小何知道了，他动情地说：“杨老师，你是最让我感动的好老师！”

哈哈，我总算找到了当老师的感觉了！

角色定位

从教四年后便有了自己的孩子，儿子的降生，带来欣喜、甜蜜的同时也带来了更多的焦虑、困惑甚至是简单粗暴的情绪，在一次又一次的尝试与精神的困倦之中，我在内心深处不得不承认：“当妈，我也是第一次，也需要学习、适应，作为一个母亲的成长过程，就像初为人师的成长过程一样。”

为人母的我明白，人生路上最重要的是有一个积极的人生态度，然后就是能够做到内心不惧怕，也就是能够坦然地面对内心深处那个真实的自己，然后相信自己，然后才能够从容面对一切，无论是困难还是名利；因为只有内心不惧怕，才能够谈理性和客观，才能有选择和决断的勇气，才有能力去感受和面对一切，包括如何做一个合格的母亲。

当我第一次看到斯特娜夫人关于母亲的一句话时，我有一种感动得要流泪的感觉——“只有好的母亲才能教育出好的孩子，因此，每个对子女抱有希望的母亲自己首先要做一个合格的母亲。理想的母亲应该永远镇静，永远和善，永远富有爱心地对待孩子，永远知道管教孩子的恰当方法，永远愿意花时间陪孩子共同成长，永远对孩子抱着必胜的信念，永远愿意与孩子一道讨论问题。”

在为人母后，为人师的我经常地问自己：什么样的教师才能教出好的学生呢？

套用斯特娜夫人的话再恰当不过了：只有好的教师才能教育出好的学生，因此，每个对学生抱有希望的教师自己首先要做一个合格的教师。理想的教师应该永远镇静，永远和善，永远富有爱心地对待学生，永远知道管教学生的恰当方法，永远愿意花时间陪学生共同成长，永远对学生抱着必胜的信念，永远愿意与学生一道讨论问题。

母性柔情

记得谈恋爱的时候，有同事开玩笑地问我想不想要个孩子，我当时以及后来很长时间的答案都是“不要！”并且没有丝毫的犹豫。

可有了儿子后，每天下班回家就要搂着儿子亲个够，当怀里搂一个香香软软、白白胖胖的小东西时，此刻的心比任何时候都柔软，此刻是多么的为儿子而着迷……

做了母亲之后才知道自己有多么爱孩子，自从有了孩子，不论走到哪儿，我都发现周围竟然有那么多的孩子，胖的、瘦的、干净的、泥猴一样的，每个孩子都是那样的个性分明，每个孩子那透亮的眼睛里都藏着那样多的故事，每个孩子都是那么的可爱，她或者是他的妈妈都像我爱自己的孩子那样地爱着他们。

做了母亲之后，回归讲台。我始终感觉教师和母亲的角色转变是最复杂的，同时也是最精彩的！给我留下了最深刻思考的同时，也给予了我人生最美丽同时也是最丰厚的财富。我的孩子在不断地成长变化，而在这个过程中各种各样的问题、困难也会不断地出现，喜悦、烦恼、焦虑、心疼还有牵挂，林林总总，交融其中，温柔与力量在我的生命中积淀，仿佛在慢慢地把我的生命酿制成一杯越来越醇厚的美酒。

幸福从教

为母之后愈发知道为师的幸福，不是别人给予的，是自己创造的。因为只有给学生快乐，学生才会快乐学习，教师才会快乐工作。

学校是允许学生犯错误的地方。不要因为学生偶尔犯错，就大动肝火。更不能一味批评指责他们，而要从关心爱护的角度指出他们存在的问题，让他们从内心认识到自己的错误。苏联著名教育家苏霍姆林斯基曾花十年的时间，将一名有偷窃习惯的学生培养成为一名成功的农庄主席的事例，告诉我们要懂得享受教育，享受对后进生的转化教育。

课堂是教师生命的最重要舞台，要成为一个幸福的教师还要学会享受课堂。在课堂上，把发言权还给学生，把课堂还给学生，营造一个充满生命活力的课堂，和学生一起痛苦、一起欢乐，你就会从一场场真诚的心灵对话，一次次精彩的发言，甚至于一声声轻声的叹息中，体会到无尽的快乐和幸福，你就会少了许多教学的焦虑和烦恼。

教研组长、班主任、骨干教师，每天我都在扮演着一个个寻常的角色。一个角色就意味着一份责任与义务，一份事业与追求。岁月的流逝改变了我许多，但凡事喜欢亲力亲为、做事追求精致完美的风格依然如故。所以，每天我都是在这一个个角色的交替中忙碌着努力着，从没有过丝毫的懈怠。而尤为幸福的是用心带班。我从教 9 年以来，担任了 6 年班主任。6 年的班主任工作，深深感受到管理班级要引导学生用“心”，会用“心”。即对学生有“爱心”，能“操心”，有“耐心”和“真诚之心”，对班干部有“放手之心”，与科任教师有“协作之心”，对家长有“热情之心”，对自己培养“进取心”。有心，则苦中有乐。

课改促长

来五中前，我还沉浸于小有成绩、丹心执教的梦幻之中。就在那个骄阳似火的夏季里，一路颠簸，走进五里堆中学的那一刹那，这里的“土”与“简”击碎了弥漫在我心灵上空的美梦。阳光是辣的，但人心是冷的，因为对这里一切都陌生，尤其是对课改的陌生，有一种无所适从的迷茫。我有幸碰到了一批有思想的领导和热心的同行，让我在数学教学上有长足的发展，让我在班级管理上有充足的时间思考，同在数学组，虽然辛苦，但更多收获的是友谊与快乐，成果与满足。

课改，对我来说，陌生，对于同事来讲，也不熟悉，来自各个层面的压力只有我们学校的老师知道。但是，我觉得自己非常幸运。每每带着兴奋，带着反思的心回望我校两年来的课改历程，我的心不禁怦然跳动，有了一次次豁然开朗的心灵感悟。

课改成就教师。熟悉了课改课堂后，无论公开课、示范课还是平时的课堂，我要做的就是，蹲下身来倾听学生的需求和困惑，找准课堂的支撑点，让每一个学生动起来，把吸纳来的思想和对我们有效的方法与我们的实情结合起来，走出自己的特色。在我的课堂上，力争使学生充满自信：声音洪亮、讨论热烈、辩论激烈、争问抢答；构建和谐、民主、开放的数学课堂，使每一位学生在我的课堂上风光无限，得到最大限度的发展。2011 年 12 月 2 日，首届课改工作现场会在五里堆中学召开，来自全县 100 多位中心学校校长、业务校长、各中学校长参加了会议，我主讲的《一元一次方程的解法》获得大家一致好评；2012 年 9 月我主讲的公开课《二次根式的混合运算》，获本组老师一致好评，在校赛出线，准备参加片区赛；执教的《圆周角定理》获高校课堂龙田片赛第一名；执教的《销售中的盈亏》获高校课堂县赛一等奖。

我的研究之旅

一次课改，一次集智研讨，一堂课，一件事，一个场景，一次谈话……不经意地敲击着记忆的窗棂。

思绪常常似一匹不羁的野马肆意驰骋在大脑的原野上，时而跑到水草丰茂的小河，流水潺潺，带走一段段沧桑的岁月；时而跑到寸草不生的乱石岗，粒粒砂石，演绎一个个鲜活的故事。

思绪又如决堤的洪水，没有目的，没有方向，没有拘束，肆意流淌。

学名校名家，阅无限风景，行己研究之旅，愉悦身心，心胸视野豁然开朗。

【预习：提出问题，确定起点】

探究的问题无论是来源于学案，还是来源于学生预习，都必须置于学生的“最近发展区”，能引起学生的认知冲突，使学生进入“心愤而口悱”的状态。

【案例 1】预习《单项式》中发现的问题

生 1：我在预习时发现一个问题，我觉得书上单项式的概念不科学：用来表示数或字母的积的式子叫作单项式。比如，$100t$，$2.5x$，$-n$，将“数或字母的积的式子”改为“数和字母的积的式子”更准确。

一席话引起了全班同学的疑惑、惊奇和探究的欲望：

生：$100t$，$2.5x$，$-n$，是突出数、字母两个特征吧？

生：难道错了?!

生：书上当然还规定了单独的一个数或一个字母也是单项式，可是 3×10^5 是不是单项式呢？

师：该怎样区分“数或字母的积”和“数和字母的积”呢？

生 1：数和字母的积就是数乘字母，而前者有些理解不透。

生 2：我想数或字母的积可能包括：数乘字母；数乘数；字母乘字母。

生 3：可见 3×10^5 是单项式。

生 4：看来“数或字母的积的式子”比“数和字母的积的式子”表述更准确。

师：对！就是这么理解单项式的概念，是你们自己发现总结的，你们都是数学方面的小博士。

【探究：亲历过程，丰富体验】

探究学习，强调学生的感悟和体验。在探究中，学生亲历问题、假设、推断、检验、结论、交流、评价等基本过程，展开分析、综合、比较、抽象、概括等认识活动，建立起真实而丰富的体验，从而理解知识，构建起个人的认知世界。

【案例 2】探究圆锥的体积

……

师：刚才有的同学猜测圆锥的体积和圆柱有关系，真的有关系吗？请大家动手实验，看看圆锥的体积到底和圆柱有什么关系？请同学们大胆地猜想。

生：圆锥的体积可能是圆柱体积的 1/2。

生：圆锥的体积可能是圆柱体积的 1/3。

……

师：怎样才能验证你们的猜想呢？

师：请小组内共同探讨怎样才能验证自己的猜想，交流信息，互相验证，提出解决问题的方案。

1. 学生分组实验，并填写下表(教师有目的地给两个组不等底不等高的圆柱和圆锥学具，给两个组等底等高的圆柱和圆锥学具)：

组别	物体名称	操作过程	物体名称
A	圆锥	装沙(水)、装(　)次装满	空圆柱

2. 交流汇报

师：各组用的实验方法一样为什么所得的结果不一样呢？

生：我们各组有的圆锥和圆柱不一样。

师：既然大家观察到了这一点，就请同学们比较一下你们所用的圆锥和圆柱有什么特点？

生：我们用的圆锥和圆柱的底都不一样，高也不一样。

生：我们用的圆锥和圆柱等底等高的。

师：从大家的实验得知圆锥的体积与底和高有关，现在再次请用等底等高的小组汇报结果。

……

探究过程本身是探究学习追求的结果。当学生提出假设后，首先进行实验设计，小组成员间合作互动，准备材料用具。教师鼓励求异、求新，同时进行指导和帮助。由于学生经历了探究的过程，体验到了研究者的艰辛，也体会到了成功者的快乐。

【展示：巧借，引领争辩，分享成果】

在展示中，面对同一个问题，学生常常发表不同的看法，陈述不同见解。有时，他们的见解往往彼此格格不入，针锋相对。这时，教师不能简单仲裁，而应抓住契机，巧借矛盾，制造“事端”，引导争辩。这样，不仅能求得对问题正确而深入的理解，而且能培养学生良好的思维品质和自主的探究精神。

【案例 3】在本学期一次校级赛课的试课，课堂上一个意外让我的课得到好评，当时我上的《轴对称图形》，在判断几个平面图形哪些是轴对称图形时，一般平行四边形不是轴对称图形，只有特殊的菱形是轴对称图形，但那属于初中的知识。当时备课我也没多考虑。当时的教学片段是这样的：

生 1：平行四边形不是轴对称图形。因为平行四边形对折后不能完全重合。（边说边演示。）

师：说得很精彩，谁还愿意说一说。

生 2：我也同意，边说又演示了一遍。（我正暗自得意）

（看其他的人也没有举手的，正想进行下一环节。突然看到有一个小男孩举手，于是我把他叫了起来。）

生 3：我认为平行四边形是轴对称图形，老师你看，我剪的这个对折后就能完全重合，说着演示一遍。

（他说的也对，他巧合剪成了菱形。这时课堂一石激起千层浪。）

生 4：他说得不对，我们这一组对折后都不能重合。

其他生：我们手中的平行四边形也是这样的。

生 3：而我这一个却能重合，根据轴对称图形的特点你能说它不是吗？

（一句话说得多数和他争辩的同学哑口无言。）

师：你们说得都非常好，都是正确的。一般平行四边形不是轴对称图形，只有特殊的菱形是轴对称图形，而生 3 剪成的平行四边形就是菱形。我真为生 3 同学在真理面前，大胆争辩的精神感到自豪……

【案例 4】一次函数的应用

问题之一：

将长为 30 cm，宽为 10 cm 的长方形白纸，按如图所示的方法黏合起来，黏合部分的宽为 3 cm。设 x 张白纸黏合后的总长度为 y cm，写出 y 与 x 的函数关系式，并求出当 $x=20$ 时 y 的值。

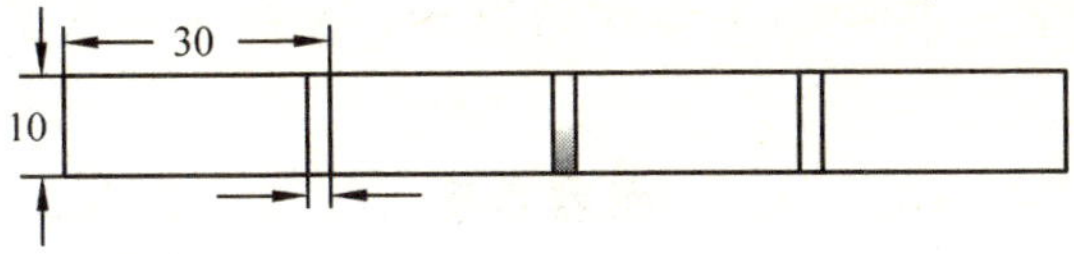

组 1：分析：白纸黏合后的总长度 = x 张白纸的长 − $(x-1)$ 个黏合部分的宽，把相关数值代入即可求解。

解答：解：由题意得：$y=30x-3(x-1)=27x+3$，

∴当 $x=20$ 时，$y=543$。

点评：解决本题的关键是得到白纸黏合后的总长度的等量关系，注意 x 张白纸之间有 $(x-1)$ 个黏合。

组 2：分析：可以从 1 张假设到 4 张，就会发现规律。

比如第一条长度可以把黏住部分算在内，是完整的一张，后面的全部可以看成是“中间段+1 个黏住部分”，即是“$(30-2\times3)+3$”，其实后面的长度都是 27，包括最后一张。如果是 x 张，那就除掉第一张，剩下 $x-1$ 张都是 27 长度的。

解答：设 x 张后总长度为 y，则 $y=30+27(x-1)=27x+3$

组 3：分析：见表：

白纸 x 张数	1	2	3	4	…
总长度 y 厘米	30	$30+27=57$	$30+27\times2=84$	$30+27\times3=111$	…

根据第 2 组的同学分析，我们可以发现变化规律符合一次函数模型，由此设关系式为 $y=kx+b$，取 $x=1, y=30$；$x=2, y=57$ 代入可求得 $k=27$，$b=3$。

……

案例 3 中教师巧借“平行四边形是不是轴对称图形”这一问题，引领同学们辩是论非、评长品短，畅所欲言、各抒己见。谁输谁赢也许并不重要，重要的是，这一番唇枪舌剑，唤醒了同学们的问题意识，给课堂注入了活力。案例 4 一题多解，分享成果，特别是组 3 的方法虽然不是最简单的方法，但体现了学生理解一次函数模型的透彻以及运用得恰到好处，这一震撼作用，提高了他们探索的热情和展示自我的勇气，给学生增添了智慧。

研究是一种智慧，研究是一种幸福。对于研究，温柔是一种魅力，力量是一种武器，而刚柔并济更是一种神话……

我的反思之乐

带着兴奋，带着反思的心回望我九年的从教历程，尤其是进入五里堆中学后的两年多历程，我的心不禁怦然跳动，又有了一次豁然开朗的心灵感悟。

备赛苦乐

“根源于你、我认知水平的整理与拓展”。再品味这句话，去年高效课堂龙田片区赛课的备赛一幕幕又重现我的眼前，又一次激起了我的感激之情。

为准备 11 月的片赛，近一周我利用上了所有的空余时间。

上周二晚上 8：00，接通知，11 月 6 日片区赛，做准备，我分年级选出赛课内容。

第二天，我看到苏师和吴总，就迫不及待地告知他们，请求参考建议定内容，决定讲九年级《随机事件》，接下来我们一起构思，我备出个案，再集体备课，再修改，拿出定稿，接通知，周四上午在本校试课，下午去龙田中学培训学生。

周四，行程之满，让人惊叹；兄弟学校之热情，让人感动；同事分工协作之高效，让人震撼。

周五第四节试上了第一次，暴露出较大的毛病：

黄校长：“这节课我感觉是扬短避长。”中肯，一针见血，典型的良师益友。

谢义校长：“内容单一，过于骨感，不够丰满。”修改意见：结合时间考虑换内容。感同身受。本要赶往宁乡开会的领导为了赛课，宁愿自己赶时间，也要参与听课评课，我除了在心底暗暗感激，不知如何表达谢意。

谢鹏校长：“根据‘三一五’课型特征，结合内容，必须考虑学情，那里的学生有没有足够的语言能力做支撑，有则成，无则败。”修改意见：结合时间考虑换内容。虽见霸气，却心服口服，见解独到，很有参考性。

吴总：“课堂试验感觉是为了展示而试验，而不是为了内容。”修改意见：变“华而不实”为“华而扎实”，我会一起和你讨论。细微处见精神，令人感动。

苏师：“如果不是赛课，这就是一堂成功的课，于内容于形式都到位了，赛课就得完善内容，组织形式，使形式为内容服务。”这句话如茫茫黑暗中的一盏明灯，让我看到一线光明与希望。

最终，我痛苦却果断地换了内容，改讲《圆周角定理及推论的应用》，内容选定，心里也踏实了很多。

周五晚上回家加班，整体导学案基本成形，再往下的便是在细节处下功夫，比如：改“回顾反馈”为“情境导入”，每一个知识点融入，每一句语言，每一处评价，每一个体态语，每一个眼神都在思考之中，花了很长的时间。

本周一第二节，第二次试课，让人更为担忧。

整堂课缺少了学生为主体的观念，学生默不作声，就衬托老师太“霸权”；情境导入太难太长。修改意见：导学案提前发；情境导入删除。独自面对着倾注了不少精力与心思而设计的导入，总是难以下手去删除，最后忍痛割爱“动手术”，在谢校的指点与同组同事的帮助下，总算完成了这堂课中一个工作量很大的“工程”，心也总算宽了一点。辛苦是可想而知，自己的课再没有进步，那可就真是太令人失望了。

晚上二上龙田，学生的热情让我有了自信，期待周二的到来。

赛课心得

周二，怀着满心的期待，一敏、黄帘和我在黄校、吴总的陪同下，三上龙田中学，我是第一堂赛课的老师。

利用预备铃的时间与学生做简短交流，上课铃一响，直入主题。略去教学过程，我上完课的粗略感受是：总体感觉还行，具备一定的教学机智，比试课感觉要好，尽管选题较难，但看似起点高，落点却也较能贴近学生的实际情况。在教学活动中，每每能及时结合学生熟悉的知识来指导当下目标的达成。问题是老师课堂语言不够精彩，学生的出色回答没有给出精彩的升华，学生的梳理巩固没有给出恰当的引导。这样的教学机智还需要我进一步在平时的课堂里去锤炼。书到用时方恨少，教学机智日日练。

现在想来，心态平和淡定，心中充满的是对很多人的感激，无以为报，所幸没让大家过多地失望。回想起来，那还只是片区赛，从内容的选取，到流程的设计再到试课，没有大家听完课后的几句批评，总感觉到心里不踏实，好像总有什么事情放不下心来，一路有你——我亲爱的理科组。而每一个环节，每一次试讲，理科组成员都事必躬亲、一丝不苟，毫不夸张地说，没有他们的悉心指导和热情关怀，就没有我那次片赛的出线。

也许，我是幸运的，在一生中遇到过许多给我帮助让我感激的老师。

大家给我的帮助一直存于我心，尽管大家都并不在意，我还是要说一句：“谢谢大家！”

来五里堆中学，我经常有一种感慨，在这里确实辛苦，但苦中有甜，这种甜就叫幸福，这种幸福就叫拼搏。不管怎样，我们拼搏，我们奋斗，我们也在收获着幸福。这种幸福来自同事的互相激励，来自领导的真诚欣赏，来自家长的由衷感激。所以，我感激，即便只是把感激种在心里！

反思同行

人都会有些欠缺，只不过是伟人少些，凡夫俗子们多些，而我正是站在这后一个行列之中。在走过近 30 年的人生之路后，能够睁大眼睛，仔细地审视自己，真诚而勇敢地面对自身的欠缺，这是课改之风带给我的最大收益。

在从教的第一阶段我已有所悟，开始关注怎么彰显课改学科特征，怎么上好一节课，怎么留作业，怎么批作业，这样虽然在短期内能见效，但反思难以持久。我觉得人骨子里也许都有着一种怀旧的情结，总固守着自己心中的那方阵地，害怕突如其来的变数打乱了工作的节奏，所以许多人打心底里就排斥。我认为要反思持续，就还得开放教育思想，用更高层的精神做支撑。第二要务我觉得反思教育，不能忘了最关键的服务对象——学生，总是强调锻炼能力，过多地强调多方面外因，懒得过问学生的学习心理状态和发展，师生的心长期不能相通，教改必然沦为一厢情愿。

教育，不是在形式上教书育人，而是在理念上教书育人。我们已经实践课改，我们更要可持续关注教育，探索教育……教育进行时，我反思的脚步不会停歇，因为，我求知求新的心路历程永远都在前方。

十、走在路上的幸福

姓　名：孙艳
所在学校：宁乡县玉潭镇实验小学
从教年限：19 年
最喜欢的书：《给教师的一百条建议》《做不抱怨的教师》
最喜欢的休闲方式：旅游 逛街

走得快的人，容易错过好风景。
——题记

教育自传

阴差阳错的美丽

坦率地讲，我不是一个天生就有教育情怀的人。19 年前初中毕业后跨入师范学校的大门，理由很简单，就是要“跳出农门”。我父母都是地地道道的农民，用他们辛苦种田所挣的那一点钱供我们姊妹四人读书非常不容易。用我妈妈的话说，“女孩子家，只要有一个铁饭碗，随便干哪行都比当农民强”！并且读师范，伙食费由国家统包，其他消费也几乎没有，这种负担轻、花钱少的“诱惑”使得中考分数高出县重点中学录取线一大截的我，毫不犹豫地填报了师范志愿。至于日后要做教师，怎样做教师，做怎样的教师，全然没有考虑。

师范毕业后，19 岁的我被分配到一所农村小学，一所只有 6 个班级、

148名学生、8位教师的农村小学。一排教室，墙壁斑驳剥落，摇摇欲坠。当时我非常喜欢文科，想教语文，可是学校刚刚调走了一位数学老师，学校需要数学教师，于是自然地我成为"替补"，担任了一、二年级两个班的数学教学，为此我还偷偷地抹过眼泪，现在想想：这一错还真错对了，成就了我和数学教学的不解之缘。初涉教坛的我什么也不懂，当时就一个想法：怎么让这些懵懂的小朋友们听得懂、喜欢上我的数学课呢？于是，我就想了个办法，就是在学校的学前班里找一些儿童画报，剪一些小动物、花草等图片，结合教学内容，创设成故事情境来组织教学。图片怎么贴到黑板上？那时用最原始的方法，就是用小桶装些水，然后把图片蘸水后贴上去。这个方法还真管用，形象、直观，学生学得有滋有味，活泼开心。

工作刚一个多月，适逢乡联校举行数学赛课活动，学校就推选我参加。那时我连赛课是怎么回事也不知道。当时我选择了一年级的"8减几的减法"这一内容参赛，比赛时我采用自己的"土方法"，用图片演示"8只小鸭，游走了几只，还剩多少只?"引导学生说图意，讲方法，列算式。这节课受到了乡联校领导的高度评价，并推选我参加区的赛课活动。

在参加区级的比赛时，我上的是二年级的"倍的认识"，上述那种"土方法"已然没有了"用武之地"，当时高级一点的是制作幻灯片，同样的直观、形象，且更加的生动、优美。但是我总觉得：我能做到这样，别人肯定能做得更好，怎么才能更胜一筹呢？我就想到一点，就是全身心地投入，我像个大孩子一样，完全地融入孩子们中间，和他们一起学习、探讨、交流，整节课师生默契融合，教学一气呵成。这节课获得很大的成功，一举夺得一等奖第一名的好成绩。直到后来我才慢慢地知道，我的"土方法"应该就是最原始的"创设情境法"吧，我的"全身心投入"就是现在所说的"教学激情"吧，也只有经历了才领略了所谓"初生牛犊不怕虎"的真正内涵！

依傍大师的美好

在乡村小学工作三年后，我调入县实验小学。实验小学有很多知名的老师。黎明老师，一位资深的优秀数学老师、全国劳动模范，她是给我数学教学影响很深的人。对我的懵懂和稚嫩的教学方式，黎老师充满了爱护，总是很有耐心地教诲我。她经常来我的课堂听课，细致地做出指导，在我没有领悟时亲自上示范课给我看。我刻苦学习，不断改进自己，慢慢地，在课堂教学中我找到了些许的感觉。应该说，工作前几年，我也取得了一些成绩，同时也感受到了身为人师的欣慰和满足！

本来，我的职业生涯已有了一个良好的开端，遗憾的是我没有坚持下去。不知什么时候开始，我只剩下"上好自己的课，保证学生的成绩"这样简单目标了。这目标对我而言，似乎不是什么难事。渐渐的，一颗心蒙上了岁月的懈怠和灰尘，我跟随着大流，日复一日地重复着抄写教案的机械活儿……人生如逆水行舟，不进则退。在无聊的泡沫电视剧中，在与同事悠闲的闲聊中，在舞厅旋转的霓虹灯下，在一家家时装店的流连中，我吞噬着所有美好的青春时光。

日子在麻木与清闲中度过，日历更新的速度令人叹息。日渐平庸的我，唯有在无数个月明星稀的夜晚，才想起年轻岁月里激情燃烧的梦想，想起那个单纯快乐向上的女孩，这一切如一抹云，在脑海里轻轻地浮荡。

这样的日子一直延续到了 2001 年。2001 年下半年，新一轮基础教育课程改革正式启动。看到新教材，我觉得耳目一新；参加完教材培训后，我的心底荡起了一层层涟漪。与时俱进的课程理念、生动有趣的教学活动和素材、新颖的教学视角都让我对这次改革充满了热情，我饶有兴致地投身到新的改革、实验、探索之中。2002 年 4 月，我参加了湖南省小学数学骨干教师培训班的学习。为期两个月的脱产培训结束后，我在感叹每一位专家知识渊博、旁征博引的同时，更羞愧于自己的无知和知识的浅薄，对自己那种安于现状、不思进取的可怜状态，以及那种居安而安、不图上进的行为感到可悲，专家的讲座一次次地撞击着自己的心灵深处。这次培训，如醍醐灌顶，真有种“听君一席话，胜读十年书”的感觉，培训不仅是对我知识的扩充、教育理念的提升，更是对我心灵的一次洗涤，为我下一步的生活和学习，指引了方向。

2007 年 12 月，我有幸参加了全国著名教育专家湖南省中小学课堂教学研讨会。这一次研讨会汇集了全国著名的特级教师吴正宪、潘小明、黄爱华、许淑一、华应龙、刘德武等，这次数学盛会真可谓名师济济，一个充满智慧和创新的舞台，一次智慧的浓缩和激情的绽放，将每一堂课都演绎得精彩纷呈，每一个听课者无不为之拍案叫绝。特别对于一个工作 12 年来从未参加过这样高品位的数学盛会的我来说，如同久旱的干田喜迎了一场绵绵细雨：不备好课就没有思考，没有思考就没有课堂上灵活驾驭，没有上课前精心预设，就没有课堂上的有效动态生成。真的，从心底说我是觉得自己非常幸运，终于有机会亲临大师们的教学现场，一睹大师们的教学风采，享受了从未有过的殊荣，一次心灵的饱餐让我有了从未有过的认真、悉心、坚持，最终我收获了很多……

2010 年 12 月，在北京师范大学，我参加了长沙市小学骨干教师高级研修班的培训学习。每天听着专家们的精彩讲演，他们的每一句话每一个观点，都值得我推敲，我在收获甜蜜果实的同时，心里也有酸酸的感觉，他们厚实的文化底蕴，执着的教育追求，严谨的治学态度，让我感到汗颜。他们提出的观点是新的，他们看待问题的方法是辩证的，研究问题的出发点更是让我耳目一新。回顾自己的教学，才发现自己实践不少，但思考太少。常以工作忙为借口懒于反思、总结，通过这次学习，我才发现在不经意间我错失了许多。在失去了及时总结的习惯的同时，教育灵感的火花也瞬时熄灭，如今只有感叹名家怎么会拥有如此巨大的精神财富。

一位位睿智的名师，让我找到了学习的榜样，一个个鲜活的案例给了我具体的操作指导，和不同的名家大师进行思想上的冲击，我思考着、收获着，感觉真的充实而美好。

秋去春来，寒来暑往，在专家和名师的影响下，曾经所有的职业懈怠，被轻轻地抖落，我不断地学习，努力地充实自己。我给自己安排了许多与书本“单独约会”的机会，《湖南教育》《小学数学教师》等各类书刊成了我课余时间最好的朋友。“读一本好书，就如同邂逅一位伟大的老师”，与“老师们”的一次次相约，使我原本狭隘的知识视野逐渐开阔，原本一般的教学能力也日渐增强。书，成了我最高档的营养品，成了我最有效的抗衰老剂。那些珍贵的文字佳肴，使我的心灵得到滋养，不再孤独和软弱。

走在路上的幸福

当一名优秀的数学教师，是我一生的追求。

2002 年 4 月，我参加了湖南省省级骨干教师培训的学习，学习结束后，培训班的学员中要推选一人上一堂汇报课，最后决定由我主讲。面对培训我们的专家和同我一起接受学习培训的全省各地的骨干教师，我很紧张，也很忐忑。我选择了自己最适合教的低年级教学内容——100 以内加减法的练习。当时正好是我国申奥成功不久，所以这节课我以申奥成功为主题，围绕申奥的一系列数据让学生进行提问和练习，整个教学过程由学生的三个活动组成。试教在我们学校进行，当时负责教学的黄琼校长和所有的数学老师全程参与我的课堂试教，一次又一次的试教，让我在压力与动力并存的研讨氛围中逐渐成长。在这次研究课中我收获最大的是黄校长对我的耐心指导，从教案的设计到课件的制作修改，从课堂语言到板书设计，她都非常细致地进行指导与修改。特别是针对我的课堂调控，她说：“你在课堂上一定要注意听学生的发言，你的话要和学生的话‘接得上’。学生的发言当中有很多课堂生成的可利用资源，你要好好把握。”黄校长认真的态度和通俗的话语，让我经历了一场洗礼。“听”“接”，不仅是言语层面，更是一种“倾听”、一种“对话”，是老师与学生双方认知世界、精神领域的沟通、会聚、融合。最终，我的课赢得了专家和同行们的认可。也就是这一次的挑战，让我对数学的课堂教学有了更深的认识。

2002 年下半年，我参加了省电教馆组织的小学数学录像课比赛。在学校数学组内进行了一次次试教后，教研室和资源中心的专家们对我的课进行了深入剖析，提出了很多修改建议，我认真地记录下来。回到学校，根据笔记我对教学设计进行了大刀阔斧地修改。可再次试教时，我却怎么也找不到上课的感觉了。听课的老师也面露遗憾之色，觉得这节课变成了“四不像”，原先的一些特点也“销声匿迹”了，一节课在痛苦中结束。我们在反思中认识到，要从课中找回“自我”，专家的建议应该接受但又只能作为参考。后来我们恢复了原来的多处设计，此课最终获得省级一等奖。

课堂，必然带着教师个人的印记，没有个性的课不可能是好课。参加比赛，带给我的是什么？在上完这节比赛课后，我写下了这样一段文字：“在磨课的过程中，作为执教老师，必须理性地面对每一次修改，审慎地整合他人的建议，积极地吸纳不同观点，形成自己的教学预案，切勿囫囵吞枣、生吞活剥，‘穿他人的衣裳’。”

2003 年，我代表学校给全县的数学老师上新课程的示范课。当时我执教的是一年级下册第一单元“位置与方向”第 3 课时——左右的认识。我遵循教材的编写意图，用新课程的理念对它进行了解读和设计，努力体现新课程所倡导的“教学内容联系学生生活实际、重视学生学习数学过程的经历、关注学生空间观念的发展”等理念。教学时，我以学生身边的人和物为研究对象，安排了四个活动来实现本节课的教学目标。整节课上全班学生学得兴致勃勃，展现出了一年级小学生生动、独到的数学思维。课的最后，我也像新课程之初的许多老师一样，让学生说说这节课的学习收获和体会，这时一个胖胖的小男孩站了起来，大声地说：“我今天学习的体会是我从来没有上过这样有意思的数学课，我希望以后的每节数学课都能像今天这样让我们难忘，让我们感到有趣！”

孩子朴实、纯真的发言赢得全场老师雷鸣般的掌声，会场里笑声一片，大家愉悦地感受着数学新课程带给课堂和学生的崭新面貌和无限生机，我也享受着我的课堂带给学生的成长与快乐。

2005 年，在湘潭市逸夫小学的大礼堂，我参加了全国小学数学课程比赛。我执教的是第 12 册的“百分数的应用”这一内容。走下讲台的那一刻，我收到了来自台下数百名听课教师送来的最好礼物——一阵阵热烈而持久的掌声。现在回想起来，为了那次赛课，专家和学校领导的悉心指导至今历历在目。一次次的试教与修改，让我一次又一次饱尝了备课的“艰辛”，一次又一次饱受了批评的“痛苦”，但，“衣带渐宽”，“为伊消瘦”后，我“蓦然发现”，这一次次的磨砺，不知不觉中已成了我练就课堂教学基本功的最好“炼炉”。在这次赛课活动中我获得了全国一等奖的第一名。

渐渐地，我在课堂教学中找到了些许的感觉，学校领导也为我创造了很多机会，指导我上了很多不同级别的公开课、比赛课达几十堂，多次获得了国家、省、市级奖励。2009 年 6 月，我上的公开课《数字与编码》得到了著名教育学者张文质教授的大力称赞。

一次次的尝试，一次次的磨砺，让我品尝到了教学的乐趣，体验到了成功的喜悦，为前进的步伐注入了更大的动力。

回头凝望自己的成长历程，那些为我铺路搭桥的人早已如烙印刻在我的心底。我明白，我永远只会是教育海洋中一枚微不足道的贝壳，但我依然希望，自己心中藏着的那枚闪亮的珍珠永远都能绽放出最美的光芒！

向着优秀，我一直走在行进的路上，一路汗水，一路幸福！

研究叙事

研究伊始

自任教数学以来，我一直都有一种感觉，这些可爱的孩子们学习数学很被动，也有点死板，可以说只学会那一点点的书本中的知识，对其他的数学知识可以说是一片空白，绝大部分孩子并没有在学习的过程中真正把所学的知识转化成他们自己的知识，也没有因为某些知识的学习在生活中获取更多的数学课外知识。其中有一件事情对我触动非常大：在一节数学活动课中，我问学生们在学习的过程中都知道哪些数学名人，结果很令我遗憾，他们知道的是少之又少，紧接着在课下的调查中结果依然不容乐观，所以我想用一种什么样的方法来有效地解决这些问题呢？在思索中，在请教中，我发现记录一种和语文中的日记相似的数学日记是一种比较好的方法，于是我便在班级中开始实施。

初尝甜头

那天，当我告诉学生们要开始写数学日记了，有的学生在欢呼，也有的学生在叹气，缘由是他们对日记的喜欢程度不同，如何在一开始消除部分学生的抵触情绪呢？我想首先必须让他们去寻找发现有趣的内容，所以针对写数学日记前的问题，我要求学生们写的第一篇数学日记的题目是《我认识的一位数学名人》。

当我像一名语文老师那样怀着期待的心开始批改这些作品时，我的内心有着深深的感动，因为我正在和学生们携手同行，去寻找一条属于我们自己的数学学习之路。

可是这一次数学日记几乎有一半的同学全部是上网查找资料直接抄写的，而且既不完整也没有突出重点，比如说介绍陈景润，只介绍他的出生年月和家乡，然后便是总结他做出了很大的贡献，我们应该向他学习。当我问及学生要向陈景润学习什么时，学生不好意思地笑笑说不知道。总之为了完成这项奇怪的作业，他们便草草地写了这些，这时候我才发现，有部分学生因为不喜欢作文，所以对数学日记有很大的抵触情绪，所以我面临着的第一个问题便是如何消除他们的这种情绪。

在数学活动课上我就关于第一次数学日记做了全班的汇报，我先让部分学生自告奋勇地去读一读自己的日记，每读一篇，我都对同学们说出他所写日记的亮点，首先初步增加了他们的信心。接下来我又让剩下的同学依次读了他们的数学日记，同样我只说他们的优点，不提不足，这个过程持续了两节课，最后在总结发言中我告诉他们，我们的数学日记不同于语文日记，其实只要根据实际情况把平时学数学、做数学和用数学的想法、过程或心理活动简洁地写出来就可以了，文字可以不多，但是只要能突出体现其中的数学价值或者用数学的思想就是一篇优秀的数学日记了。通过这一次的集体面对面对话，渐渐地，学生们开始找到了感觉。

一位学生在“我眼里的数学王国”中写道：在“＋、－、×、÷”四种运算中，我最喜欢除法。因为除号就像一位令人尊敬的大法官，它永远是公平、公正的。——孩子们用自己的语言和方式表达着他们对数学的理解与运用。

一位学生在“我最得意的一件事”中写道：

今天学习书上的“接着画”：

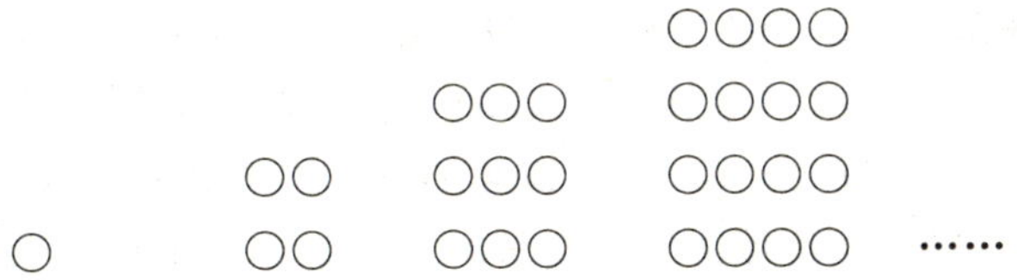

大家填完横线上的图形，老师让我们思考：接着往下画，第六条、第七条……十条线上该怎么画？大家都争着答对了。我马上站起来，大声问：“你们谁能告诉我，第100条线上一共要画几个圆吗？”教室马上安静下来，连平时最得意的陈鹏、徐湍军都哑口无言。我于是得意地告诉他们：第100个图形的每行有100个○，共有100行，100个100是一万，这里面有一万个○！今天我战胜了全班同学，我真高兴，这是我最得意的一件事！

一位学生的数学日记“处处有数学”：

数学在人的生活中随处可见，如果你很细心，你将在生活中找到许多数学，就像下面的事情一样：

一天，我在家里玩弄着一张新的商标，上面一个符号从我的眼前掠过，百分号上面写着尼龙丝56%、棉44%，看来没百分数，人们连商品好坏都分不清。还有一次，我在看商品包装时发现上面有蛋白质≥0.699、维B_2≤1.589，这不是大于号、小于号吗？怎么会在包装上，我想生活中如果没有数学和符号，那大家连食品有什么物质也弄不明白，又怎么能根据每个人的情况补充营养呢？

可见，生活中很需要数学，有了数学生活才会更加的方便。

学生能从一张商标上发现数学与生活的联系，可见这位学生时时都在留心数学。

在实际生活中应用数学

随着学生知识的不断积累和探索能力的增强，他们对数学的认识，从一、二年级的童话王国逐渐转向了现实生活。他们渐渐可以主动捕捉生活、科技中的数学问题，用小手记下他们对生活的认识、对数学现象的思考和对社会的关注。教师可以从中培养学生的数学思维，让他们应用数学知识解决问题。

如一个学生在题为《别小看了废纸》的文章中表达了他对环保问题的关注：

草稿纸、旧作业本、旧报纸，还有矿泉水瓶、饮料罐等都是垃圾，我们一般都会将它们丢到垃圾桶里。最近在班主任庞老师的号召下，我们会把这些东西主动放到废品回收箱里，过了一两个星期就叫废品回收员来回收一次。这样，一个月下来就有十几元的“收入”。我们来算一笔账：我们学校有25个班级，如果每个班级都像我们班一样设立一个废品回收箱，一个月就能有25×10=250元，一个学期算4个月就有1000元了。按照学校每学期补助给特困生200元的标准，可以补助5位特困生。而没有废品回收箱的话，我们就等于每学期把这1000元钱扔进了垃圾桶。而且每千克纸按0.5元计算，1000÷0.5=2000千克=2吨，就是说2吨的废纸得到了回收，这些废纸可再造出1600千克好纸，还可以挽救34棵大树。

我们已经认识到了“废品回收箱”的价值，接下来我们就要在校园里发起“帮助特困生，每班设立废品回收箱”的倡议了，快来响应我们的倡议吧！

三年级的一个学生在跟妈妈到商场购物后发表了她的数学研究：

春节期间，各个商场都在打折。有的柜台打8折，有的柜台打6折。你认为是打8折好，还是打6折好？

答案：以妈妈买的一件棉袄为例，原价是780元，打9折后妈妈交了702元；妈妈又给我买了条裤子，原价是180元，打5折后是90元。

经过仔细观察，我明白：打 9 折就是在原价上减去它 1/10 的价格，打 8 折就是在原价上减去它 2/10 的价格，那打 5 折就是只要原来价格的一半。

原来，买东西折数越小越划算，8 折比 9 折划算，5 折比 6 折划算，1 折是最划算的。

还有的学生写下家里是否应该安装分时电表的数学分析。朴素的语言里透出浓浓的数学思考。

在丰富活动中研究数学

能力不是教师所能教会的，而是学生在运用知识、探索知识的过程中发展起来的。当学生围绕某个感兴趣的主题展开学习活动时，他们会尽力发挥自己的聪明才智，用自己的方式进行探索研究。

在我们的活动中，对"你心目中的数学是什么样子"的提问，学生回答道："我心目中的数学是一个有许多奥秘的王国"，"我心目中的数学很神秘，没有掌握诀窍时，怎么也解决不了，一旦掌握了诀窍，一下子就通了"，"我心目中的数学是一个有很多答案的谜语"……

一位同学在"不要轻易说不能"中写道：

同学们你试过这几道题吗？

1＋1＝1；2＋1＝1；3＋4＝1；5＋7＝1；6＋18＝1。

怎么会这样呢？其实，一语就可道破。我们只要给这些数字加上适当的单位名称，其结果就可以成立，完全正确。1(里)＋1(里)＝1(公里)；2(月)＋1(月)＝1(季度)；3(天)＋4(天)＝1(周)；5(月)＋7(月)＝1(年)；6(小时)＋18(小时)＝1(天)。

简单的数字游戏告诉我们面对生活里那些看似不可思议的东西，只要调整思维方式，就会得到不同寻常的答案，使不可能变为可能。

掌握知识永远是教学追求的目标之一，学生在撰写数学日记的活动中，既牢固掌握了课本上的基础知识，又通过对知识的整合，提升、拓宽了知识体系，促进了学科间知识的结合与渗透。

反过来，教学过程中，学生充满创造性的思维又使教师深受启发，从而不断提高自己的专业素质。真实而丰富的实践推动着教师不断地研究、实践与反思。教师与学生就这样在新课程中共同成长。

田野笔记

且行且思

从 2005 年下半年开始，我坚持每天上完课之后写教学反思或教学手记。我记录课堂的亮点，既有预设之中的精致，也有即时生成的精彩；记录课堂的败笔，既有教师的处理不当，也有学生的失误错误；记录课堂的意外，既有难以预设的遗憾，也有存在的心结。继而品味、咀嚼自己的课堂教学，随时间进行反思和重建。慢慢地，反思不断改变着我的教育生活。

——了解孩子真实的思维

小学数学二年级下册有这样一道题：18人去河对岸，每条船限载5人，要送几次？

学生高泽宁在练习纸上这样写道：“多去送4次。”

我改为：要送4次。

高泽宁订正：“最多送4次才能送过去。”

我又改为：要送4次。

高泽宁再订正：“都过去要送4次。”

我忽然明白：高泽宁要写的是“都”，只不过写了两次错别字，我没能读懂他的意思。

“都过去要送4次”，多么准确、简洁的回答。

面对学生的错误，我们每一次都能解读吗？苏霍姆林斯基说：“像对待荷叶上的露珠一样，小心翼翼地保护学生幼小的心灵。”我当牢记！

——岂是“画蛇添足”？

小学数学三年级上册一道题：

一个书包68元，一个文具盒4元，一支钢笔2元。你能提出哪些用除法计算的问题？

学生提出了两个问题。一个是：买一个书包的钱可以买多少个文具盒？还有一个是：书包的价钱是文具盒的几倍？

第二个问题，王家璇在作业本上的做法是(1)68÷4＝17，(2)34÷2＝17。

批改作业时，对于王家璇的作业中写出第二个算式，我很纳闷：第一个算式，已经解决了问题，为什么又写了第二个算式？画蛇添足？还是……于是我打了问号。作业本发下去之后，我让家璇告诉我写第二个算式是怎样想的。家璇的解释让我欣喜：第一个问题，买一个书包的钱可以买34支钢笔，而买一个文具盒的钱可以买2支钢笔，要算书包的钱是文具盒的多少倍，就可以用34除以2。

我很快划去家璇作业本上的问号，改之为五角星。

——一题之师

为了调动学生的学习积极性，我让数学课代表每天找一道与最近教学内容有关的思考题写在黑板上，在数学课上集体思考解答。一天，数学课代表从书上找到这样一道题：在一个数的后面添上一个0，得到的新数比原来的数增加了801，这个数是多少？我先让学生自己尝试练习后讲解，我教学生用倍数关系来理解这道题：一个数的后面添上一个0，得到的数是原来数的10倍，这样新数比原数大了9倍，也就是增加了9倍，增加了9倍增加了801，求出其中的一份也就是原数。这样对于五六年级孩子来说可能理解起来很简单，但对于一个三年级孩子来说这样理解却有一定的难度。就在我讲完准备让学生小组交流进一步理解时，坐在第一排的赵宇浩迫不及待地举起了他的小手，"老师，我还有一种更简单的方法。"我用手势示意他讲给大家听。他主动走上讲台，拿起了粉笔，把自己的写法写在了黑板上：

	□	△	0
−		□	△
	8	0	1

写完后他讲解道：先假设这个数是□△，然后在这个数的后面加个0，就得了新数，然后再用新数减去原数得801。

我还真没有想到这种方法，这种方法对于三年级学生来说确实很容易理解。教学相长，真是不假啊！我由衷地说了一句："谢谢你，我的老师。"他不好意思地笑了。我把两张表扬卡发给了他。他美滋滋地走下了讲台。

"三人行，必有我师焉。择其善者而从之，其不善者而改之。"同行之间可以，师生之间亦是如此。且遇到这种"一题之师"的学生，也是我的一种福气。

—— 带着问题走出课堂

在教学"年、月、日"一课的总结时，我问大家："通过这节课的学习，你都知道了什么呢？"同学们纷纷举手，流利地回答了这节课的收获，接着我又问："你们还有什么疑问？"这时一位女同学举手，"老师，为什么闰年多出的一天会放在二月份？"她扑闪着一对亮晶晶的大眼睛，满怀期待地望着我。这是一个很有意思的问题，仅仅凭借书本上的知识是不能解决的，也不是三言两语能解释得清楚的，这时，我想到了让孩子们把问题带出课堂，激起他们自己探究知识的兴趣，让大家借助网络和其他手段去获取这一知识。于是，我请同学们课后去查阅有关资料，并和其他同学交流。

—— 老师，你讲错了

五年级上册《解决问题的策略》中有一道例题引起了学生的争议，题目如下：

购买《快乐数学》《文学园地》《大自然探索》书籍，最少购买1本，最多购买3本，有多少种不同的购买方法？

弄清题意后，我让学生用“一一列举”的方法分别列举出购买 1 本、2 本和 3 本的情况。

然后，我请一个学生汇报：购买 1 本有 3 种方法；购买 2 本的：《快乐数学》和《文学园地》、《快乐数学》和《大自然探索》、《文学园地》和《大自然探索》共有 3 种方法；购买 3 本的：《快乐数学》和《文学园地》和《大自然探索》有 1 种方法，一共有 7 种不同的购买方法。

站起来回答的是一位平时成绩优异的学生，如此清晰的表达赢得了同学们的赞同，大家都聚精会神地听着，我的脸上也露出了满意的笑容。突然，有一个声音响了：“老师，你讲错了，购买 2 本的应该有 6 种方法。”我寻声望去，是罗聪，他平时上课就经常有与众不同的想法，今天他这么断然说我错了，难道是他又想到了什么？我真的讲错了吗？书上就是这么讲的呀！短暂的思考后，我微笑着问：“你能说出我错在哪儿了吗？”

“老师，您有点思维定势，太唯书了。”呵，套用我平常的话来训斥我呢。“嗯，哪儿？”我示意他继续。“那，谁说购买 2 本就要买 2 本不同的书了，我也可以买 2 本相同的书啊。”他激动地用小手指来指去。“《快乐数学》买 2 本是 1 种，《文学园地》买 2 本也是 1 种，《大自然探索》买 2 本也是 1 种，所以买 2 本，应该有 6 种方法。”

他的回答出乎我的意料，是啊，我怎么没想到呢，买 2 本也可以买相同的书，书本上只列举了 2 本不同书的情况，是考虑不全面还是题目不严谨？罗聪能指出书本的错误，我意识到求异思维的火花已经在他身上闪现，但我没有马上表态，而是把评判的权利交给了大家。

“你们听明白了吗？大家同意吗？”

“我认为他考虑得很全面，书上的答案是错的。”

“我不同意他的观点，有点钻牛角尖，有谁买书会买 2 本相同的书呢？”

“如果按照这种想法，购买 3 本应该有更多的方法了。”经过一阵唇枪舌剑，大家终于达成共识，题目中没有明确指出要买不同的书，所以购买 2 本可以买不同的 2 本书，也可以买相同的 2 本书，应该共有 6 种购买方法。书上的答案是不全面的。

课堂进行到这儿，我趁热打铁，问道：“如果按照这种想法，购买 3 本有几种情况呢？小组想一想。”

此时，我走到罗聪面前，握着他的手说：“老师跟你握握手，感谢你提出了不同的想法，让我们明白了不能过分唯书，要相信自己的智慧。”

“谢谢老师！”罗聪的脸上写满了兴奋的喜悦。

这节课在一片热烈的掌声中结束，但我的心情久久不能平静。罗聪的

"老师，你讲错了"让这节本来平淡无奇的课掀起了"不唯书"的求知高潮，课堂上收获了未曾预设的精彩。他的所思所想，不仅显出了他的求异思维，而且教育了我这个老师。让我不禁审视平常的备课，过去完全依赖教师教学用书，书上怎么建议就怎么做。以后应"俯身做学生"从学生角度来分析教材、理解教材，在自己充分思考的基础上再和教学用书上的教学说明进行对比，弄清学生眼中的数学与专家眼中的数学究竟有多少差异，找到二者的平衡点，才能有的放矢地进行教学。

在这节课中，我庆幸自己在课堂上没有过分利用权威，严加斥责，直至课堂只有一种声音，而是机智地抓住了这一契机，让学生大胆地说出自己的想法。解题思路因此多样化，教学效果也就更优化。

——和学生一起慢慢成长

慢慢成长，是一种状态，也是一种境界。听一位大师点评二胡曲，他说，乐曲中强音处理得非常好，但要注意几个地方的弱音处理，高水平的演奏，就是看弱音处谁控制得好，要慢下来，又要控制得好，这就是"功夫"！我豁然开朗，隔行如隔山，但隔行不隔理。我们常说教育是一种"慢"的艺术，其道理与此是相通的。有时，我们真的需要慢一些，再慢一些，尤其是在面对成长之中的学生更应该如此。"慢"，意味着把持一定的节奏，给学生留出独立思考的时间与空间。"慢"，还意味着教师要给学生解释自己想法的空间，倾听学生成长的声音。慢，是循序渐进；慢，是从容不迫。

走得快的人，容易错过好风景。风景，往往在路上。当我们和学生相互感叹"一路有你"时，那就是最好的风景！

十一、用生命点燃生命——我的教师梦

姓　名：刘宗良

学校：湖南省宁乡县金海中学

从教年限：20 年

喜欢的书：《教学工作漫谈》《发现母亲》

教育只有首先直面生命之真，我们才可能坦然地穿越生命的泥沼与苦难，怀着奔向阳光的坚定信念，朝向生命的澄澈，艰难而笃实地缓缓进发。我愿用生命之生气，育有生气之生命。

成长之路

回望过去　漫漫为师路

当黄琼校长让我写写自己的教育自传及教育教学随笔时，我感慨万千，难掩心中澎湃。作为一名普通的基层人民教师，从未想过有一天会将自己的教育之路娓娓道来，诉诸笔端。当记忆开始翻页，我看到了那个 20 年前初出茅庐的毛头小伙，我看到了那个十年前日趋成熟的沉稳青年，我看到了如今心静如水却依旧怀揣教育梦想的自己。这 20 年里我不断成长、成熟，我的知识，我的技能，我对世界、对社会的领悟也在这个阶段升华。我开始在记忆中搜索，从第一节课开始的教育教学生活，一幕幕如同电影般在我的眼前闪现。一直在人生道路上一路向前奔的我，第一次停住脚步，第一次回头看看自己走过的路……

回忆追溯到 20 年前，自己是怎样选择了老师这一职业？读书时大家都说我是个不善言谈、性格内向的人，怎么就成了一名教书育人的人民教师呢？也许只是为了当时能跳出“农门”，也许只是为了能安稳工作，但追根溯源，我想我是一直有着一颗希望向身边传递能量的心，无论是传递知识的能量还是传递人格的力量。初出茅庐之时，我只知道按教参提示上课，甚至是照本宣科，我开始不断怀疑自己：教师这个职业真的适合我吗？难道我就要这样一直索然无味地向同学们灌输知识吗？

终于，一次磨炼的机会让我重塑信心。区教育组的领导来我校检查工作，要求听一节数学课，学校领导希望给青年教师锻炼机会，安排我上这堂检查课。我当时紧张得说话都哆嗦，为什么不选那些经验丰富的前辈呢？可我没有选择的余地，只好硬着头皮接下了任务，抓紧时间选好课题，查阅资料，品读教材，基本上把整个教学流程都背了下来。我怀着忐忑的心情踏上讲台，一双双渴求知识的眼睛注视着我，我努力让自己平静下来，按照备课的思路一环接一环地将课堂气氛慢慢地调动起来，孩子们的思路也越来越清晰，下课铃响的那一刻，我长长地吁了一口气。而课后却是让我有了意想不到的收获，领导高度肯定了我的课堂模式，他们的鼓励给予了我最坚定的力量，我暗下决心：一定努力成为一名引领学生成长的优秀教师。

我最喜欢春天，播撒希望，耕种理想。而在学校，老师就是春天，播种爱和知识的种子，盼望着盼望着，希望秋之果实健康向上。回想一年前，一个陌生的电话号码出现在我的手机里："喂，您还记得我吗?"我一时茫然，"你是?""您可能忘了，我是57班的学生高瑞梅。"一个电话让我的第一次回头想一想我的教学生涯，很感激他们还记着我，我为自己是一名教师而喝彩。回想那时，我第一次走上讲台，第一次当班主任，我的第一届学生是宁乡县朱良桥中学57班的初一学生，20年了，他们没有忘记这样一个初为人师的我。一个电话令我心生感动，秋之果实终于长大，开始感念春天。

初出茅庐　青涩成长史

1993年9月，我走进宁乡朱良桥中学，我的同事们诧异这是哪来的"插班生"，个头不大，人很腼腆。能教书，能管学生？我在议论声中也渐渐怀疑自己。而回首我的教师职业生涯，我感恩我的教师成长之路上的良师益友。其中一位是当时住我隔壁的陈老师，他写得一手漂亮的粉笔字，是我的班主任指导老师，他所管理的班级井然有序，班风良好。我虚心求教，陈老师也很耐心地指导我，并让我深入到他的班级和同学们交流，寻找管理班级的捷径。可当我踌躇满志地将学来的制度在我们班实施时，效果却大打折扣。我再一次开始怀疑自己，而陈老师一句简单的话语却点醒了我："一切不适合的根源在于没有因材施教。"的确，对于不同的学生在知识的传授和管理上都需要因人而异。在班级管理中，有共同的班规班纪，但对个别的学生要有一些特别的教育方法。刚开始当班主任就遇到了一个比较棘手的事，学生周某早恋了，我对这件事可是无从下手，怎样来处理我毫无头绪。只好请教陈老师，他给我的建议是让学生明白早恋的危害，我很好地进行了处理，没有使学生感到尴尬。这件事使我明白处理学生问题还是一门艺术。在教学上也有我忘不了的良师益友如孙立新老师，他给我的鼓励和传授给我的教学中所应具备的基本素质，数学教学中的严谨思维等，使我终身受益。更值得一提的是周永贵老师，在我初为人师的第一年里给了我作为一名合格教师的勇气。如今想起，是领导的关怀给了我成长的土壤，各位前辈老师的指导给了我成长的养分，使我快速提升。

我的成长离不开我身边的前辈，他们是我教师生涯的指路明灯。

1994年，是我教学的第二年，学校领导信任我，让我接了两个毕业班的教学，一开始，学生就提出疑问，你也能胜任我们的教学？一个毛头小子，你能管得了我们吗？确实，当时在我的学生里有年龄和我一样大的学生，个头比我高得多，我很担心难以在学生面前树立威信。怎么办呢？我请教有经验的何兵汉等老师，从他们的身上学到了一些基本的方法，刚开始还能应付过来，可是随着知识点的增加，与学生的熟识，就开始出现一些问题，如课堂中组织教学的驾驭，难题的突破，都给我压力，可以说有时根本应付不过来。也许是学生看我用心教学的分上，大部分学生还是信任我，可课堂的纪律却没什么好转。使我不能忘记的就是当时我班一个学生主动找到我，给我提出了一些上课时宝贵的意见，使我茅塞顿开，我应该和学生多交流，和学生打成一片，不就成了吗？于是我马上与不同层次的学生进行交流，希望得到他们的认同和帮助，相互学习，共同提高，特别是那些学习上有困难的学生，我主动帮他们补课，让他们觉得我是一个很容易相处的人，最终收到了意想不到的效果，学生成绩得到了提高，课堂纪律也有很大的进步，是学生的信任激励着我当好一名教师。记得在我中学学习时，我的数学成绩是优秀的，高中的同学都戏称我是“小老师”，但真正到自己成为一名教师来教学生才发现这两者是有很大区别的，往往在学生问难题的时候就感觉更深刻，是他们给了我勇于探索的时间和勇气，每当学生来问问题的时候，都不会一下子要求我解答出来，正是这样，我就不得不查资料(当时学校里也有一些参考书)，问同事，也使我明白现在的知识是有限的，所以我抓紧时间提升自己的专业知识水平，多做题，勤阅《初中数学教与学》等多种杂志，不断更新自己的知识，提高自己的业务水平。通过自己的不断努力，我的教学水平有了很大的提升，在1996年县组织的教学水平达标活动中获得了优秀课的荣誉。直到2002年我都任教毕业班数学教学，成为朱良桥中学的教学骨干。

我的成长离不开我的学生，他们是激励我进步的力量源泉。

2002年我应聘到宁乡金海中学教学，有幸听了我国著名语文特级教师余映潮老师的一堂课《假如生活欺骗了你》，以他独特的强化课型创新、优化教材处理、简化教学思路、细化课中活动、诗化教学语言、美化教学手段的教学特点，将我们所有的学生和听课老师都带进一个美好的课堂。想想当时的情景，有三个班的学生上课，我们想都不敢想，可是在余老师的引领下，学生学活了，学生将自主、合作、探究融为一体，让我们体会到了真正的高效课堂。使我明白当好一名合格的教师我还有些距离，应该不断向名师学习，自己也向着名师迈进，我有很大进步的空间。正是如此，我不断阅读教育教学大师的著作，有魏书生的《教学工作漫谈》，谈到了教学三大秘诀："我要学。""学什么？""怎么学？"使我确信魏书生所说：教育是一项可以给人以双倍精神幸福的劳动。教育对象是人，是学生，是有思想、有语言、有感情的学生。教师劳动的收获，既有自己感觉到的成功的欢乐，也有学生感觉到的成功的欢乐，于是教师收获的是双倍的乃至更多于其他劳动倍数的幸福。尊重与发展学生的人性和个性，会使师生生活时刻处在一种相互理解、尊重、关怀、帮助、谅解、信任的和谐气氛之中，从而真正体验到做人的幸福感与自豪感，减少内耗，提高工作和学习效率。此外还有李炳亭的《高效课堂22条》等。在勤阅书报同时不断到各地进行学习，从许市中学、江苏前景、再到株洲景宏中学，我学到很多教育教学的先进经验，不断充实自己，改进自己的教学方法，力争使课堂高效，向名师一步一步迈进。

我从1993年参加工作至今，20年，经历了从农村中学到城镇中学、从公办中学到私立中学的教学历程，积累了一定的教育教学工作经验。特别是对尊重孩子的需要、注重孩子的个性发展等教育的理念理解得比较透彻。因此，我在工作中能用平等的态度对待每一位学生，和他们建立朋友式的伙伴关系。经常和家长交流探讨，使学校教育与家庭教育达成一致。陶行知先生曾经说过："以生气唤醒生气，以激情感动激情，以理想鼓舞理想，以生命点燃生命。"所以，当我站在课堂上的时候，总是满怀激情的，用教师的激情感染学生的学习情绪，点燃学生心中的求知欲望。让学生每天怀着期待、快乐的心态等待老师走上讲台。

我的成长离不开教育大师的启示，他们是我迈向名师的精神灯塔。

校本教研

情智课堂　生命化育人

1996年开始，我的教学能力和成绩初步得到领导的肯定，得到学生和家长的认可，这时我想该写点什么东西，回想一下自己有些什么成功的做法，尝试着写了一篇论文，那时县教研室正好进行论文评比活动，我的第一篇论文也获得了领导的认可。从这开始我就尝试着我的校本教研，当时我们学校语文组在用"自学辅导法"（记得好像是邓野芃老师的一个课题）进行语文教学，我就多听语文课，学习他们教学的模式，发现就是充分给予学生独立学习的时间，让学生通过自己或同学之间的交流来学会知识，于是我模仿着用到数学教学中，收到了意想不到的效果，学生的成绩提上来了，更重要的是学习兴趣大大提高；也使我明白一个道理，研究教学、积累经验、不断改进教学方法是我作为一名合格教师应该具备的基本素质。现在想想，那样的课堂不就是现在高效课堂吗？

真正使我对校本教研感兴趣的是县教育局“生命化育人方略”的实施，要求构建生命化的“情智课堂”，即要让学生在课堂中不仅获得一定的知识和技能，而且要使情感得到丰富，人格得以完善，精神世界得到拓展。“情智课堂”理论的提出，扣住了教学的本源，符合教育教学的规律，符合新课程教学理念。于是我积极参与我校构建以“激发兴趣，激活思维，培养习惯，夯实基础，培育精英”为核心要素的“情智闪光课堂”教学模式的研究。即由“巧设情境，激情导入；自主学习，思维导向；合作探究，落实目标；成功体验，巩固提升；盘点收获，发展延伸”五个教学环节构成的教学模式。并提出要求落实“情智闪光课堂”的八个要点：自学、激趣、启智、时空、参与、生动、创新、有效。

通过学生的合作学习，真正让所有同学都参与到学习中来，使每个同学都有一种成功的喜悦，培养学生敏锐的观察力和活跃的灵感，解题后让学生进行反思和引申，鼓励学生积极求异和富有创造性地想象，训练学生的创新思维。加强数学能力的培养，形成创新技能。

在不断地研究与探索中，我们通过开展四项活动——听课、说课、评课、赛课，以及写论文总结等形式与老师们一起探讨，我受益匪浅，感觉自己的教学、理论水平都在不断提升。

“问渠哪得清如许，为有源头活水来。”教学模式的创新不能闭门造车，必须吸取外来养分，特别是要加强与名校的交流学习。近年来，我不断被选派赴山东杜郎口中学、江苏洋思中学、岳阳许市中学、株洲景宏中学等教育先进地区考察学习，又在校内广泛开展“赏名师经典课堂”浙派名师课堂教学观摩活动，全国先进教学理念、思潮汇入我校，也深深地印在我的脑海里，不断碰撞，改进教学流程，推行学案导学，这是我校在教学方法和学习方式上的一项重大改革，关键在于：把新课改的目标“自主、探究、合作”落实到每节课，落实到每个学生和教师。将“情智闪光课堂”五环教学模式转变为“高效闪光课堂”五环教学模式(明确目标、自主学习、合作探究、展示提升、过关检测)，以导学案为引领，积极倡导学生自主学习、探究学习、合作学习的学习方式。扎实抓好班级合作小组建设，师生角色定位已经发生了很大的变化，课堂不再以老师为主角，而是以学生为本；课堂不再是教的舞台，而是学的场所。每一位学生都有充足的时间和机会开展合作探究，然后进行精彩的展示。小组评比则调动了他们的积极性，讨论、激辩、质疑充满课堂。课堂内精彩纷呈，掌声不断，学生摆脱了“满堂被灌，被动学习”的枷锁。他们参与到课堂，碰撞出了智慧的火花，体验到了学习的快乐。

通过我们的不断研究，我们现在的课堂教学流程转变为“目标解读、夯实基础、能力提升、总结梳理、过关检测”五步教学的“高效闪光课堂”教学模式。这样的课堂强调先夯实基础，再运用基础知识解决问题，提升能力，拓展延伸，遵循了由易到难、循序渐进的学习规律。

从2007年参与校本教研到现在主持我校的校本教研，我得到了领导、老师们的认可，我的多篇教学论文获国家、省、市级奖励。从“生命化育人方略”的实施到“高效课堂”的探究，我们一直借智借道，不断创新，高效课堂的研究走在了县前列，得到了县级兄弟学校的赞誉，2012年我校被评为县高效课堂建设先进单位。

自从我校提出以“激发兴趣，激活思维，培养习惯，夯实基础，培育精英”为核心要素开始，作为一名数学老师，我不断思考，开始研究怎样才能真正达到培育精英的目的，首先我思考的第一个问题就是学生要怎样才能在做题时熟能生巧？怎样选取好的解题思想方法？于是我开始尝试重新把七年级到九年级的教材通读一遍，真正有序地深挖教材的内涵，并做好笔记，同时把高中教材也认真学习，掌握初高中数学知识衔接要点，并完成三套从七年级到九年级的数学竞赛教程，自我感觉专业知识有了很大的提升。美国耶鲁大学三百年来培养了大批影响美国乃至世界历史进程的风云人物，甚至被誉为“总统的摇篮”。当耶鲁校长被问及应如何培养精英人物时，他并没有过多地谈及耶鲁的硬件设施在培养精英学生过程中的意义，而是谈到了学生社团。这些社团实际上就是培养人的才能的一个实验室，与人合作的能力、动手操作能力等许多重要能力都是在这些社团活动中得以培养。所以我根据我班学生情况确定5～10名精英生，成立一个学习合作小组，利用小组，发挥他们的聪明才智，“独学而无友，则孤陋而寡闻”，让他们感受“棋寻对手，将找良才”。要求学生自主学习为主，重合作探究，给尖子生量身订制习题，因材施教，适当集中培训。结果发现学生学习数学的兴趣提高，解题能力提升很快，有很多时候学生会主动和我进行合作交流学习，明显觉得他们的解题思维得到了很好的训练，解题速度提高很快。在一次于春祥老师的高效课堂专题讲座上，正好于春祥老师说精英教育可以从成立学科研究小组开始，让学生自主探究，和我所用的培训方法相符。于是我进一步改进培训方式，我适当引领学生进行探究，这样就可以达到学科兴趣小组社团化、社团活动课程化、课程实施常态化。然后适当集中点拨培训，使学生在解决数学难题中，真正感受到乐学、学会、会学。有付出，就有收获，我所培训的学生获国家奖的有56人，获市奖的有158人，我连续4年被评为国家级优秀辅导老师，2010年、2012年荣获县教学能手奖。2012年在湖南省教育学会中学数学教学研究专业委员会第九届年会被评为中学数学教育教学科研先进个人，在2012年宁乡县初中系列高效课堂教学比武中担任数学科评委，2012年成为宁乡县黄志超数学工作室名师团队成员。

新课程理念下的试卷讲评课

数学试卷讲评课是数学教学的重要环节，其目的是反馈测试评价的结果，让学生了解自己知识能力水平，弥补缺陷，纠正错误，完善知识系统和思维系统，提高分析问题和解决问题的能力，而传统的数学试卷讲评课存在着教师“从头到尾，逐一讲解，就题论题，一讲到底”的现象。数学新课程标准基本理念第一条就提出：人本数学观，突出了数学的基础性、民主性、活动性、层次性、开放性、发展性，与其相对应的是新课程理念下的数学课堂教学应具有生活化、自主化、情感化、活动化的鲜明特色，把学习的主动权还给学生，鼓励每个学生亲自实践、大胆探索，积极地参与到教学活动中来，努力实现自主发展。本文就新课程理念下的试卷讲评课做一些探讨。

(一)试卷讲评课的意义

1. 讲评课是知识学习的重要环节。如果说新课主要是学习新知识，复习课是复习旧知识，那么讲评课主要是为了巩固试卷中出现的知识点，完善学生的知识网络结构。一张试卷涉及的知识点是整个知识网络的一部分，试卷中的问题有一部分是因为对某一知识点理解不对、对知识间的联系没有把握而产生，因此，教师对这部分知识之间应进行再次讲解，知识的联系进行再次分析。

2. 讲评课是综合学习能力、特别是应试技能培养的好时机。考试前，对应试技能与解题方法也有指导，但这种指导是全方位的、是缺乏体验的，而试卷讲评课主要解决试题中反映出来的技能问题，具有针对性，而且建立在学生亲身体验的基础之上。因此，突出方法指导的针对性、体验性是讲评课的特点之一。

3. 讲评课应关注学生的情感需求、重视学生的自我价值体验。长期以来，讲评课重视知识的补缺教学，应试技能的单一传授，而忽略了学生的情感需求与价值体验。在课改深化的今天，讲评课的教学设计应在这一点上有所突破。比如，不要在课堂内公开排名，不要对成绩差的学生点名批评。教师应以鼓励为主，成绩好的学生要表扬，对成绩差的同学的闪光点同样要肯定，课后要与后进生进行沟通，与他一起找出问题的原因，而不是把考分作为批评的理由。

(二)试卷讲评课实施的基本环节

讲评课的模式可以多样：如果以知识、能力、情感三目标为主线，讲评课模式可分为知识学习模式、方法指导模式、情感主导模式。如果从教学方法角度考虑，因教学方法有讲解、讨论、案例、对话、探究等，讲评课的模式可分为讲解模式、讨论模式、对话模式、探究模式等。不管采用什么模式都要有以下几个环节：

1. 明确矫正目标

准确、全面、及时地获取反馈信息，有针对性地确定矫正内容，是讲评课实施的前提。矫正教学的内容一般依据以下几点确定：

(1)全班出错率较高、得分率较低的题目及相对应的知识点；

(2)具有典型性、针对性和综合性的题目；

(3)在以往教学中已多次接触，多次矫正，但学生仍未掌握的难点；

(4)关系到后继学习的重点知识、重点技能；

(5)平时教学中疏忽的“教学盲区”。

2. 分析、讲解

(1)讲错例。教师要引导出错的学生说出出现错误时的心理，以暴露隐藏在学生思维深处的错因，进行答卷失误分析，帮助学生提高应试能力。

(2)讲思路。讲试题题型的特点和解题的思路。要引导学生思考试题在考查哪些知识点，这些知识点之间有什么联系，解题突破口在哪里，用什么方法解题最好。

(3)讲方法。抓住典型题目，讲基本解题方法和技巧，引导学生突破已有思维定势，敏锐地抓住试题本质，排除干扰，速解、巧解，得出结论，解题要既注重结果，更注重过程。

(4)讲规律。即归类讲解，对某一类题目的解题方法进行高度概括和总结，总结出相对固定的解题规律，规范解题格式，真正使学生分析一道题，明白一个道理；纠正一道错题，会解一类题。

(5)讲变化。讲评中不能就题论题，要借题发挥，善于将原题进行变形，对某知识点从多角度、多侧面、多层次和不同的起点进行提问。如可以对习题的提问方式和题型进行改变(改一改)；对习题所含的知识内容扩大使用范围(扩一扩)；从某一原题衍生出许多新题目(变一变)；也可把某一数据用其他数据代替(代一代)；把习题因果关系倒过来(反一反)；把几个题目组合在一起或把某一题目分解为几个小题(合一合，分一分)等。这种训练立足基础，不刻意求难，学生感到别开生面，饶有兴趣，从而达到举一反三的效果，解题的积极性就能调动起来，思维就能活跃起来。

3. 变式、对应性练习

针对有代表性的共性问题设计相应的变式练习。变式训练的设计要注意：(1)针对性。针对共性错误，错什么，练习什么；(2)对应性。即矫正一题，跟上一个类似的练习。以练促思，以练促改，练中悟法。通过练习，让学生运用总结、归纳出来的规律、方法去解决实际问题，以巩固矫正成果。

(三)试卷讲评课的基本原则

1. 及时准确性原则，合理发挥教师主导作用

及时准确是上好试卷讲评课的基础。“时过然后学，则勤苦而难成”，及时讲评、及时反馈，效果才显著。讲评的好坏还依赖于反馈信息的准确，奥苏贝尔指出：“影响学生的唯一重要因素就是学习者已知道了什么，要探明这一点，并应据此进行教学”。因此，教师发卷前要统计试卷的难易比例，对试卷各知识点归类，分析各知识点的得分率，对有创见的解法及相应的学生教师要心中有数，对典型的错误要找出错误症结，估猜学生受阻环节，这样上课时就可针对错误给予恰当的讲解，以说明错误的性质类型及根源，并可提出研究该问题的方法。另外，教师所选择的问题及安排的活动不但要适合于学生现有的思维水平，而要考虑到促进学生的思维向下一个思维阶段发展，所以，在试卷讲评中教师对解法尚多的试题，可以不失时机地根据学生知识水平的不同层次因势利导，将试题与学有余力的学生探讨或指出不同解法的途径，培养学生的创造性思维能力。但是，值得注意的是，教师讲评时要针对试卷和学生的实际水平，忌讳面面俱到。由于考查的知识点和数学思想方法分散于各题中，逐题依次讲评，学生思维时此时彼，难以专一，效果就不佳了。

2. 自主性原则，突出学生主体参与

现代教学理念认为，教学是一种交往。因此，讲评课要给学生参与表达自己思维过程的机会，增加教师与学生、学生与学生讨论问题的时间，允许并倡导学生对“评价”做出“反评价”，即使学生的思维有误，也应鼓励他们尽量用完整的语言表达出来，使学生清楚地了解学习中的困难究竟发生在何处，认识到只有在交流中，在思想的碰撞中，学生才会有所感悟，才能有所收获。所以，为更能体现学生自主性，教师最好做到以下几点。

(1)教师应把要讲评的试卷在做好分析统计后早些发给学生，让学生自己先独立去纠错，学生通过查阅课本、作业或与同学交流切磋，就能够对试卷中的部分错误自行纠正，同时，在这一过程中还可以培养学生的探究能力和合作精神。

(2)对学生自己完成有困难或虽能完成但方法不太恰当的题目，可采用

师生共同分析探究的方法，教师切不可为省事而直接把知识和方法灌输给学生，“数学学习与学生的身心发展”研究表明，用成人化的逻辑将整理好的知识塞给学生，其结果只能适得其反。

(3)课堂中教师应尽量提供给学生自己总结、自行讲评的机会，让拥有新颖解法的同学介绍他们的解法及其思路产生的过程，从而培养学生的表达能力、思维能力以及对数学的感悟能力，也让他们体会到成功的喜悦。

(4)试卷讲评后要给学生留有余地，要让学生带着新的问题走出课堂，正如波利亚在《怎样解题》一书中指出“一个好的教师应当懂得并且传授给学生下述看法，没有任何问题是可以解决得十全十美的，总剩下些工作要做，经过充分的探讨和钻研，我们总能提高自己对这个解答的理解水平”。教师可采用让学生自己编相应的作业再自己练习，以达到巩固的目的，也培养了学生的创造能力。

3. 激励性原则，多重视学生的情感

教育学家第斯多惠指出：“教学的艺术不在于传授本领，而在于激励、唤醒、鼓舞”。因此，激励应贯穿试卷讲评课的始终。很多教师有过这样的感触，上试卷讲评课常会出现学生启而不发、呼而不应、课堂气氛沉闷的情况，这种情况是由于学生的心理闭锁引起的，因为在激烈的学习竞争中，每个学生都有衡量自身成败的标准，而学生心理的自我调整能力还不强。因此，教师在讲评试卷前切不可排名次，而是要对一部分学生进行心理指导，帮助他们分析成功之处，失败之因，学会正确的自我肯定与否定，从而使学生重获自信，恢复进取心；对进步大的学生要激励他们再上一层楼，对后进的学生更要从解题思路、运算过程、书写格式上细心寻找其合理成分，给予及时的表扬和鼓励，从而增强他们的上进心。此外，在讲评课上还要多展示学生的思维成果，如能体现学生能力和才华的优异解法、创造性的新颖见解等。通过在讲评中对学生的激励，充分调动各类学生学习数学的情感意志，兴趣爱好等多方面的积极因素，激发学生勤奋好学的愿望，促进智力因素与非智力因素的协调发展。

新课程新理念下的教学活动要注重学生的思维过程，要创造性地把思维过程“复现”出来，不要略去自己探求问题解决的过程。数学讲评课的主要形式是解题，解题的过程一般由审题——探索——表述，审题的核心手段是观察，探索的重要途径是联想与变换，表达的基本要求是简洁与规范。对于典型的试题首先要注意展现思路形成的过程，通过猜想、类比、归纳等数学方法提出问题的解决方案。其次，要突出思路的探索过程，教师通过“得什么？为什么？怎样想到的？”问答，让学生在叙述中，暴露自然思维过程，暴露方法择优过程和解题偏差纠正过程，使学生了解自己不完善或错误的地方，及时转变思维方向、方法和策略。在讲评过程中，“一题多解，一题多变”是一种很好的教学策略，因为它有相同的起点，每个学生都可以沿着自己感兴趣的路线去探索发现，都可以根据自己的水平去创造，它使学生从不同的角度，运用多种方法思考问题，思维过程灵活，能达到提高思维水平的目的。

（四）试卷讲评课的基本要求

1. 讲评课要有目标性。如果课堂教学教师自己都不清楚要达到什么目标，那么课堂教学的随意性、盲目性就很大，课堂效率肯定会低。要明确目标就要把功夫下在课前，要仔细分析试卷、试题，要注意试题的难易程度、知识要点，要认真及时批阅学生做的题或试卷，搞清学生的薄弱环节和普遍存在的问题，并对重点地方做好统计，这样做一是诊断出“伤口”所在，使讲评时心中有数，有的放矢，重点突出，针对性强。二是有利于教师今后的教学，因为学生出错的地方，往往是教师自己在教学过程中存在漏洞的地方，对年轻教师尤其重要。

2. 讲评课要有主导性。题目讲评要注重知识获得过程和教学的学法指导、审题指导，讲评时教师不应满足把正确答案抛给学生，或者按自己准备的思路诱使学生“就范”，要着眼于从细处入手，把错误的地方展示给学生，让学生分析讨论、回答，既能让学生弄清出错原因，而又充分发挥和调动学生的参与积极性和创造性，引导学生在解决问题上多动脑筋，诱发学生思维，从而提高学生的学习积极性，使学生真正理解掌握。

3. 讲评课要有方法性。对于不是偏、怪、难题而以新模式、新面孔出现的新颖题目，肯定部分学生由于思维的惯性或封闭性而陷入知识的死角，找不到正确解题的思路、方法，这种题要讲就要引导学生正确分析，一定讲清楚，讲透彻，不能似是而非，含含糊糊。

讲题不要就题论题，从第 1 题，2、3 顺着往下讲，要注意进行归类分析、讲评，如可以按知识点归纳分析，思想方法归类分析，典型错误归类分析，对学生的知识性错误、运算性错误、审题性错误、心理性错误、不良习惯性错误，认真剖析，提出解决办法。

要注意点与面的关系，不平均用力，努力贯彻“三讲三不讲”，要抓重点、主要矛盾，对重点题目要引导学生多角度去思考，注意一题多解，一题多变，一题多用，并要注意不同解法、变法、用法之间的差异、优劣、联系，培养学生的综合能力。

4. 讲评课要有后续性。一节讲评课不能说上完就算结束了，要根据本试卷的特点，本节所讲的内容做好认真的总结，变化拓展要到位，矫正反馈要到位，要对所涉及的双基知识进行回顾、总结、梳理，应根据学生的错题类型和原因，有补救的措施，如有针对性的设计几组变式训练题进行二次训练、过关等，课上或课后让学生自主训练，要在课堂上或自习上安排一定的时间要学生自己消化、总结，切实掌握，做好落实。

(五)案例：变式延伸，拓展讲评内容，提高试卷讲评的效率

讲评课涉及的内容都是学生已学过的知识，但评讲内容决不应是原有形式的简单重复，仅仅停留在知识点的层面上，就题论题，不能没有知识的归纳总结与拓展提升，否则，学生的收获只能是会解一道题，不能旁通一类题，显然这种就题论题的讲评是不可取的。如何变式延伸，拓展讲评内容，提高试卷讲评的效率？我认为，在设计讲评方案时，对于同一知识点应多层次、多方位加以解剖分析，同时注意对所学过的知识进行归纳总结、提炼升华。让学生在掌握常规思路和解题方法的基础上启发思考，探索巧解、速解和一题多解，让学生感到内容新颖，学有所思，思有所得。通过讲评，训练学生由正向思维向逆向思维、发散思维过渡，提高分析、综合能力，以及在新的情景中解决问题的能力。同时，针对试卷中的典型试题做进一步"借题发挥"，引起学生思维的发散，开拓学生的视野，从而提高其创新能力。具体的做法是：

1. 一题多解：训练学生思维的灵活性

对于试题中的典型题目，教师应把学生的解题途径作为素材提炼、扩充、变通，充分发挥学生的主体作用，使学生多方位、多角度地掌握解题的途径，从中顿悟出题目的本质，增强解题悟性，激发学习兴趣，激活学生思维。

案例1 已知：在$\triangle ABC$中，$AB=AC$，E是AB上一点，F是AC延长线上一点，$BE=CF$，EF交BC于点D。求证：$DE=DF$。

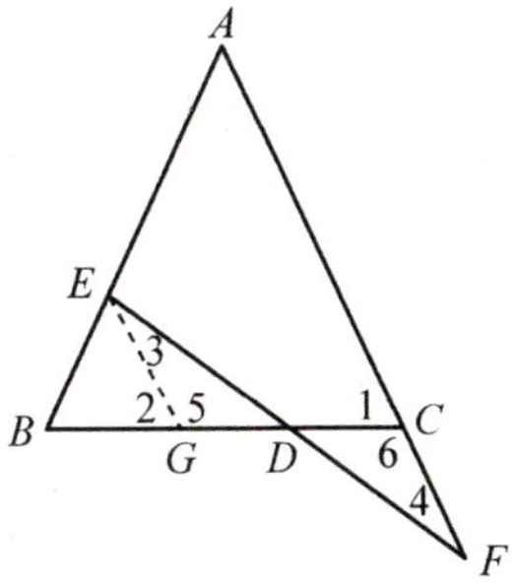

图1

这是一道典型的证明两线段相等的几何题。在讲评时，应充分发挥学生的主体性，让学生自己讲解解题思路，充分暴露学生的思维过程，使学生思维的应变能力得到充分的锻炼和培养。

生1：(利用平移法构造全等三角形证明)如图1，过点E作$EG/\!/AF$交BC于点G，得$\angle 1=\angle 2=\angle B$，因此$EB=EG=FC$，由平行线的性质得$\angle 3=\angle 4$，$\angle 5=\angle 6$，所以$\triangle EGD\cong\triangle FCD$，从而证得结论$DE=DF$；

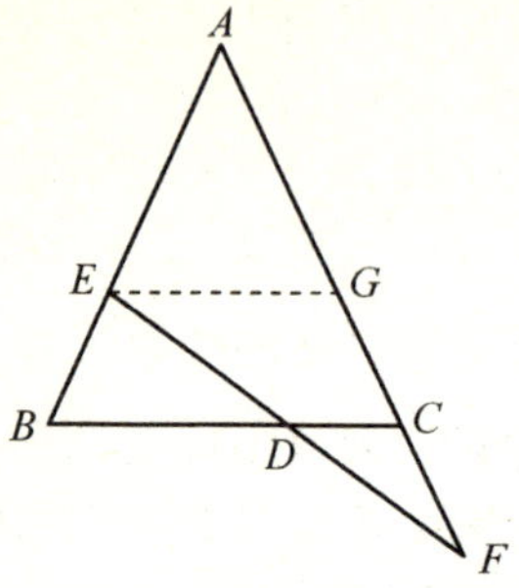

图 2

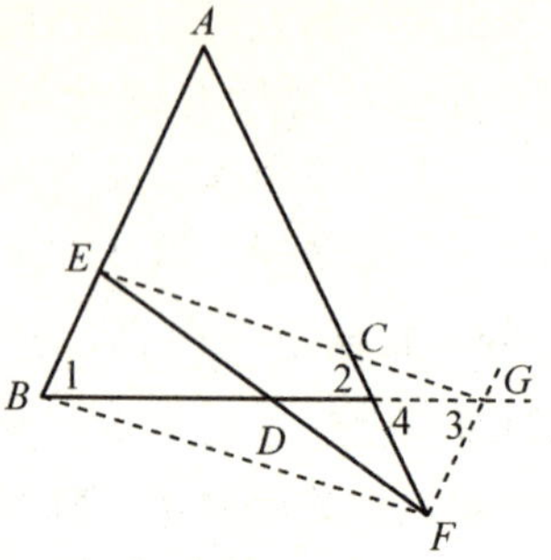

图 3

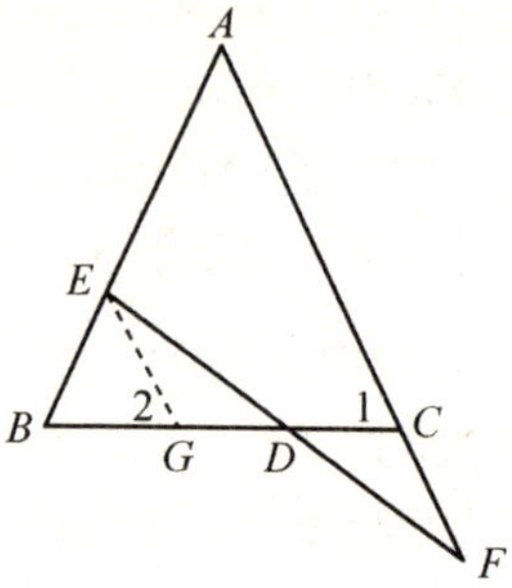

图 4

生2：（利用三角形的中位线定理证明）如图 2，过 E 点作 $EG /\!/ BC$ 交 AC 于点 G，由 $\angle B=\angle ACB$ 得到梯形 $EBCG$ 为等腰梯形，而 $EB=CF$，则 $GC=CF$，因此 CD 为 $\triangle FEG$ 的中位线，从而证得结论 $DE=DF$；

生$_3$：（利用平行四边形的性质证明）如图 3，过 F 作 $FG /\!/ BA$ 交 BC 延长线于点 G，由 $\angle 1=\angle 2$，$\angle 1=\angle 3$，$\angle 2=\angle 4$，得 $\angle 3=\angle 4$，从而 $FC=FG$，又已知 $FC=BE$，得 $FG=BE$，所以四边形 $BFGE$ 为平行四边形，从而证得结论 $DE=DF$；

生$_4$：（利用相似三角形证明）如图 4，过 E 作 $EG /\!/ AF$ 交 BC 于点 G，得 $\triangle EGD \backsim \triangle FCD$，又 $\angle 1=\angle 2=\angle B$，所以 $EB=EG=FC$，即 $DE:DF=EG:FC=1:1$，从而证得结论 $DE=DF$。

以上四种证法分别用到了全等三角形的对应边相等、三角形的中位线定理、平行四边形的性质、相似三角形的性质等。体现了知识的纵向、横向的结合，辅助线的添设也各有特色，展示了证明两线段相等问题的一般规律。这样的讲评，体现了解决问题途径的多样性，不仅使学生真正掌握此类问题的解法，更重要的是训练了学生思维的灵活性与选择性。

2. 一题多问：训练学生思维的广阔性

为提高讲评课的效率，试卷讲评时要通过原题目延伸出更多具有相关性、相似性、相反性的问题，加强知识的纵横联系，加大知识摄入量，实现“以少胜多”。应充分挖掘试题的深度与广度，扩大试题的辐射面，把分散的知识点串成一条线，形成知识链，构建认知结构，以达到“解答一题，联通一片”的目的。

案例 2　如图 5，已知点 C 是线段 AB 上的一点，$\triangle ACM$，$\triangle BCN$ 都是等边三角形。求证：$AN=BM$。

本题的证明不难，只需证明 $\triangle ACN \cong \triangle MCB$ 即可。讲评时，不能到此为止，而要趁热打铁，充分挖掘试题的价值，让学生结合图形，深入探讨以下问题：

(1) 图形中的全等三角形有几对？($\triangle ACN \cong \triangle MCB$，$\triangle ACD \cong \triangle MCE$，$\triangle DCN \cong \triangle ECB$)

(2) 连结 DE，猜想$\triangle CDE$ 的形状；($\triangle CDE$ 是等边三角形)

(3) 猜想 DE 与 AB 的位置关系；($DE /\!/ AB$)

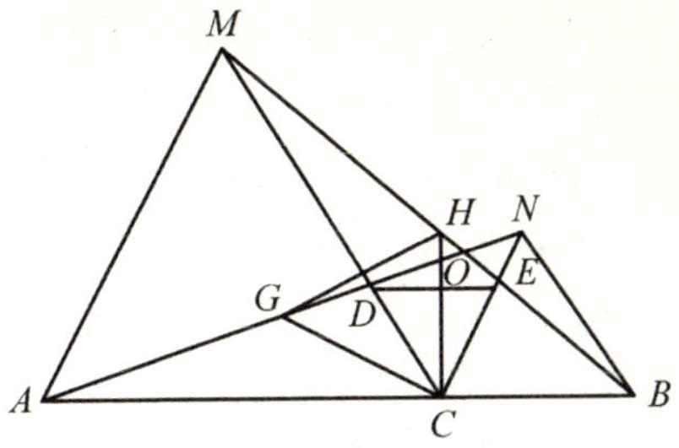

图 5

(4)若 AN 与 BM 交于点 O，求$\angle AOM$ 的度数；($\angle AOM = 60°$)

(5)取 AN 的中点 G，BM 的中点 H，连结 CG，CH，GH，求证：$\triangle ACG \cong \triangle MCH$；

(6)猜想$\triangle CGH$ 的形状；($\triangle CGH$ 是等边三角形)

(7)若将三角形$\triangle CBN$ 绕点 C 按顺时针方向旋转角 α(α 为锐角)后，以上结论是否还成立？为什么？

本题讲评对相关知识进行了有效地拓展与迁移，通过对该知识联系到的相似知识和相关知识进行比较、鉴别和再认识，在对试题的探讨、证明中，拓展了更多的知识，它有助于学生抓住问题的本质，从中寻找他们之间的内在联系，探索出一般规律，以培养学生举一反三、融会贯通的能力，训练学生思维的广阔性和变通性，提高了试卷讲评的效率。

3. 多题一解：训练学生思维的深刻性

许多数学习题看似不同，但他们的内在本质，或者说是解题的思路、方法是一致的，这就要求教师在试卷讲评中重视对这类题目的收集、比较，引导学生寻求通法、通解，并让学生感悟它们之间的内在联系，形成数学思想方法。通过多题一解，让学生在概括基本规律的过程中，培养学生求同存异的思维能力，提高试卷讲评的效率。

案例 3 如图 6，有一个圆柱，它的高为 12 厘米，底面半径为 3 厘米，在圆柱下底面的点 A 处有一只蚂蚁，它想吃到上底面与点 A 相对的点 B 处的食物，需要爬行的最短路程是(______厘米)。(π 的值取 3)

解此题应将圆柱侧面展开后，依据"两点之间线段最短"的性质，运用勾股定理求出线段 AB 的长即可。此类问题的解法还可以推广到正方体、长方体、台阶等情境中。

问题 1：如图 7，一只蚂蚁从点 A 出发，沿正方体表面爬行到点 B 处，若正方体的棱长为 4 厘米。则蚂蚁需要爬行的最短路程是______厘米。

问题 2：如图 8，在长方体中，$AC=3$ cm，$CD=5$ cm，$DB=6$ cm，一

只蚂蚁从点 A 出发，沿长方体表面爬行到点 B 处。则蚂蚁需要爬行的最短路程是______cm。

问题 3：如图 9 是一个三级台阶，它的每一级台阶的长、宽、高分别是 20 dm，3 dm，2 dm，A 和 B 是这个台阶的两个相对的端点，一只蚂蚁从点 A 出发，沿台阶表面爬行到点 B 处。则蚂蚁需要爬行的最短路程是______dm。

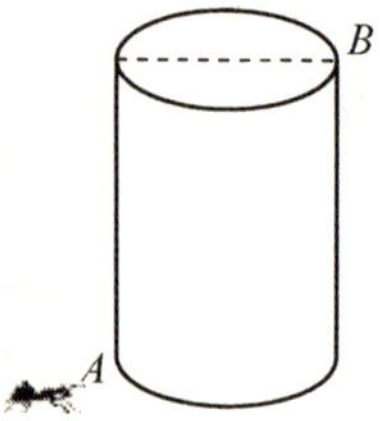

图 6

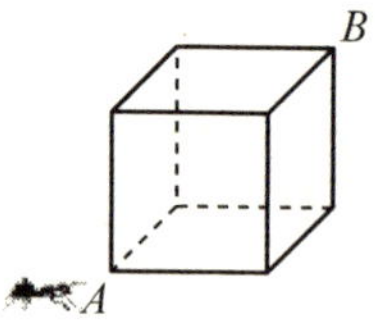

图 7

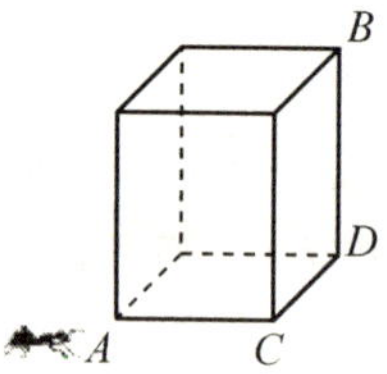

图 8

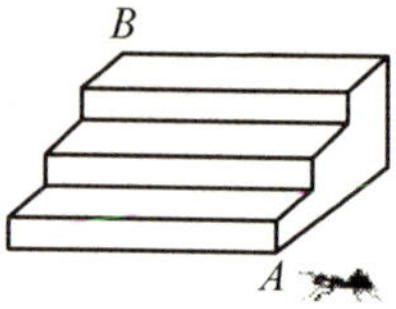

图 9

以上问题虽然思维方式有所不同，但本质是一致的，考查的都是转化思想(由立体转化成平面)，运用的知识都是勾股定理，通过这样的讲评能使学生达到做一题，学一法，会一类的效果。

4. 结论推广：训练学生思维的延展性

试卷讲评时，教师应充分挖掘试题的潜在功能，对一些重要的结论应不失时机地加以推广，以完善知识体系，拓展解决问题的思维空间。

案例 4 如图 10，点 C 在线段 AB 上，分别以 AC，BC 为边在线段 AB 的同侧作正方形 $ACDE$ 和 $CBGF$，连接 AF，BD，试问 AF 与 BD 有何关系？为什么？

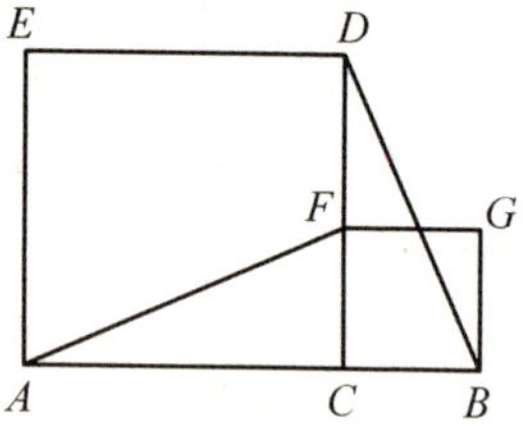

图 10

本题通过证 $\triangle ACF \cong \triangle DCB$，可得 $AF = BD$，$AF \perp BD$。试题讲评时，我们不能就题论题，而要对所得的结论进行推广与拓展，以使学生深刻领会问题的本质，发展思维能力。

(1)如果点 C 在线段 AB 的延长线上，所得的结论是否成立？请画出图形，并说明理由。

(2)如果点 C 不在直线 AB 上时(点 C 在直线 AB 的上方或下方)，AF 与 BD 的关系是否仍然成立？

(3)若将图中的正方形 $CBGF$ 绕点 C 旋转任意角度，AF 与 BD 的上述关系是否还成立？

通过对图形进行一图多变的发散性变化，让学生在图形的变化过程中感受静与动，变与不变的辩证统一关系，让学生在体会数学奥妙的同时，提高自主探究的能力。

总之，一节有效的试卷讲评课，需要教师精心准备，抓住典型，择其要点，精讲精析的同时，还要延伸发散，创新思维，归纳技巧，才能达到真正提高试卷讲评课的教学效果。讲评课是学生继续学习过程中的一个“加油站”，教师要充分认识到试卷讲评的重要性，注重试卷讲评的方法与技巧，以实现提高数学学习兴趣、拓展数学内容、构建认知结构、发展思维能力的目的。

教育教学随笔

培养自信　为成功奠基

在我的教学生涯中，一位姓周的学生令我印象深刻。她是一个普通的学生，成绩中等，守纪律，文科成绩较好，数学成绩差。通过个别谈话及同学反映我发现她主要是缺少自信，从小学开始她数学就是弱科，通过多次努力，收效甚少，从内心中就有一种我不能学好数学的自我暗示，甚至有放弃学数学的想法，从而产生强烈的自卑心理，丧失对数学学习的自信心。通过我的引导，让她找到自己学习数学的优点，她竟然找不出，只有一句话：“我学不好数学。”其原因，正是她不能正视自己，缺乏自信，所以我鼓励她，如书写工整、上课认真、作业能独立完成。一次考试后，成绩出来，她沮丧地对我说：“我的数学成绩还是不好。”她再次诚恳地询问我学习数学的方法，怎样才能学好数学，按我的方法只进步了一点点，针对如此情形，我送给她几句话：“相信自己，用你不错的文科带动数学，用你些许的进步做前提，你一定能行！”通过努力，她的成绩终于进入优秀的行列，脸上有了笑容，也增强了自信。

自信心是学生心理健康发展的动力，它能激励学生不断克服困难，自强不息，逐步实现自我完善，如果失去自信，也就失去了生活的动力。不仅在学习中难有起色，将来也难以在人生的征途上承载远行。要给他们一个自信的支点，即重视自信心的培养，多些宽容、多些欣赏、多些激励、多些引导，用我们的爱心去感染学生，去点燃他们自信的火花，让他们品尝到成功的喜悦。

2010 年上学期，我所教的 0709、0713 两班数学，两个班的潜能生较多，我总是和他们说：“我们一起努力吧，加油！成功一定是属于你们的。”通过一年的共同努力，我发现像易舟、李亚珍、刘新宇、唐韬等许多同学都成功了。看到他们的成功，我回顾自己与他们共同走过的一年，我觉得：首先，让每一个学生相信我，成为他们的真心朋友，让每个学生喜欢我，再喜欢上数学。做到这一点是要下苦功夫的。我从九年级才接任他们的数学，相互都不了解。因此，我先与他们进行个别交流，从生活上、学习上多方面交谈，当然，谈得多的还是数学，生活中的数学，使他们对数学及其应用有更深的了解，让他们理解数学在实际生活中大有用处。让他们知道我们要学好有用的数学。在进入两班教室后，我就发现几张熟悉的面孔：宇航、李苗锋。我借他们之手，让潜能生认识到我是一个值得信赖的老师：亲切、有方法，能帮助他们学好数学。这样，潜能生都有一种想法，我要努力学好数学，我有能力学好数学。另外，要让每个学生相信自己。在成为他们的朋友之后，交流就更自然了，我利用一切可利用的时间，多了解他们的学习习惯，掌握知识的程度，哪些知识点是难点，哪些知识点是学得较好的，我就从学得好的知识点出发，引导他们，使他们明白学好数学并不难，应该相信自己，有能力把数学成绩一步一步地提高。再次，肯定他们的成绩，一次进步，哪怕是一分也是你的成功。我一开始就对他们说："你可以认为你现在的数学成绩还是 0 分，只要你努力，你就一定会突破 0，并一直上升，每次只需加 1 分到 5 分，就是你的成功。"最后，多做个别辅导，突破难点，直接交流，让每一个潜能生感觉到我对他们的爱。总之，个别辅导需要从心与心的交流开始，让他们相信我，更相信自己。

用心浇灌　打开学生心灵的窗户

也许，在学生生命中一个老师所占用的时间是非常短暂的，但是，有些时候这短短的瞬间却能改变一个学生的一生。

记得在我上中学的时候，就遇到过这样的一位老师，她真诚的话语以及坚定的目光，让我找到了自信。如今，我已身为人师，那位老师话语所带给我的温暖却依然还能感受得到；而我也希望能够把这种温暖传递给我的每一位学生，希望他们能够像年少的我一样，向自己的老师打开心灵的窗户。

虽然，我面对的是许许多多的学生，但也许是职业习惯使然，我能够感觉到每一天都有哪些学生情绪上发生了变化。这位同学今天比以往都高兴，那位同学却情绪很低落。感受到了他们的变化，我要打开他们心灵的窗户！

去年我的学生中有一位陈同学，他平时性格开朗，颇有男子汉气概，在我的数学课上也常常有出色的表现，经常得到我的表扬。有一天，在我的数学课上却发生了让我十分意外的一件事情。那天，我给同学们一起列了几个简单的题，然后请大家独立完成，并让学生板书演示。当叫到那位男同学的时候，他用十分生硬的语气说了一句"我不会"，并且脸上出现了一种明知自己犯了错误却又满不在乎的表情。说实话，当时我第一个感受就是生气，正当我想当着全班同学的面批评他的时候，我突然想到，也许他并不是冲着我来的，而是他心里有什么不高兴的事情。于是，我很平静地说了一句“那你先坐下吧。”下课后，我没有像往常一样离开教室，我想应该找他交谈一下，了解一下情况。于是我把仍然气呼呼的他叫了过来，跟他说的第一句话就是：“我叫你来不是想批评你，只是感觉到你今天有一些反常，想跟你谈谈，你能跟我说说你怎么了吗?”也许，我的话语没有使他产生逆反心理，他的态度反而平缓了许多，然后我就问他：“你今天的表现是冲着我来的吗?”他摇了摇头。紧接着我又说：“那我就放心了，要不然我还以为我哪里得罪你了呢。”一句话竟然让他乐了，然后我们就开始了轻松的谈话。原来他今天生气不是因为别人，而是自己在跟自己生气，因为他想开始好好学习，可是他发现自己的弱势科目怎么也学不明白，于是对自己又恨又气，才有了在数学课上失常的表现。知道原因之后，我开导他，并给他提了一些学习上的建议。看着他又恢复到以往那个阳光男孩模样，我感到了莫大的满足和成就感。

平凡的我，每日在三尺讲台上挥洒汗水，但是我坚信，这辛勤的汗水会凝结成智慧因子，我的学生会汲取所有的智慧能量，我所做的平凡的一切会产生催化剂一样的效果，作用在学生的身上，让他们的生活发生氧化反应，让他们充满生气的生命绽放出耀眼的光芒！